あなたの予想と馬券を変える
革命競馬

秒で穴馬を見抜く!

時短万券術

大谷オッズ式

大谷清文

まえがき～シンプルに考えることが高配当ゲットにつながる

世界的に有名なマクロ経済学者、ジョン・メイナード・ケインズは株式投資の世界でも成功した人間でした。その彼が、「株式投資」を「美人投票」にたとえ、投資で成功するための重要なことに言及しています。

「株式投資」で成功するために需要なことは、「美人投票」で自分が美人であるという人に投票する行動は間違いで、多くの人がどの人に投票するかを予想し、その人に投票する行動が正解であると主張しました。

これは馬券の世界でも通用する考え方ではないでしょうか。

多くの競馬ファンの人たちは、枠順が発表するとまずはどの馬が1着になるか、3連系の馬券でしたらどの馬が3着までに入るかということを念頭に置いて検討を始めます。

これはケインズが提唱した「美人投票」で「一番美人なのは誰か」と考える行為と同じだと思っています。まずは、多くの競馬ファンはどの馬に投票する傾向にあるか、最初に考えることが馬券で勝つ近道だと考えました。

それが「**競馬予報**」なのです。

「競馬予報」とはレースの性格を見極める行為で、人気を集めた馬が順当な結果を収めるのか否かを判定することです。

1番人気に推された馬はイコール一番強い馬であると考えがちですが、1番人気に推された馬は、単に「多くの人たちから支持された馬」であり、必ずしも「一番強い馬」ではないのです。

古代ギリシャの哲学者プラトンが『国家』という著作の中で説いた有名なものに「洞窟の比喩」というものがあります。これは真実とは何かという問いに対し、プラトンが答えたものです。

幼い頃から洞窟の中で鎖でつながれ暮らしている人々がいました。洞窟の背後には火が灯され、その火の前を人が通ると影が映し出されます。洞窟で暮らしている人たちは生まれてからこの影しか見たことがないため、その影を現実の姿だと思い込み、真実の世界を見極めることができないという話です。

真実の姿を見極めるにはどうしたらいいか、馬券の検討法には血統や展開、過去のデータなど様々な手段があります。それぞれの理論から導き出された結果は馬券購入行動、すなわち**オッズ**として現れます。私はその数値にこそ、レース結果の真実を見極める秘密が隠されていると考え、約30年に渡って研究してきました。

今まで拙著で「オッズ馬券術」の方法論を紹介してきましたが、すべてを理解しないと高配当馬券を獲れないと考えている方が多いと気づきました。本書では、最近の的中例を「オッズ馬券術」の方法論別に解説してみました。すべてを理解する必要はありません。ひとつの章だけ理解するだけでも高配当馬券はゲットできます。

「時間をかけずにシンプルに」すなわち「時短馬券」が今回のテーマです。

難しく考えずシンプルに、理解できた方法論だけ使って馬券を組み立てるだけでも効果は出ます。この本を読んで、ひとりでも多くの方が高配当馬券をゲットできたら、これ以上の喜びはありません。

大谷清文

目次

第4章●コンピ指数の下位ランクに潜む穴馬の姿

第5章●実践また実践！効果的に高配当を獲るハイ・テクニック

第6章●コレでつかむ！最終レースの一発大逆転

第7章●ターゲットは荒ぶるGIの万馬券！

装丁●橋元浩明（sowhat.Inc.） 本文DTP●オフィスモコナ
写真●武田明彦 馬柱●優馬
※名称、所属は一部を除いて 2024 年 5 月 20 日時点のものです。
※成績、配当、日程は必ず主催者発行のものと照合してください。

馬券は必ず自己責任において購入お願いいたします。

序章

ワンポイントチェックで無印馬の激走を見抜く！

超穴馬は複勝オッズから浮上させることができる

左に紹介した的中馬券は、2024年1月8日・中山11R、カーバンクルSのものです。このレースは3着に15番人気④アビックチアが入ったことにより、3連複は8万8510円、ワイドでも④番絡みの配当は1万7750円、6080円といった大きな配当となりました。

結果的に3着に入った④アビックチアの最終オッズを調べてみると単勝63・4倍、複勝も12・4～17・0倍という人気のないオッズを示しています。当然のことながら、競馬新聞を見ても、この馬にはほとんど印がついていません。多くの人たちは、この馬の激走を事前に察知することができず、高配当をゲットすることが難しかったと思います。

いい換えれば、予想することが難しいからこそ、3連複で8万円超、ワイド馬券でも万馬券という結果になっているのです。

しかし大谷式オッズ馬券、すなわち「オッズX（エックス）方式」を使えば、いとも簡単に15番人気の④アビックチアを穴馬候補として浮上させることができます。

オッズはレースの性格や穴馬がどこに潜んでいるかどうかを教えてくれる、非常に重要なツールです。様々なことを教えてくれるオッズを活用し、的中馬券を探る方法、すなわち大谷式オッズ馬券を私は**「オッズX方式」**と呼ぶことにしています。

「オッズX方式」は難しい計算や時間のかかる手間もかかりません。ルールさえ知っていれば、10秒もかからずに超穴馬を見つけ出すことが可能です。〝そんなうまい話なんてあるはずがない〟と思われる

●2024年1月8日・中山11Rカーバンクル S(OP、芝1200m)

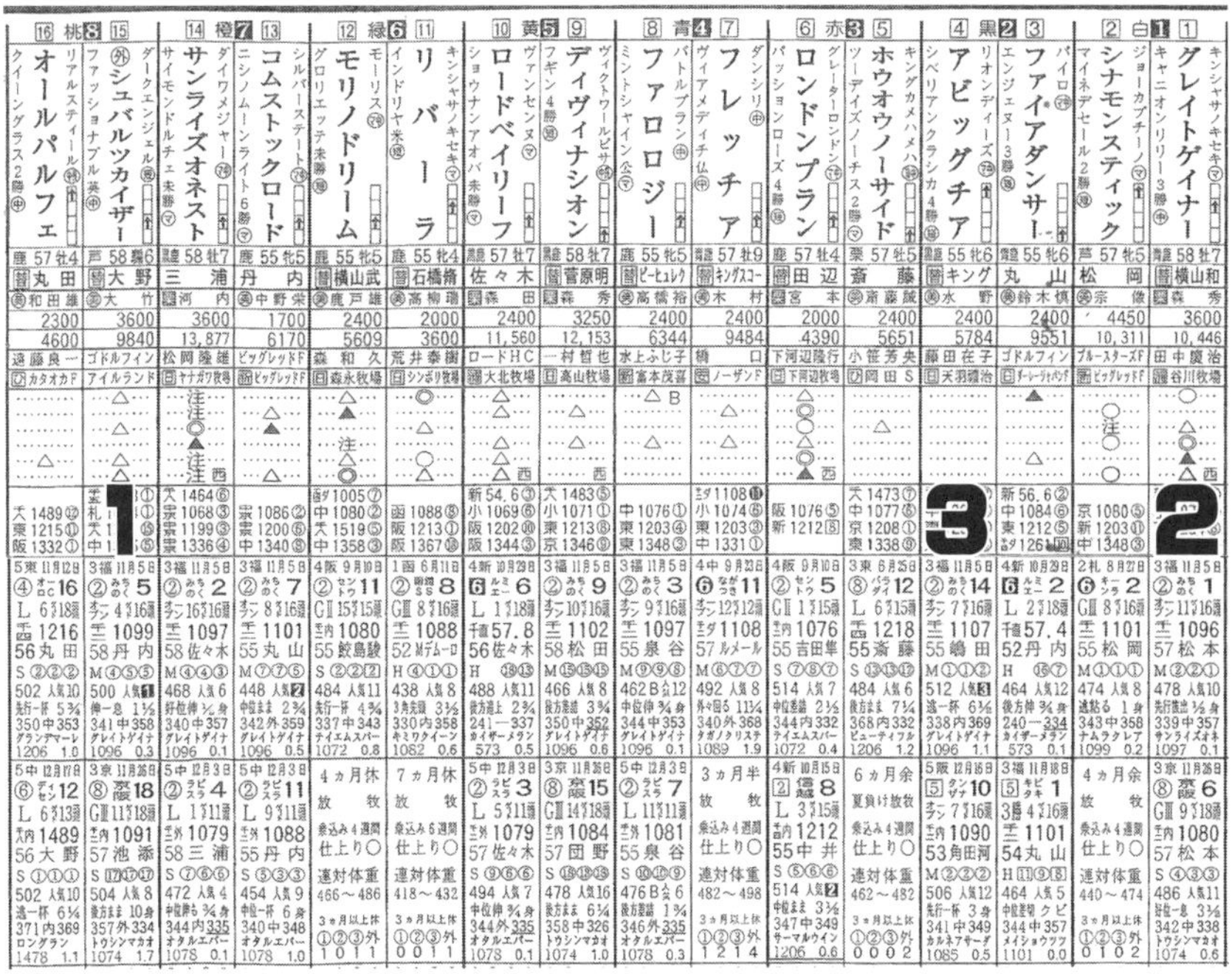

1着⑮シュヴァルツカイザー	単⑮ 1540 円　枠連1－8　1500 円
（8番人気）	複⑮ 410 円　① 360 円　④ 1510 円
2着①グレイトゲイナー	馬連①－⑮ 6610 円　馬単⑮→① 13700 円
（5番人気）	ワイド①－⑮ 2430 円　④－⑮ 10750 円　①－④ 6080 円
3着④アビッグチア	3連複①④⑮ 88510 円
（15 番人気）	3連単⑮→①→④ 476990 円

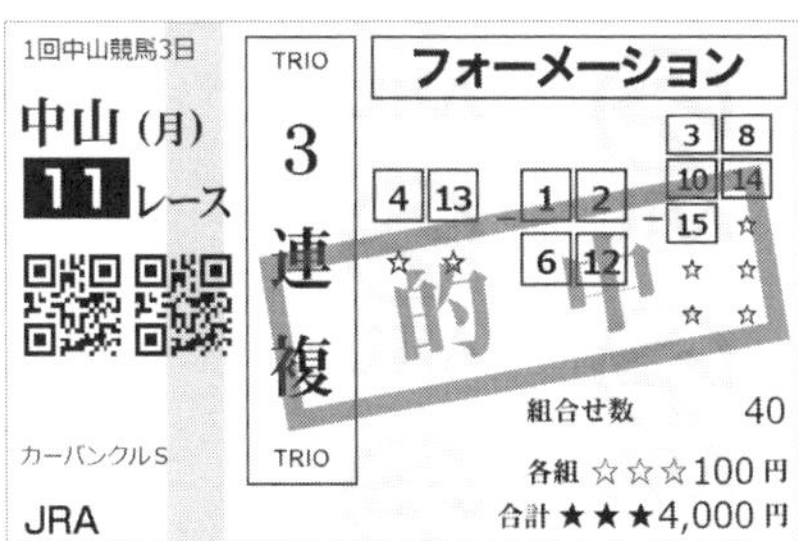

3連複①④⑮8万8510円的中！

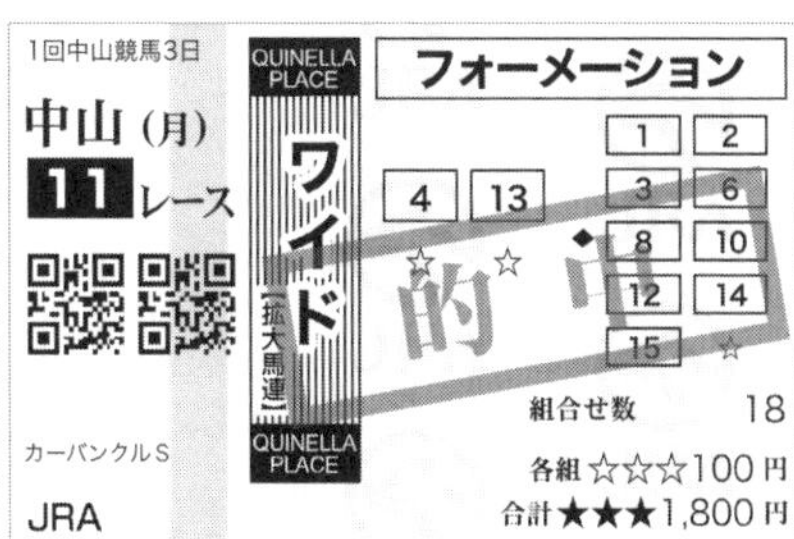

ワイド④－⑮1万750円的中！
①－④6080円的中！

方もいるでしょう。しかしこれはウソ偽りのない真実なのです。

このレースは的中馬券を見ればわかる通り、⑬コムストックロードも穴馬候補として注目し、馬券を組み立てています。コムストックロードは16頭立ての16番人気で、単勝は150倍を超えていました。

これほどの人気薄の馬から自信をもって馬券を組み立てている人は、ほとんどいないのではないでしょうか。


どうして、こんな15、16番人気から馬券を組み立てることができたのでしょうか。

実は朝9時半の複勝オッズに注目しただけなのです。

複勝オッズを人気順に並び替え、15倍を超えた箇所を見つけ出す、ただそれだけの作業をしただけで、簡単にこのような超穴馬を発見することができたのです。


この複勝15倍にカラクリがあることを見つけ出すには、相当な時間がかかりました。高配当馬券を演出した穴馬はどのような動きをしているのか、そんな分析をしているとき、「オッズX方式」の基本に戻り、「単勝80倍の馬」や「複勝15倍の馬」を調べていたところ、偶然、複勝15倍を境界線にした箇所、その前の2頭が超穴馬として馬券に絡んでいることを突き止めたのです。

私はここから浮上した超穴馬を「複勝15倍の壁」の穴馬と呼んでいます。「複勝15倍の壁」から浮上した穴馬候補は、このレースのように10番人気以下の超穴馬になることが多いものです。

そんな人気薄が馬券に絡むのですから、3連複の配当はもちろん、ワイドでも簡単に万馬券になってしまうのです。

この本を手にした皆さんは、「複勝15倍」という武器を手にし、これからは次々と高配当を獲ることが可能となるでしょう。

「複勝15倍の壁」の素晴らしさは後ほどじっくりと紹介することにして（第3章で詳述）、ここでは「複勝15倍の壁」という手法が「オッズX方式」にはあるということは覚えておいてください。

もうひとつ、ここでひとつ覚えておいてほしいことがあります。

「オッズX方式」では、複勝オッズは上限の数値を採用することにしています。

複勝は3着までに入れば配当金を受け取れる馬券です。そのため、他の2頭の組み合わせによって配当金の違いが出てきます。ですから「2・4倍～3・5倍」といった表記で発表されています。

上限の数値とは、「2・4倍～3・5倍」でしたら「3・5倍」を指します。

オッズX方式の基本はバランスである

「オッズX方式」の基本はバランスにあります。

私は日刊スポーツに掲載されている「日刊コンピ指数」（以下、コンピ指数）、レース当日・朝9時半の「単勝・複勝・馬連」の3つのオッズを使って穴馬を見つけ出しています。

そしてコンピ指数は、馬券が発売される前の「予想オッズ」だととらえています。

コンピ指数では、90Pが最高ポイントで最低ポイントは40Pです。

90Pを背負うような馬は、多くの競馬新聞において◎印が並んでいると考えられます。反対に40Pの馬は、ほとんどの競馬新聞において印がついていないと思われます。

90Pの馬は、実際のオッズでも人気を集めることが予想されます。馬券が発売され、90P馬のオッズが単勝1・5倍、複勝1・1倍でしたらどうでしょうか。もともと人気を集める可能性がある馬ですから、このオッズは不思議ではありません。つまり、この馬のオッズは、バランスが取れ、馬券に絡む可能性の高い信頼できる馬ということがいえます。

反対に90Pの馬のオッズが単勝3・5倍、複勝が2・5倍になっていたらどうでしょうか。コンピ指数90Pの評価が間違っているのか、実際の馬券が売れていないのか。すなわち、この馬のオッズは、バランスが取れていないということになります。

バランスが取れていない人気馬は馬券から外れることが多く、コンピ指数では、逆に下位ランクなのに単勝や複勝が売れてバランスが取れていない場合は、馬券に絡むケースが多いのです。

次にレース全体のバランスが、取れているかどうかについて考えてみましょう。

A〜Eという、それぞれ馬券を検討する方法が異なる5人の予想家がいたと仮定します。そして本命と対抗の予想をしてもらったとき、次のような結論を下したとします。

《10R》

Aさん　◎印＝①番　○印＝②番
Bさん　◎印＝①番　○印＝②番
Cさん　◎印＝①番　○印＝②番
Dさん　◎印＝①番　○印＝②番
Eさん　◎印＝①番　○印＝②番

《11R》

Aさん　◎印＝①番　○印＝⑥番
Bさん　◎印＝②番　○印＝⑦番
Cさん　◎印＝③番　○印＝⑧番
Dさん　◎印＝④番　○印＝⑨番
Eさん　◎印＝⑤番　○印＝⑩番

10Rの場合では、AさんからEさんまで、すべて同じ馬番を◎印、○印として予想しています。しかし11Rの場合ではどうでしょうか。

5人の予想はすべて異なっています。

10Rの場合は予想の段階ではバランスが取れているレースとなり、レースは本命サイドで決まる可能性があります。

一方、11Rの場合はバランスが取れていないレースとなるので、穴馬が台頭する可能性があるレースとなります。

①馬そのもののオッズのバランスが取れているかどうか
②レースそのもののバランスが取れているかどうか

この2つの局面から分析することにより、効率よく的中馬券をゲットすることにつながるのです。こうしたレースのバランスをチェック方法として、私は先述したコンピ指数を使っています。その理由は、コンピ指数の指数は競馬専門紙の印を数値化したものだと考えているからです。

オッズX方式ではチェックポイントが数多く存在

どの馬が穴馬として馬券に絡むのかを探し出すために一番重要となってくるのが、事前にレースが波乱になるのか、本命サイドで決まるのかという点です。

波乱になる可能性の高いレースで、人気馬を中心にした馬券を購入し続ければ的中は遠ざかることになります。一方、本命サイドで決まる可能性の高いレースで、穴馬から馬券を買い続けていたらどうでしょうか。これまた的中馬券をゲットすることは難しいと思います。

レースそのものの性格をあまり重視せず、いきなり検討を始めてしまう行為は、馬券を的中させることはもちろん、収支も悪化させることになるでしょう。

私はレースの性格を見極める行為を、まえがきにも書いたように「競馬予報」と呼んでいます。正しい「競馬予報」さえできれば、的中馬券へ大いに近づくことができるのです。

「競馬予報」において最初に行なう作業は、コンピ指数のチェックです。前項でも解説した通り、コンピ指数は出走馬の人気度を表しており、馬券発売前の予想オッズといってもいい存在でしょう。

コンピ指数でチェックするポイントは第1章で詳しく解説していきますので、ここでは「コンピ指数」がレースの性格を決める重要な指数であることだけを覚えておいてください。

レース当日は、朝9時半のオッズをまずチェックします。9時半のオッズは「オッズX方式」のほぼすべての作業が完了してしまう重要なオッズです

「競馬予報」でチェックする項目はたった2つだけです。

・馬連1番人気のオッズが9倍以上かどうか
・単勝30倍未満の頭数が10頭以上いるかどうか

この2つの条件をクリアしているレースが「穴レース」として判定され、クリアしていないレースは「中穴型レース」もしくは「本命型レース」と判定されます。

さらに「コンピ指数」と朝9時半のオッズから、条件をクリアしたレースだけが「競馬予報」から「大穴型レース」として判定され、次の段階は高配当を演出する穴馬を見つけ出すことになります。

第2章と第3章で詳しく解説しますが、「オッズX方式」では、大きく分けて「オッズの壁」「突入&移動馬」「複勝6倍の壁」「馬連人気分布表」の4つの基本ツールに加え、先ほど少し紹介した「複勝15倍の壁」を使って穴馬を見つけ出していきます。

「オッズX方式」での、これらの5つツールから穴馬候補を見つけ出す行為は、けっして難しいものではありません。どれも表さえ作成してしまえば、10秒もかからないで穴馬候補を見つけ出すことができるのでご安心ください。

ひとつのチェックポイントだけでも高配当ゲット！

「オッズX方式」の基本ツールは、今まで拙著の中で何度か繰り返して紹介してきました。しかし、今回紹介しているレースは『とことん回収率を上げる！大谷式穴馬券の買い方』（秀和システム、2023年1月）の刊行以降のものばかりです。

つまり、それは「オッズX方式」が再現性の高い馬券術であることの証明ではないでしょうか。

最初からすべてのツールを理解することはありません。穴馬の強さなどを測るために作成する「馬連人気分布表」（P55〜参照）は、表の作成に手間がかかります。

もちろん「馬連人気分布表」を使わなくても、高配当を獲ることは可能です。「オッズの壁」「突入&移動馬」「複勝6倍の壁」「馬連人気分布表」「複勝15倍の壁」のたったひとつのチェックポイントだけを理解し、それを馬券検討に入れるだけで、競馬新聞ではほとんど印のついていない超穴馬を見つけ出すことができます。

下の表Aをご覧ください。これは2024年2月17日、小倉10R皿倉山特別のコンピ指数と馬連、単勝、複勝オッズを人気順に並び替えた表です。「突入&移動馬」のルールから浮上した穴馬候補は⑥番です。「複勝6倍の壁」から浮上した穴馬候補は⑥番と④番。「複勝15倍の壁」から浮上した穴馬候補は①番と⑩番です。

つまり、このレースは「オッズX」から注目した穴馬候補は次の通りです。

突入&移動馬 ⇒⑥番
複勝6倍の壁 ⇒⑥番・④番
複勝15倍の壁⇒ ①番・⑩番

レース結果は1着には馬連3位の③番、2着に「複勝15倍の壁」から浮

表A●2024年2月17日・小倉10R皿倉山特別の各ランク

	1位	2位	3位	4位	5位	6位	7位	8位	9位	10位	11位	12位	13位	14位	15位	16位
コンピ指数	14	5	16	9	8	3	15	11	4	7	1	2	10	13	6	12
馬連ランク	14	9	3	5	16	11	15	7	8	4	10	2	6	13	1	12
馬連オッズ		11.3	11.4	13.4	15.1	19.3	29.0	31.4	36.2	61.7	66.1	69.0	77.7	115	123	161
単勝ランク	14	6	9	16	11	3	7	5	15	2	4	8	1	10	12	13
単勝オッズ	3.6	7.0	8.5	8.5	9.4	12.0	13.9	15.0	17.2	24.2	26.6	31.4	32.2	34.1	35.7	72.8
複勝ランク	14	9	16	11	3	7	5	6	4	15	8	12	13	2	1	10
複勝オッズ	2.4	2.4	3.0	3.1	3.7	4.3	4.6	5.0	5.8	7.2	7.4	7.6	7.7	7.8	9.9	12.0

複勝6倍の壁　　複勝15倍の壁

●2024年2月17日・小倉10R皿倉山特別（4歳上2勝クラス、芝2600m）

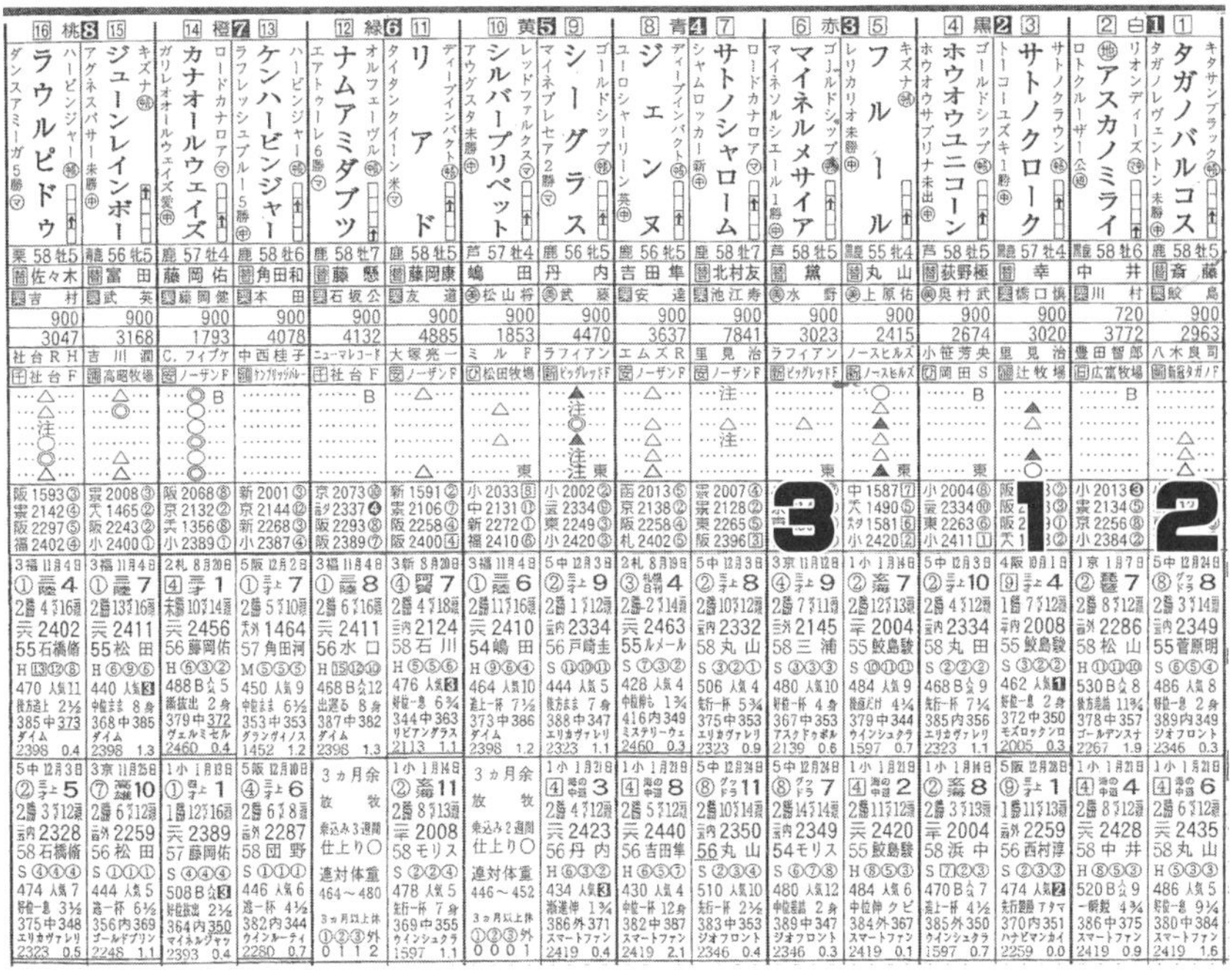

馬番	馬名	父	母	斤量	騎手	調教師
1	タガノバルコス	キタサンブラック	タガノレヴェントン	鹿 58 牡5	斎藤	鮫島
2	アスカノミライ	リオンディーズ	ロトクルーザー	鹿 58 牡6	中井	川村
3	サトノクローク	サトノクラウン	トーコーユズキ	57 牡4	幸	橋口慎
4	ホウオウユニコーン	ゴールドシップ	ホウオウサブリナ	58 牡5	荻野極	奥村武
5	フルール	キズナ	レリカリオ	55 牝4	丸山	上原佑
6	マイネルメサイア	ゴールドシップ	マイネソルシエール	58 牡5	黛	水野
7	サトノシャローム	ロードカナロア	シャムロッカー	58 牡7	北村友	池江寿
8	ジェンヌ	ディープインパクト	ユーロシャーリーン	56 牝5	吉田隼	安達
9	シーグラス	ゴールドシップ	マイネブレセア	56 牝5	丹内	武幸
10	シルバープリペット	レッドファルクス	アウグスタ	57 牡4	嶋田	松山将
11	リアド	ディープインパクト	タイタンクイーン	58 牡5	藤岡康	友道
12	ナムアミダブツ	オルフェーヴル	エアトゥーレ	58 牡7	藤懸	石坂公
13	ケンハービンジャー	ハービンジャー	ラフレッシュブル	58 牡6	角田和	本田
14	カナオールウエイズ	ロードカナロア	ガリレオールウェイズ	57 牡4	藤岡佑	藤岡健
15	ジューンレインボー	キズナ	アグネスパサー	56 牝5	富田	武英
16	ラウルピドゥ	ハービンジャー	ダンスアミーガ	58 牡5	佐々木	吉村

1着③サトノクローク（2番人気）	単③ 630円　枠連1－2 6750円
	複③ 270円　① 1010円　⑥ 680円
2着①タガノバルコス（11番人気）	馬連①－③ 20110円　馬単③→① 25770円
	ワイド①－③ 5650円　③－⑥ 3640円　①－⑥ 10750円
3着⑥マイネルメサイア（9番人気）	3連複①③⑥ 149640円
	3連単③→①→⑥ 745830円

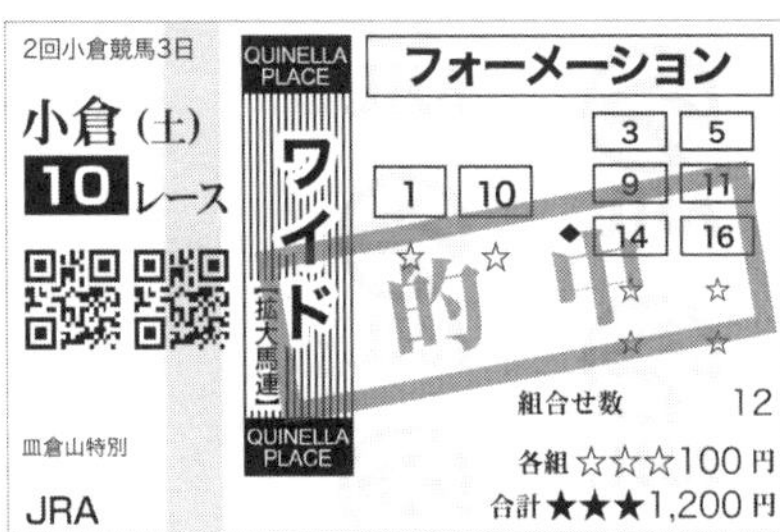

ワイド①－③5650円的中！

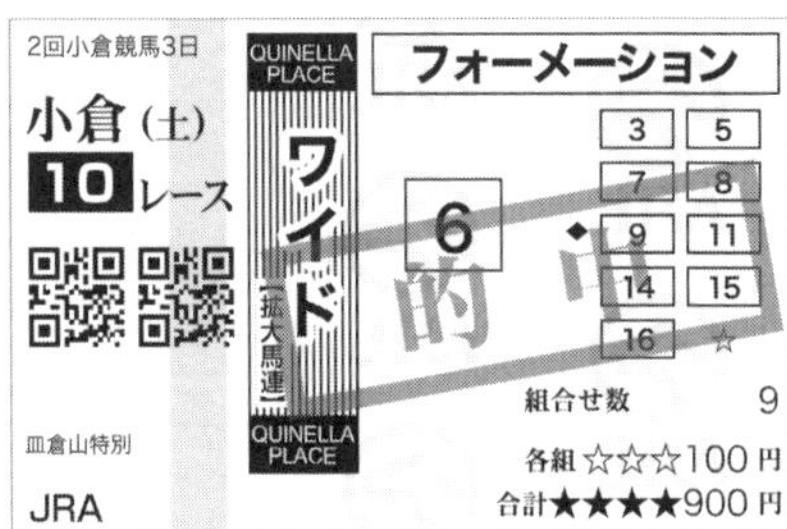

ワイド③－⑥3640円的中！

上の①番、3着には「突入&移動馬」「複勝6倍の壁」から浮上の⑥番です。

馬連①－③で2万110円、3連複①③⑥で14万9640円、3連単はなんと74万5380円といったビッグな配当となりました。

超穴馬の①番からのワイドでも①－③は5650円、③－⑥は3640円の配当ですから悪くありません。

このレースでは「突入&移動馬」「複勝6倍の壁」「複勝15倍」から穴馬候補として浮上した穴馬が馬券に絡んでいます。

下の表Bをご覧ください。これは「オッズX方式」で的中させることができた5つのレースを、どのチェックポイント（ツール）を使って穴馬候補を浮上させたのかをまとめたものです。

Aレースで馬券に絡んだ穴馬候補は「オッズの壁」「突入&移動馬」「馬連人気分布表」からの浮上馬、Bレースでは、「オッズの壁」「複勝6倍の壁」「複勝15倍の壁」からの浮上馬といった具合です。

この表によると、5つのチェックポイントから浮上した穴馬候補は、どのチェックポイントでも3つのレースに馬券に絡んでいることがわかります。

ここで重要なことは、「オッズの壁」や「突入&移動馬」という、たったひとつの「オッズX方式」のルールを使うだけでも、そのルールから浮上した穴馬候補が馬券に絡み、うまく馬券を組み立てることができれば、高配当をゲットすることが可能に

表B●オッズX方式のチェックポイント

	オッズの壁	突入&移動馬	複勝6倍の壁	複勝15倍の壁	馬連人気分布表
Aレース	○	○			○
Bレース	○		○	○	
Cレース		○	○		○
Dレース	○		○	○	
Eレース		○		○	○

なるということです。

難しいことを考えずに、同じことを繰り返すのが重要

私は「オッズX方式」の理論が正しいことを信じ、毎週ブレずに同じ姿勢で馬券検討に向き合っています。外れ馬券が続くと「このやり方だと、もう高配当は獲れないのかなあ〜」と弱気になってしまうこともあるでしょう。

しかし「オッズX方式」は、多くのデータから発見した馬券術であることを知っています。

確かに外れが続く時期があったことは否定しません。しかしそれは一過性のものであることを何度も経験しているため、私は毎週「オッズX方式」を活用して高配当ゲットにチャレンジすることができたのです。

大リーグで球史に偉大な記録を残しているベーブ・ルースの名言に「あきらめない奴には、勝てないよ」があります。この言葉は日々の努力を惜しまない人は必ず大成することを、私たちに教えてくれています。馬券の世界でも同じことがいえるのではないでしょうか。

いつも馬券の購入パターンが馬連中心であった人が、外れ馬券が続きマイナス額が増えると、一発逆転を狙い3連系の馬券に変更したり、毎レースコロコロ購入する馬券の式別を変更したりするのは好ましくありません。

いつも同じ視点で同じ姿勢で馬券に向き合わなければ、けっして馬券の回収率は向上しないというこ

となのです。

第6章で詳しく解説しますが、最終レースは回収率アップにとって重要なレースです。

ほとんどの競馬開催において、最終レースは重賞競走などのメインレースの後に控えています。メインレースで大きく勝負し、的中した人も外れた人もラストチャンスは最終レースのみです。「最終レースを制す者は馬券を制す」といっても過言ではないほど、最終レースにはしっかりと向き合わなければなりません。

最終レースこそ、難しいことは考えず通常のレースと同じ視点、すなわち「オッズX方式」ならば5つのチェックポイントを検証し、通常のレースと同じ購入パターン（馬券の式別など）で臨まなければならないのです。

次の第1章からどのようにして高配当馬券をゲットするのか、具体的な方法論を紹介していきたいと思います。あまり難しく考えず気楽に読み進めてください。わかる範囲で結構です。それだけでも高配当はゲットできます。それが「オッズX方式」なのです。

第1章

時短準備編①「競馬予報」で波乱レースをジャッジ！

万馬券になるレースで万馬券を買うのが基本

「オッズX方式」では「競馬予報」が重要であると力説しました。「競馬予報」は「オッズX方式」にとっては非常に重要な要素です。

「競馬予報」では、コンピ指数やレース当日朝9時半のオッズから、レースは波乱になるかどうかわかります。穴党の人は、レースが波乱になる可能性が高いとわかれば、あとは穴馬を見つけ出せばいいだけです。反対に本命サイドのレースとわかれば、そのレースでは馬券を買わなければいいのです。

レースの性格もわからずに、穴党だからといってすべてのレースで穴馬から馬券を買っていては、たまに的中することはあっても、恒常的に的中馬券を獲得することは難しいでしょう。

しっかり「競馬予報」をすることによって万馬券が飛び出すレースがわかれば、あとは万馬券を買うだけでいいのです。つまり、「万馬券になるレースで万馬券を買う！」。これが回収率アップの近道と考えています。

多くの競馬ファンの人たちは、枠順が発表されるとネットや競馬新聞を入手し馬券検討を始めます。もちろん、これが悪いことであるとはいいません。

競馬場やWINSなどに向かう電車の中で競馬新聞を広げている人たちを見ると、メインレースの馬柱や一番発走時間の近いレースの馬柱を眺めている人が多いことに気がつきました。

競馬場へ行くと、多くの人たちは馬場の雰囲気にのまれ毎レース馬券を買ってしまいます。3つの競馬場で同時に開催があるときには一日36レースもレースが行なわれます。36レースのすべてのレースを時間をかけて検討するのは難しいものですが、競馬場へ行くと「運試し」とかいって、競馬新聞の馬柱の印を見て直感だけで馬券を購入したりします。

軽い気持ちで1レース500円から1000円程度の購入額でも、塵も積もれば結構な額になってしまいます。回収率があまりよくない人の多くは、ズバリ、自信のないレースに数多く手を出しているからだと思います。

私は競馬場へ行くときも、9時半のオッズを家でチェックしてから出かけています。そして「競馬予報」から、どのレースが波乱になるのかをしっかりと見極めます。

ターゲットレースを絞り込み、「オッズの壁」や「突入&移動馬」「複勝6倍の壁」「馬連人気分布表」「複勝15倍の壁」をチェックし、その日の買い目を決めてしまいます。

「競馬予報」から「大穴型レース」としてクリアし、買い目を決定したレース以外、たとえ競馬場へ行っても馬券を購入することはありません。

現在のようにマークシートによる購入がなかった枠連が主流の頃、馬券は窓口で口頭で買い目と金額を伝え購入していました。

列の前に並んでいる人が自信満々に「2－8に10万円！」と購入している姿を見ると、「1－2、2－3」を買うつもりだった馬券に「2－8」を加えてしまったものです。

当然、その頃は「競馬予報」などしていなかったので、馬券収支は悲惨なものでした。

しかし、オッズを研究することで「競馬予報」を毎回必ず行なうことにより、数多くの万馬券を的中させることができるようになりました。それはけっして難しいことではありません。単純に「万馬券になるレースに万馬券を購入」していただけなのです。

コンピ指数から穴候補レースを浮上させる

すでに申し上げましたが、「オッズX方式」で高配当馬券を的中させるための第一歩は「競馬予報」です。そして一番にチェックする作業は「コンピ指数」です。

コンピ指数は仮想オッズの役割を果たしていると考えていますので、私は「予想人気」として重要な資料であると考えています。

では、具体的にどのように活用すればいいのでしょうか。

コンピ指数の最高ポイントは90で、最低ポイントは40です。

90Pになる馬を競馬新聞で調べてみると、ほとんどの競馬新聞で◎印が並んでいます。反対に40Pの馬にはほとんど印がありません。

私が最初に「コンピ指数」で注目するのは、1位の数値です。

この数値が80P以下のレースをまずは選び出します。次に注目しているのが46Pの馬がどこにランクされているかです。11位以下にランクしているレースを選び出します。46Pの馬がいない場合は45P、45Pの馬もいない場合は44、43……と下げていきます。

この2つの条件をクリアしたレースを「大穴型レース」として浮上させます。

次はその「大穴型レース」で、1位と3位のポイント差を調べます。15P以上差があるレースは「準大穴型レース」として少し評価を下げます。

評価を下げる理由は、上位ランクでポイントの開きがあるレースは、1番人気の馬と2、3番人気との間に差がある可能性が高いからです。

また46Pのランクを調べる理由は、中穴として馬券に絡む可能性が高い馬の下限値が46Pであると「オッズX方式」ではデータ上設定しているからです。

中穴馬が絡む可能性が低いレースでは上位ランク、すなわち人気馬同士で決まってしまう可能性が高く、中穴馬が絡む可能性が高いレースでは、下位ランクの馬の台頭の可能性が高くなり、すなわち波乱になる可能性がアップします。

1位のポイントが低くなるにつれて波乱度は高くなる、すなわち1位のポイントと波乱度は比例していきますが、ある一定のポイントになると比例しなくなります。それが1位＝69Pです。

ポイントが69以下になると、競馬新聞の印が割れすぎていることが考えられます。つまり波乱になる可能性は高いものの、どの馬も穴馬候補となるため、穴馬が馬券に絡んでもそれほど高配当を期待できないと考えられるからです。

つまり、コンピ指数の1位のポイントは低ければ低いほどいい、というわけではないのです。

コンピ指数と波乱度の関係は、まるでアメリカの経済学者、リチャード・イースタンが提唱した「年収と幸福度」の関係に似ています。年収が多くなるほど幸福度は上昇していきますが、ある一定の金額（7.5万ドル）に達すると幸福度の上昇はなくなるという説です。

リチャード・イースタンの説では、幸福度を決定する4つの要因としては「年齢」「お金（収入）」「教育や知性」「育児」が挙げられていますが、馬券における波乱度を決定する要因としては、「コンピ指数」「馬連の1番人気」「単勝30倍以下馬の頭数」の3つの要因が考えられます。

単勝、複勝、馬連ランクを人気順に並び替える

「オッズX方式」では9時半のオッズを使って、馬連、単勝、複勝オッズを人気順に並び替える作業をしなければなりません。

単勝や複勝オッズは簡単に人気順に並び替えることができると思います。複勝オッズは序章で紹介した通り、「上限のオッズ」を使うことにします。

馬連オッズを人気順に並び替えるには、どうすればいいのでしょうか。

まずは馬連1番人気のオッズを調べます。馬連1番人気が⑧－⑬なら、⑧番と⑬番の単勝オッズを調べます。⑧番の単勝が6・2倍、⑬番の単勝が6・8倍なら、⑧番のほうが人気上位なので⑧番が馬連1位となります。

下の表1をご覧ください。これは馬連1位が⑧番で決定したレースで、⑧番絡みのオッズを抜き出したものです。

この表によると、一番低いオッズは⑧－⑬の10・1倍、次に低いオッズは⑤－⑧の14・5倍です。さらに調べていくと⑧－⑫で18・0倍、⑥－⑧で20・3倍と続き

表1●馬連の人気をチェック

①－⑧	54.8 倍	⑤－⑧	14.5 倍	⑧－⑩	274.0 倍	⑧－⑭	249.0 倍
②－⑧	415.0 倍	⑥－⑧	20.3 倍	⑧－⑪	60.5 倍	⑧－⑮	20.8 倍
③－⑧	36.1 倍	⑦－⑧	394.0 倍	⑧－⑫	18.0 倍	⑧－⑯	56.0 倍
④－⑧	143 倍	⑧－⑨	417.0 倍	⑧－⑬	10.1 倍		

ます。

つまり、このレースの馬連ランクは⑧、⑬、⑤、⑫、⑥……と決定されます。以下、単勝や複勝オッズも同じように最終ランクまで調べていきます。

すべてを最後まで並び変えて完成したのが、下の表2です。コンピ指数との関係を明らかにするため、コンピの順位も掲載しました。

次にランク間の乖離（かいり）差について紹介していきましょう。ランク間の乖離差とは、ランク間の「人気の大きさ」と思ってください。例えば、次のようなオッズがあったとします。

A…単勝4番人気のオッズ＝8・1倍
　　単勝5番人気のオッズ＝8・3倍

B…単勝4番人気のオッズ＝8・1倍
　　単勝5番人気のオッズ＝16・2倍

Aのケースでは単勝4番人気の馬と単勝5番人気の馬との間には人気の差が小さく、Bのケースでは単勝4番人気と単勝5番人気との馬の間には人気の差が大きいことがわかります。

表2●コンピ指数と馬連・単勝・複勝ランク

	1位	2位	3位	4位	5位	6位	7位	8位	9位	10位	11位	12位	13位	14位	15位	16位
コンピ指数	8	15	13	6	12	5	3	1	11	16	14	4	9	10	7	2

馬連ランク	8	13	5	12	6	15	3	1	16	11	4	14	10	7	2	9
馬連オッズ		10.1	14.5	18.0	20.3	20.8	36.1	54.8	56.0	60.5	143	249	274	394	415	417

オッズの壁

単勝ランク	8	13	5	15	1	12	6	16	11	3	4	10	7	2	14	9
単勝オッズ	6.2	6.8	7.3	7.4	7.8	8.1	9.6	13.1	14.7	16.5	36.3	40.3	46.7	66.6	70.2	80.2

オッズの壁

複勝ランク	8	13	5	12	6	11	16	1	15	3	4	10	7	14	9	2
複勝オッズ	2.6	2.7	2.7	2.8	3.3	4.1	4.8	4.8	5.0	5.6	7.4	8.6	12.1	13.6	16.7	17.0

それを数値化すると、この場合でしたら「単勝5番人気のオッズ÷単勝4番人気のオッズ」で調べることができます。

Aのケースでは8・3÷8・1＝1・02、Bのケースでは16・2÷8・1＝2・0、すなわち単勝4位と単勝5位の間の乖離差はそれぞれ1・02倍、2・0倍となります。

乖離差が1・8倍以上の箇所を「オッズX方式」では「オッズの壁」と呼んでいます。「オッズの壁」は「オッズX方式」で穴馬候補を浮上させるための重要な要素です。

もう一度、表2をご覧ください。この表の馬連10位の⑪番と馬連11位の④番との間が太い罫線で仕切られています。単勝10位と単勝11位の間も同様に、太い罫線があります。

これは「オッズの壁」があることを示しています。

馬連11位のオッズは143倍、馬連10位は60・5倍なので、143÷60・5＝2・36。

単勝11位は36・3倍、単勝10位は16・5倍なので、36・3÷16・5＝2・20。

どちらも乖離差が1・8倍以上あり、「オッズの壁」の条件となる基準値をクリアしているということになります。

「オッズの壁」は何を意味しているのか

「オッズの壁」は穴馬を見つけ出すだけではなく、人気馬の信頼度を測るバロメータでもあります。

表3をご覧ください。A、B2つのレースで、馬連ランクを人気順に並び替えたものです。

Aレースでは上位ランクに3箇所の「オッズの壁」があります。一方、Bレースでは下位に「オッズの壁」が3箇所あります。

前述したように「オッズの壁」とはランク間の乖離差が1・8倍以上ある箇所です。すなわちランク間の人気の差があるわけです。

ひとつの基準として、「オッズの壁」は2つを超えるのがギリギリで、3つ以上超えることは難しいと考えています。つまり3つ目の「オッズの壁」以下の馬は馬券に絡みづらいということです。

Aのレースでは、3つ目の「オッズの壁」が馬連4位と5位の間にあります。つまり馬連5位以降の馬は馬券に絡みづらいということになりますから、馬券が上位4頭中心のレースということになります。

Bのレースでは、3つ目の「オッズの壁」は馬連14位と15位の間にあります。こちらのレースでは、馬連15位以下の馬が馬券に絡みづらいということになり、これはいい換えれば馬連14位までの14頭に馬券に絡むチャンスがあるということになります。

すなわち、人気馬が馬券に絡む可能性が高いのがAレース、穴馬が馬券に絡む可能性が高いのがBレースということになります。

この性質を応用して、たとえコンピ指数や当日朝9時半のオッズから馬連1番人気9倍以上、単勝30倍未満の頭数10頭以上の条件をクリアした「大

表3●馬連ランクでの「オッズの壁」例

＜Aレース＞

	1位	2位	3位	4位	5位	6位	7位	8位	9位	10位	11位	12位	13位	14位	15位	16位
馬連ランク	1	2	3	4	5	6	7	8	9	10	11	12	13	14	15	16

オッズの壁（1位と2位の間、3位と4位の間、4位と5位の間）

＜Bレース＞

	1位	2位	3位	4位	5位	6位	7位	8位	9位	10位	11位	12位	13位	14位	15位	16位
馬連ランク	1	2	3	4	5	6	7	8	9	10	11	12	13	14	15	16

オッズの壁（10位と11位の間、13位と14位の間、14位と15位の間）

穴型レース」でも、馬連ランクを人気順に並び替えたとき、馬連8位以内に「オッズの壁」が2つ以上あるレースは、穴レースとしては失格としています。

ここで馬連1位と2位の間の乖離差について説明しておきましょう。

下の表4をご覧ください。馬連4位と5位、単勝4位と5位の間に「壁ライン」があります。

これは前述した通り、馬連4位と5位なら18・0÷9・0＝2・0、単勝4位と5位の間なら10・0÷5・0＝2・0でランク間の乖離差が1・8倍以上あり、「オッズの壁」の基準値をクリアしているので、「壁ライン」があります。

このように馬連2位以下や単勝オッズでは、簡単にランク間の乖離差が調べることができます。しかし、馬連1位と2位の乖離差はこのままでは調べることができません。馬連1位と2位との乖離差は、次の計算で求めることにしています。

「馬連2位と馬連3位の組み合わせの馬連オッズ」÷「馬連3位のオッズ」

「馬連2位と馬連3位の組み合わせの馬連オッズ」とは、表4の場合な

表4●馬連1位、2位の乖離差を調べる

	1位	2位	3位	4位	5位	6位	7位
馬連ランク	1	2	3	4	5	…	…
馬連オッズ	＼	5.0	6.0	9.0	18.0	…	…

（4位と5位の間）オッズの壁

	1位	2位	3位	4位	5位	6位	7位
単勝ランク	1	2	3	4	5	…	…
単勝オッズ	＼	2.0	3.0	5.0	10.0	…	…

（4位と5位の間）オッズの壁

ら馬連2位は②番、馬連3位は③番なので、馬連②－③のオッズということになります。

このオッズを馬連3位のオッズ、このケースなら馬連3位は6・0倍となります。

馬連②－③のオッズが12・0倍なら12・0÷6・0＝2・0。これは基準値の1・8倍と超えているので、馬連1位と2位の間には「オッズの壁」があることになります。

馬連②－③のオッズが10・0倍なら10・0÷6・0＝1・66となり、乖離差は1・8倍未満なので、ここには「オッズの壁」がないことになります。

つまり、馬連3位のオッズの1・8倍以上の数値が、馬連2位と馬連3位の組み合わせの馬連オッズになっていたら、馬連1位と2位の間には「オッズの壁」があると判定されます。

穴候補レースを当日朝9時半のオッズから浮上させる

「オッズX方式」はコンピ指数、馬連、単勝、複勝ランクのバランスをチェックすることが大切であると述べました。

なぜバランスのチェックをすることが大切なのか、それは馬連や単勝、複勝を購入する人たちは異なっていると考えているからです。馬連が一般の競馬ファン、単勝や複勝は馬主や特定の馬のファンなどが多いのではないでしょうか。

コンピ指数は事前の人気を指数化したもの＝すなわち「予想人気」、そしてレース当日9時半のオッズ＝すなわち「実際に馬券が発売された馬連、単勝、複勝オッズ」を比較していきます。

「予想人気」も「実際のオッズ」が同じなら、レースは本命サイドに近づき、「予想人気」と「実際のオッズ」が大きく異なっている場合はレースは波乱になる可能性が高まります。

なぜ当日朝９時半のオッズを使用するのか、という質問をされたことがあります。

「オッズX方式」のルーツは故・相馬一誠氏の「オッズ・オン方式」です。彼と一緒にオッズの研究を始めたのは１９９７年からです。その頃はまだ３連系の馬券は発売されておらず、馬券の主流は馬連でした。

今ではパソコンやスマホから簡単にオッズを取得することができますが、当時は競馬場やウインズに足を運ぶ必要があ

表5●A、Bレースでの⑦番のポジションチェック

＜Aレース＞

	1位	2位	3位	4位	5位	6位	7位	8位	9位	10位	11位	12位	13位	14位
コンピ指数	1	2	3	4	5	6	7	8	9	10	11	12	…	…
馬連ランク	1	2	3	4	5	6	7	8	9	10	11	12	…	…
単勝ランク	1	2	3	4	5	6	7	8	9	10	11	12	…	…
複勝ランク	1	2	3	4	5	6	7	8	9	10	11	12	…	…

＜Bレース＞

	1位	2位	3位	4位	5位	6位	7位	8位	9位	10位	11位	12位	13位	14位
コンピ指数	1	2	3	4	5	6	7	8	9	10	11	12	…	…
馬連ランク	1	2	3	4	5	6	7	8	9	10	11	12	…	…
単勝ランク	1	2	3	7	4	5	6	8	9	10	11	12	…	…
複勝ランク	1	7	2	3	4	5	6	8	9	10	11	12	…	…

りました。競馬場やウインズにはオッズプリンターがあり、1レース10円でオッズを取り出していきます。そのオッズプリンターが動き出す時間が9時半だったのです。

相馬一誠氏はすでに9時半のオッズからの分析を数年間済ませており、私は彼と一緒に穴レースになるレースやそこから浮上する穴馬候補の見つけ方について仮説を立て、実際のレースで実践してきました。このような過程を経て今に至っているのが「オッズX方式」なのです。

「オッズX方式」にとって9時半のオッズは約30年の歴史があり、馬券が深夜に発売されている現在も変わらず「オッズX方式」から浮上した穴馬候補は高配当馬券を演出しています。ですから、当日朝9時半のオッズが重要な数値であることは間違いないと信じています。ただし、5分程度の誤差なら問題ありません。

オッズのバランスチェックでは、コンピ指数（予想人気）と馬連、単勝、複勝ランクの比較もしていきます。

右ページの表5をご覧ください。これはコンピ指数や馬連、単勝、複勝ランクを人気順に並び替えたものです。各ランク6位の箇所に注目します。

Aレースの場合は、コンピ指数7位以下の馬は1箇所も馬連、単勝。複勝ランクへは入っていませんが、Bのレースでは⑦番がコンピ指数7位から単勝4位、複勝2位へ入っています。

数多く入っていればいいというわけではありませんが、Aレースのようにひとつも入っていないレースは、上位人気の馬が馬券に絡む可能性が高くなります。

コラム 1 シブがき隊が万馬券を教えていた？

大レースになると、至る所でオカルトチックな馬券術、いわゆる「サイン馬券」を耳にする機会があるのではないでしょうか。

有名なところでは、2001年9月11日、アメリカ同時多発テロ事件が勃発した年末の有馬記念が思い起こされます。1着マンハッタンカフェ、2着アメリカンボスで決まり、馬連①－④は4万8650円というビックリするような配当で決着したレースでしょう。

私が一番印象に残っているのは、1986年4月29日、京都競馬場で行なわれた第93回天皇賞・春です。単勝1番人気に推されたのは単枠指定馬の8枠⑯スダホーク。馬券も当然8枠から売れていました（当時は単勝、複勝、枠連馬券のみ）。

そして昼休みにはシブがき隊のミニコンサートが開催され、彼らのデビュー曲「NAI・NAI 16」が披露されたのです。

これを見た私は、ナイナイ16→無い無い16→⑯番スダホークは馬券から消える？　と思いを巡らし、8枠を除いた枠連をすべて購入したのです。

さてレース結果は……8枠⑯スダホークは7着に敗れ、1着は2枠③クシロキング、2着1枠②メジロトーマスで決まり、枠連1－2はなんと1万4480円の万馬券だったのです！

その年はよく競馬場でミニコンサートが開かれていました。1986年11月23日に東京競馬場で開催された第6回ジャパンCでは、歌手の麻倉未稀（あさくら・みき）さんが来場し歌を披露。枠順を見ると、8枠⑬番には「ア」レミロードと⑭番「サクラ」ユタカオーと「ア」「サクラ」状態になっており、レース結果はアレミロードが2着に入り、しっかりと枠連馬券に絡んだのです。

科学的根拠のない「サイン馬券」――あれこれ自己流で考えるだけでも楽しいものです。

第2章

時短準備編②
オッズX方式の基本必勝ツール

穴レース判定をクリアしたレースを選び出す

高配当馬券を狙い撃ちするとき、「オッズX方式」では「競馬予報」から穴レースの条件をクリアしたレースだけを検討します。メインレースだから、GⅠレースだからといって、なんでも穴馬を見つけ出すわけではありません。

穴レース判定をクリアしたレースのみが、「オッズX方式」ではその日のメインレースとなるのです。「大穴型レース」にとってプラス材料、すなわち追い風になる条件を3つほど紹介しておきましょう。それが、次の3条件です。

①開催替わり
②ハンデ戦
③重馬場＆不良馬場への変更

この3つの条件は「大穴型レース」として浮上したレースにとっては、穴馬が馬券に絡みやすい条件となります。

ひとつ目は**「開催替わり」**です。

開催替わりとは、関東の競馬でしたら中山競馬場から東京競馬場、反対に東京競馬場から中山競馬場に開催が替わった、1週目と2週目、すなわち1日目から4日目を指します。特に右回りの競馬場から左回りの競馬場、左回りの競馬場から右回りの競馬場へ替わったときには、よりプラス材料となります。

２つ目は**「ハンデ戦」**です。

ハンデ戦とは、ハンデキャッパーが馬に負担重量を負わせ、すべての出走馬がゴール前で接戦を繰り広げられるように設定されたレースです。つまり、人気薄の馬がハンデを活かし激走する可能性があります。

３つ目は**「重馬場＆不良馬場」**への変更です。

競馬では開催中に突然、雨や雪が降ってくることがあります。安全かつ公平なレースが難しいと判断されない限り、多量の雨が降ってもレースは続けられます。当然、馬場は時間とともに悪化し、馬場状態の変更は発表されます。

このように馬場の変更が発表されるほど、馬場が悪くなると穴馬にとってはプラス要因に働きます。特に本命馬が不良馬場を得意にしていないケースなどは、穴馬には絶好のチャンスとなります。

競馬はその日限りのものではありません。一日に行なわれるレースの中から、「大穴型レース」として浮上したレースだけを検証し、高配当馬券を狙い続けることこそが、万馬券をゲットすることはもちろん、回収率アップにもつながります。

開催替わりやハンデ戦は特に要注意です。この２つの条件があてはまったレースは、多少、穴判定が弱くても穴馬が台頭する可能性が他のレースより高くなります。

「オッズX方式」で「競馬予報」がいかに重要なのか――それはレースを選択することができるからです。レースの性格を調べることなく馬券を検討すると、本命馬が馬券に絡みやすいレースで穴馬から馬券を買ったりしてしまいます。

「馬連ランク」は「基軸通貨」のような役割を果たす

「オッズX方式」では穴馬は「馬連ランク」9位以下に潜んでいると考えています。「馬連ランク」とは前述のように、馬連1番人気の組み合わせを調べ、その組み合わせの単勝上位馬から馬連オッズを人気順に並び替えたものです。

馬連ランク1～4位を「本命ゾーン」、5～8位を「中穴ゾーン」、9位以下を「大穴ゾーン」と分類しています。

穴馬を見つけ出すときには、馬連9位以下の馬が単勝や複勝でどのような売れ行きを示しているか、コンピ指数とはどのような関係になっているなど、馬連ランクを中心としてオッズのバランスをチェックしていきます。

馬連オッズは、経済の世界でたとえるなら「基軸通貨」のようなものです。

世界経済は約50％の国が「アメリカドル」を基軸通貨として採用しているように「アメリカドル」を中心に動いています。「ドル」と比較することにより、自国の通貨の強さを測っているのです。

「円安・円高」という文言をニュースで耳にしたことがあると思います。２０２４年の日本は「円安」に悩まされています。

「円安」とは日本経済が弱く（景気が悪い）なったため「円」の価値が下がってしまった結果起きてい

ます。日本は多くの物資を輸入で頼っているため、「円安」で輸入価格が高くなり、すなわち材料費が高くなるためモノの価格を上げなければなりません。それが「物価高」を引き起こすことになるのです。

話を馬券に戻しましょう。

基軸馬券である馬連の「馬連ランク」と異なる単勝や複勝が売れていたら、「馬連」と「単勝・複勝」との間とのバランスが崩れていることになります。

基軸馬券、「馬連ランク」は馬券を組み立てるときにも重要なツールとなります。穴馬から馬連、ワイド、3連複を購入するときは「馬連ランク」を使って馬券を組み立てていきます。

これから「オッズX方式」で高配当を的中したレースを紹介していきますが、すべてのレースが穴馬から「馬連ランク」を使って馬券を購入したものです。

「馬連ランク」は穴馬を見つけ出したり馬券を組み立てたりするとき、非常に重要なツールであることを覚えておいてください。

基本ツールの①……オッズの壁

「オッズX方式」で穴馬を見つけ出す最初のチェック項目が「オッズの壁」です。

「オッズの壁」とは、馬連ランクを人気順に並び替え、ランク間の乖離差が1・8倍以上ある箇所を指します。単勝ランクにおいても同じように調べておくことも重要です。

●2023年1月22日・中山10R江戸川S(4歳上3勝クラス、ダ1200m)

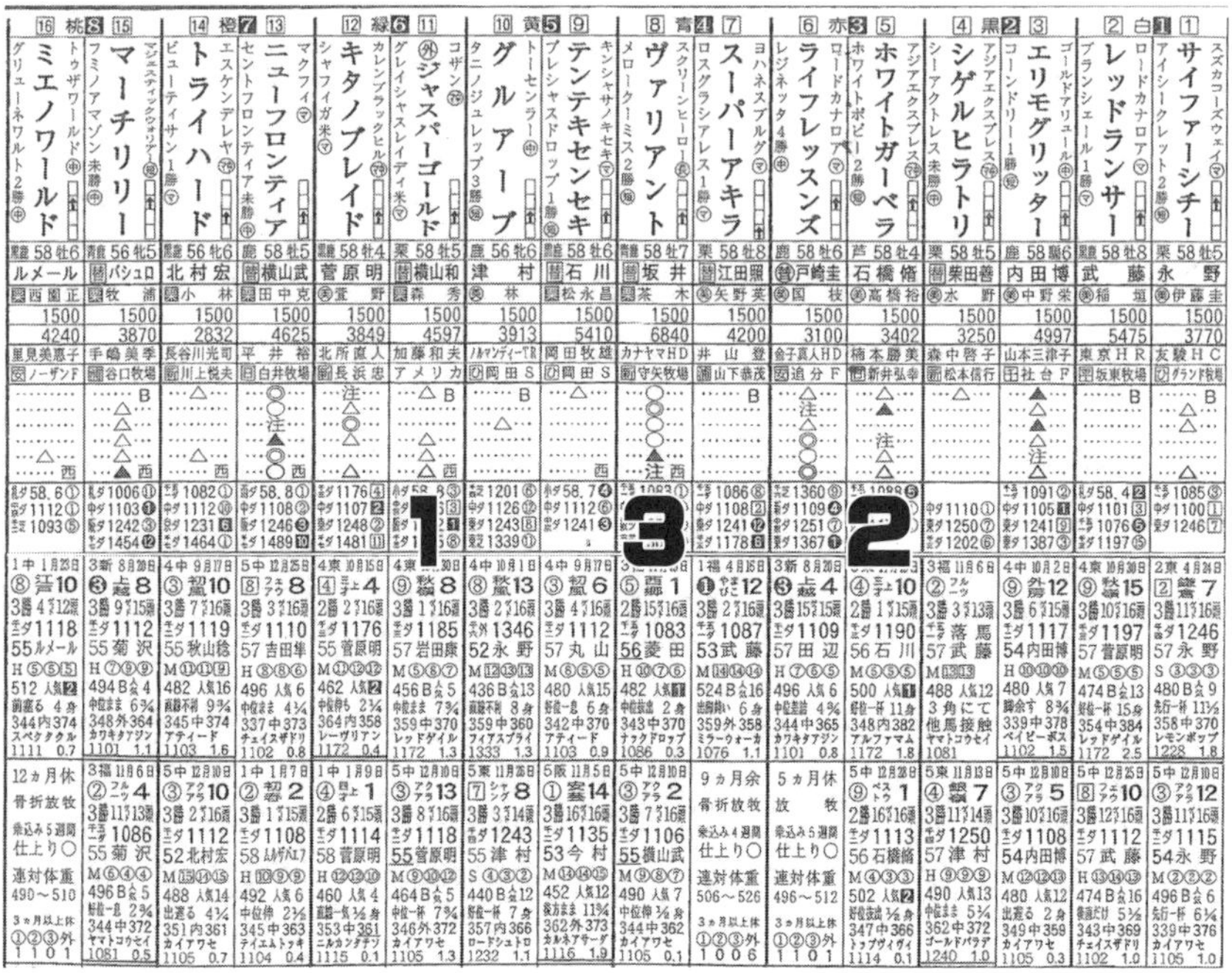

馬番	馬名	父	母	毛色・斤量・性齢	騎手	調教師	賞金	馬主	生産者
1	サイファーシチー	スズカコーズウェイ	アイシークレット2勝	栗 58 牡5	永野	伊藤圭	1500 / 3770	友駿HC	グランド牧場
2	レッドランサー	ロードカナロア	ブランシェール1勝	黒鹿 58 牡8	武藤	稲垣	1500 / 5475	東京HR	坂東牧場
3	エリモグリッター	ゴールドアリュール	コーンドリー1勝	鹿 58 騸6	内田博	中野栄	1500 / 4997	山本三津子	社台F
4	シゲルヒラトリ	アジアエクスプレス	シーアクトレス未勝	栗 58 牡5	柴田善	水野	1500 / 3250	森中啓子	松本信行
5	ホワイトガーベラ	アジアエクスプレス	ホワイトポピー2勝	芦 58 牡4	石橋脩	高橋裕	1500 / 3402	楠本勝美	新井弘幸
6	ライフレッスンズ	ロードカナロア	レジネッタ4勝	鹿 58 牡6	戸崎圭	国枝	1500 / 3100	金子真人HD	追分F
7	スーパーアキラ	ヨハネスブルグ	ロスグラシアレス1勝	栗 58 牡8	江田照	矢野英	1500 / 4200	井山登	山下恭茂
8	ヴァリアント	スクリーンヒーロー	メロークーミス2勝	青鹿 58 牡7	坂井	茶木	1500 / 6840	カナヤマHD	守矢牧場
9	テンテキセンセキ	キンシャサノキセキ	プレシャスドロップ1勝	黒鹿 58 牡6	石川	松永昌	1500 / 5410	岡田牧雄	岡田S
10	グルアーブ	トーセンラー	タニノジュレップ3勝	鹿 56 牝6	津村	林	1500 / 3913	ノルマンディーTR	岡田S
11	(外)ジャスパーゴールド	コザン	グレイシャスレイディ米	栗 58 牡5	横山和	森秀	1500 / 4597	加藤和夫	アメリカ
12	キタノブレイド	カレンブラックヒル	シャフィガ米	黒鹿 58 牡4	菅原明	萱野	1500 / 3849	北所直人	長浜忠
13	ニューフロンティア	マクフィ	セントフロンティア未勝	鹿 58 牡5	横山武	田中克	1500 / 4625	平井裕	白井牧場
14	トライハード	エスケンデレヤ	ビューティサン1勝	黒鹿 56 牝6	北村宏	小林	1500 / 2832	長谷川光司	川上悦夫
15	マーチリリー	マジェスティックウォリアー	フミノアマゾン未勝	青鹿 56 牝5	パシュロ	牧浦	1500 / 3870	手嶋美季	谷口牧場
16	ミエノワールド	トゥザワールド	グリューネワルト2勝	黒鹿 58 牡6	ルメール	西園正	1500 / 4240	里見美恵子	ノーザンF

1着⑪ジャスパーゴールド（9番人気）
2着⑤ホワイトガーベラ（3番人気）
3着⑧ヴァリアント（2番人気）

単⑪ 2070円　枠連3－6　1200円
複⑪ 510円　⑤ 230円　⑧ 200円
馬連⑤－⑪ 6700円　馬単⑪→⑤ 15360円
ワイド⑤－⑪ 2120円　⑧－⑪ 1860円　⑤－⑧ 710円
3連複⑤⑧⑪ 11880円
3連単⑪→⑤→⑧ 107350円

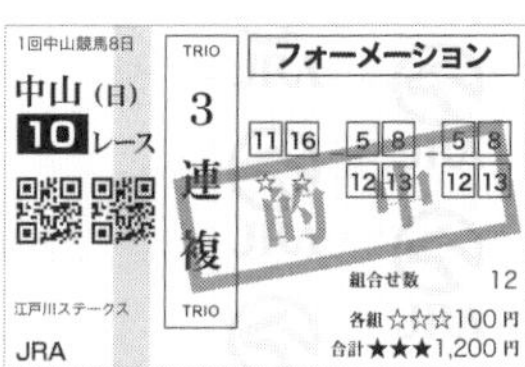

3連複⑤⑧⑪
1万1880円的中！

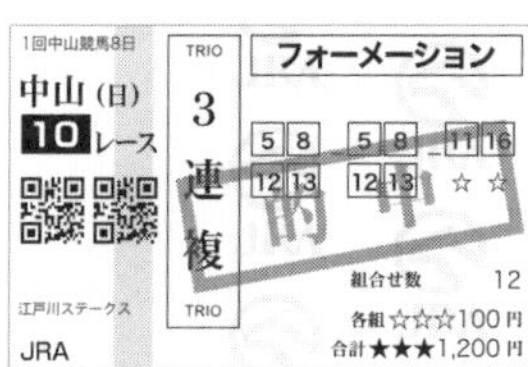

3連複⑤⑧⑪
1万1880円的中！

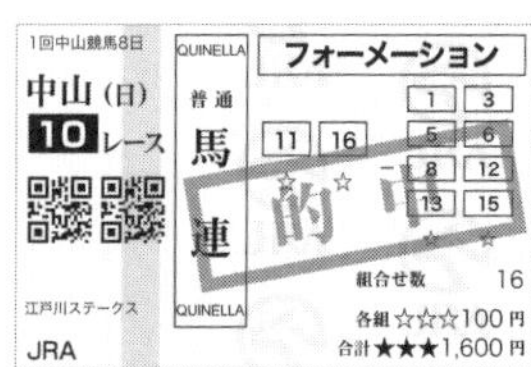

馬連⑤－⑪
6700円的中！

では、実際のレースを使って「オッズの壁」について解説していきましょう。

2023年1月22日、中山10R江戸川Sです。まずは「競馬予報」をチェックしていきましょう。コンピ指数は1位が74P、46Pの馬は13位。1位と3位とのポイント差は9Pです。コンピ指数からは「大穴型レース」と判定されました。

当日朝9時半のオッズからは馬連1番人気が10・1倍、単勝30倍未満の頭数は10頭です。馬連1番人気9倍以上、単勝30倍未満の頭数10頭以上というのが穴レースの条件ですから、このレースはコンピ指数に引き続き「大穴型レース」ということになります。

「大穴型レース」と判定されれば、次は穴馬探しとなります。

馬連1番人気は⑧－⑬です。⑧番と⑬番の単勝オッズを比較すると⑧番が6・2倍、⑬番が6・8倍なので、馬連の1位は⑧番となります。

⑧番絡みの馬連オッズを抜き出し、それを人気順に並び替えていきます。単勝オッズや複勝オッズも同様に並び替えていきます。

すべて調べ、完成したのが下の表1となります。

馬連10位の⑪番のオッズは60・5倍です。馬連11位の④番のオッズは143倍です。

表1●2023年1月22日・中山10R江戸川S

	1位	2位	3位	4位	5位	6位	7位	8位	9位	10位	11位	12位	13位	14位	15位	16位
コンピ指数	8	15	13	6	12	5	3	1	11	16	14	4	9	10	7	2
馬連ランク	8	13	5	12	6	15	3	1	16	11	4	14	10	7	2	9
馬連オッズ		10.1	14.5	18.0	20.3	20.8	36.1	54.8	56.0	60.5	143	249	274	394	415	417
単勝ランク	8	13	5	15	1	12	6	16	11	3	4	10	7	2	14	9
単勝オッズ	6.2	6.8	7.3	7.4	7.8	8.1	9.6	13.1	14.7	16.5	36.3	40.3	46.7	66.6	70.2	80.2
複勝ランク	8	13	5	12	6	11	16	1	15	3	4	10	7	14	9	2
複勝オッズ	2.6	2.7	2.7	2.8	3.3	4.1	4.8	4.8	5.0	5.6	7.4	8.6	12.1	13.6	16.7	17.0

▲オッズの壁（馬連10位と11位の間）

馬連10位と11位との乖離差は、馬連11位のオッズを10位のオッズで割ることで求めることができます。143÷60・5＝2・36。1・8倍以上の乖離差がある箇所が「オッズの壁」となるというのがルールですから、馬連10位と11位の間には「オッズの壁」があることがわかります。

さらに「オッズの壁」の前の2頭が穴馬候補となるというのが「オッズX方式」のルールなので、⑯番と⑪番が穴馬候補となります。

ここでチェックしなければならないことがあります。穴馬候補として浮上した馬の馬連オッズです。40倍未満の場合は、穴馬候補としては基本的には失格となります。このレースの場合は⑯番は56倍、⑪番は60・5倍で、40倍以上です。穴馬候補としては問題ありません。

⑯番、⑪番が穴馬候補として決定しました。

レース結果は、1着には「オッズの壁」から浮上の⑪ジャスパーゴールドが入り、2着は⑤ホワイトガーベラ、3着⑧ヴァリアントです。

馬連⑧－⑪は6700円、3連複⑤⑧⑯は1万1880円のダブル的中となりました。このレースは単勝10位と11位の間にも「オッズの壁」があることがわかります。

このように馬連ランクと単勝ランクにおいて、同じ箇所に出現した「オッズの壁」から浮上した穴馬候補は、馬券に絡む可能性が高くなることが多いです。

実はこのレース、第1章の馬連ランクの並べ方の項で紹介したレースでした。

もうひとつ例を出してみましょう。

2023年12月16日、中山11Rターコイズ Sです。まずはコンピ指数のチェックです。1位は74P、46Pは13位。1位と3位とのポイント差は12Pなので、このレースは「大穴型レース」となります。

レース当日9時半のオッズをチェックしてみましょう。

馬連1番人気は18・1倍、単勝30倍未満の頭数は12頭ですから、基準値である馬連1番人気9倍以上、単勝30倍未満の頭数10頭以上の条件をクリアし、このレースは「競馬予報」からは完全な「大穴型レース」と判定されました。

では穴馬候補を見つけていきましょう。馬連、単勝、複勝ランクを人気順に並び替えていきます。馬連1番人気は⑥－⑩です。⑥番と⑩番の単勝人気は⑥番が6・1倍、⑩番が6・9倍。⑥番のほうが人気なので、馬連1位は⑥番となります。

馬連⑥番絡みのオッズを抜き出し、人気順に並び替えていきます。単勝や複勝オッズも同様に人気順に並び替えます。すべての人気を調べ、ひとつにまとめたものが下の表2です。

オッズ間の乖離差を調べていくと、馬連7位と8位の間には馬連8位のオッズが59・9倍、馬連7位が30・1倍です。59・9÷30・1＝1・99。乖離差1・8倍以上の箇所は「オッズの壁」となるというル

表2●2023年12月16日・中山11Rターコイズ S

	1位	2位	3位	4位	5位	6位	7位	8位	9位	10位	11位	12位	13位	14位	15位	16位
コンピ指数	12	15	10	6	7	11	5	9	14	13	4	8	2	1	3	16
馬連ランク	6	10	5	9	15	12	7	1	14	4	11	2	16	13	8	3
馬連オッズ		18.1	20.5	22.2	25.1	28.7	30.1	59.9	63.5	63.6	76.9	90.6	175	185	219	221

オッズの壁（馬連7位と8位の間、12位と13位の間）

	1位	2位	3位	4位	5位	6位	7位	8位	9位	10位	11位	12位	13位	14位	15位	16位
単勝ランク	6	9	10	15	12	7	5	4	1	14	2	13	11	8	16	3
単勝オッズ	6.1	6.9	6.9	7.7	8.3	8.8	9.1	16.6	18.5	22.9	25.8	27.4	31.4	40.2	46.6	62.2

オッズの壁（単勝7位と8位の間）

	1位	2位	3位	4位	5位	6位	7位	8位	9位	10位	11位	12位	13位	14位	15位	16位
複勝ランク	6	10	9	15	5	7	12	1	4	14	2	11	13	8	16	3
複勝オッズ	2.5	2.9	3.1	3.1	3.6	3.7	3.8	5.4	5.4	5.6	6.9	8.1	8.6	9.3	9.8	13.2

●2023年12月16日・中山11Rターコイズ S(GⅢ、芝1600m)

馬番	枠	馬名	父	母	斤量	騎手	調教師	賞金	総賞金	馬主	生産者
1	白1	ルージュエクレール	エピファネイア	マーブルケーキ3勝	鹿 52 牝4	菅原明	萩原	2400	6050	東京HR	ノーザンF
2	白1	フィールシンパシー	ベーカバド	スマートシンパシー未勝	鹿 53 牝4	横山琉	小島茂	2400	7675	岡田牧雄	岡田S
3	黒2	アナザーリリック	リオンディーズ	アンソロジー2勝	鹿 55.5 牝5	津村	林	4500	8920	シルクR	ノーザンF
4	黒2	ルージュスティリア	ディープインパクト	ドライヴンスノー米	鹿 53 牝4	三浦	藤原英	2400	5420	東京HR	社台牧場
5	赤3	ミスニューヨーク	キングズベスト	マンハッタンミート1勝	青鹿 56.5 牝6	Mデムーロ	杉山晴	6100	19,177	高昭牧場	高昭牧場
6	赤3	フィアスプライド	ディープインパクト	ストロベリーフェア英	青鹿 54 牝5	ルメール	国枝	2400	7681	ゴドルフィン	ダーレージャパンF
7	青4	サーマルウインド	ドレフォン	ラフィエスタ未出	鹿 55 牝4	北村宏	奥村武	3800	9170	キャロットF	ノーザンF
8	青4	ライトクオンタム	ディープインパクト	イルミナント米	青鹿 53 牝3	大野	武幸	2400	4700	社台RH	社台F
9	黄5	サウンドビバーチェ	ドゥラメンテ	スクービドゥー独	黒鹿 56 牝4	浜中	高柳大	4400	11,020	増田雄一	三嶋牧場
10	黄5	ヒップホップソウル	キタサンブラック	ダンスファンタジア3勝	鹿 54 牝3	横山武	木村	2200	4710	社台RH	社台F
11	緑6	ルージュリナージュ	スピルバーグ	パンツァネッラ公	鹿 53 牝4	横山和	宗像	2400	5867	東京HR	信岡牧場
12	緑6	ソーダズリング	ハーツクライ	ソーマジック4勝	黒鹿 53 牝3	武豊	音無	2350	4710	社台RH	社台F
13	橙7	キタウイング	ダノンバラード	キタノリツメイ未勝	黒鹿 53 牝3	江田照	小島茂	3850	7430	ミルF	ミルF
14	橙7	ウインピクシス	ゴールドシップ	コスモアクセス4勝	芦 54 牝4	戸崎圭	上原博	3150	7870	ウイン	コスモヴューF
15	桃8	コナコースト	キタサンブラック	コナブリュワーズ4勝	青鹿 55 牝3	鮫島駿	清水久	4250	9200	サンデーR	ノーザンF
16	桃8	クリノプレミアム	オルフェーヴル	ダンシングクイーン1勝	栗 55.5 牝6	松岡	伊藤伸	5950	16,346	栗本博晴	吉田F

1着⑥フィアスプライド（1番人気）	単⑥ 520円　枠連1－3 1940円
2着②フィールシンパシー（8番人気）	複⑥ 190円　② 500円　⑤ 280円
3着⑤ミスニューヨーク（6番人気）	馬連②－⑥ 5720円　馬単⑥→② 9520円
	ワイド②－⑥ 1770円　⑤－⑥ 650円　②－⑤ 2980円
	3連複②⑤⑥ 15330円
	3連単⑥→②→⑤ 75450円

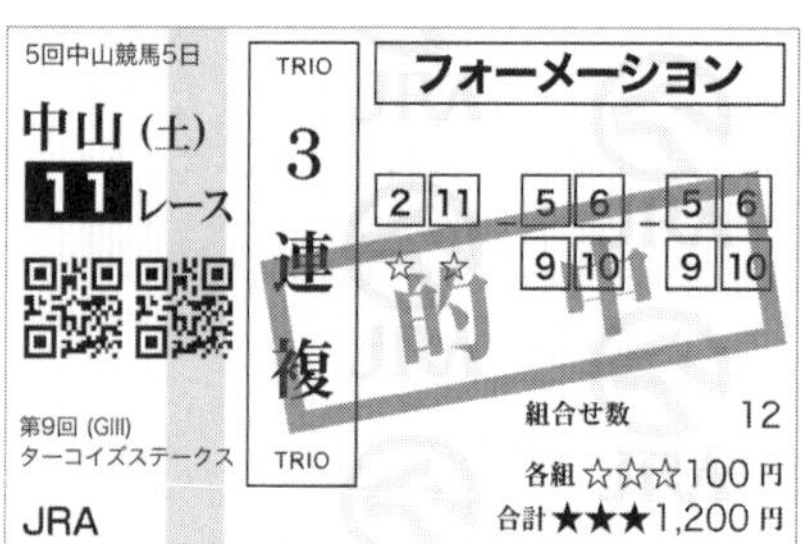

3連複②⑤⑥1万5330円的中！

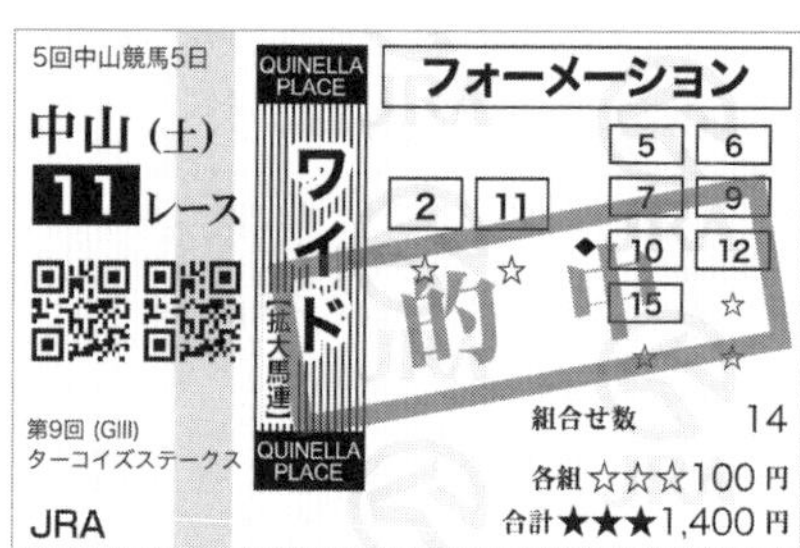

ワイド②－⑥1770円、②－⑤2980円的中！

ールにより、馬連7位と8位には「オッズの壁」があることがわかります。

同様に馬連12位と13位にも、馬連13位のオッズが175倍、馬連12位のオッズが90・6倍ですから175÷90・6＝1・94となり、ここにも「オッズの壁」があることがわかります。

単勝オッズも同様に調べてみると、単勝7位と8位の間に「オッズの壁」があります。

馬連の「オッズの壁」の前の2頭が穴馬候補をして注目するというのが、「オッズの壁」のルール。馬連7位と8位の間にある「オッズの壁」の前の2頭は⑫番、⑦番ですが、この2頭の馬連オッズは2頭ともに40倍未満です。

それどころか、この2頭は馬連6位と7位ですから、穴馬候補としては失格です。穴馬候補は馬連ランク9位以下が基本となります。

もう1箇所の「オッズの壁」はどうでしょうか。この壁の前の2頭は馬連11位の⑪番、馬連12位の②番なのでランク的には問題ありません。馬連オッズも⑪番76・9倍、②番90・6倍。40倍を完全に超えているので、こちらも問題なしです。

穴馬は⑪番と②番に決定しました。

レース結果は1着⑥フィアスプライド、2着②フィールシンパシー、3着⑤ミスニューヨークの順に入線。注目した穴馬候補②番が2着に入り、3連系の馬券はもちろん、馬連馬券にも絡みました。3連複②⑤⑥は1万5330円の万馬券です。

私は9時半のオッズでは馬連1位の⑥番と穴馬候補②番の組み合わせが90・6倍だったため、3連複以外には穴馬候補からワイド馬券を購入しました。しかし、確定オッズはなんと馬連②－⑥は5720

円と半分近くになってしまったため、ワイド馬券も②－⑥で1770円、②－⑤で2980円という低配当になってしまいました。

基本ツールの②……突入＆移動馬

次に紹介するのは2023年5月27日、京都12Rです。

まずはコンピ指数のチェックです。1位は79P、46Pは13位にランクしているので、穴判定はクリア。しかし1位と3位とのポイント差は19Pとなっており、基準値15以上になっています。

つまりコンピ指数からは「準大穴型レース」と判定されました。

9時半のオッズからは、馬連1番人気は9・1倍、単勝30倍未満の頭数は12頭と、基準値の馬連9倍以上、単勝30倍未満の頭数10頭以上をクリアしています。このレースは「準大穴型レース」として「競馬予報」で判定され、次は穴馬を探し出すことになります。

馬連1番人気が②－⑩であり、②番と⑩番の単勝オッズを比較すると②番のほうが売れているので、馬連1位は②番となります。②番からの馬連オッズを調べ、それを人気順に並び替えていきます。単勝や複勝も同じように並び替え、完成したのが下の表3です。

表3●2023年5月27日・京都12R

	1位	2位	3位	4位	5位	6位	7位	8位	9位	10位	11位	12位	13位	14位
コンピ指数	2	10	13	3	9	14	8	4	7	1	11	12	5	6
馬連ランク	2	10	9	3	13	4	8	1	14	11	12	7	5	6
馬連オッズ		9.1	17.9	18.3	25.2	33.3	37.1	53.2	63.0	69.2	71.0	83.3	175	286
単勝ランク	2	10	3	9	4	13	8	12	11	14	7	1	5	6
単勝オッズ	4.6	5.3	5.4	6.8	8.7	13.0	13.5	18.3	20.9	21.8	25.4	29.9	53.1	62.4
複勝ランク	2	9	10	3	13	12	4	7	14	1	8	11	5	6
複勝オッズ	2.3	2.4	2.6	2.7	3.7	3.8	4.7	4.8	5.8	6.3	6.6	7.0	10.8	13.6

オッズの壁（馬連2位と3位の間）　オッズの壁（馬連12位と13位の間）

●2023年5月27日・京都12R（4歳上2勝クラス、芝1400m）

桃8	14	ラブリーデイ(中)	メイショウカイト	デンコウデア3勝(短)	黒鹿 56 牝5	替西村淳	栗荒川	900	2784	松本好雄	村下明博	… △ △ △ … ◎	京1091⑤ 阪ダ1249④ 中ダ1116③ 中ダ1474⑧	1京 4月29日 ③ 四才上 11 2勝 6ﾄ15頭 千四ダ1261 55小沢 M⑫⑫⑬ 460 人気15 後方まま 9½ 368中371 エーティーマク 1245 1.6	1京 5月13日 ⑦ 四才上 5 2勝 8ﾄ16頭 千二内1091 55泉谷 S⑫⑫⑫ 464 人気16 後方差詰 2½ 362中329 アドヴァイス 1087 0.4
桃8	13	ザファクター(マ)	ワンダーキサラ	ブルーボンボヤージ1勝(中)	鹿 56 牝4	替幸	栗石橋	900	2232	山本能成	大島牧場	△ △ … ○ ◎ △	中ダ1247⑫ 京1212③ 阪1346⑦ 阪ダ1562②	1阪 3月12日 ⑩ 天神 7 2勝 10ﾄ10頭 千六外1346 56角田河 S①①① 444 人気3 逃一杯 3¾ 349内358 ロワンディシー 1340 0.6	1京 4月30日 ④ 御池 3 2勝 10ﾄ12頭 千四外1212 56角田河 S②②② 452 人気5 先行粘る 2½ 356中345 ラクスバラディ 1208 0.4
橙7	12	コパノリッキー(マ中)	(地)ブリュットミレジメ	ミスマーブル1勝(中)	鹿 58 牡4	川島	栗荒川	910	1839	加藤徹	広富牧場	△ … … △ … △	京[illegible]④ [illegible] [illegible] [illegible]	1京 4月29日 ③ 四才上 8 2勝 3ﾄ15頭 千四ダ1257 58川島 M⑩⑧⑧ 508 人気12 中位まま 7¼ 364内373 エーティーマク 1245 1.2	1京 5月13日 ⑦ 四才上 4 2勝 1ﾄ16頭 千二内1091 58川島 S⑥⑧⑧ 514 人気11 中位差詰 2½ 360内331 アドヴァイス 1087 0.4
橙7	11	イスラボニータ(マ中)	バルタザール	フィンランディア英(中)	鹿 58 牡4	和田竜	栗茶木	900	1810	LEVEL-K	ディアレストC	… ○ ◎ … △ …	中ダ1276⑯ 京1209④ 阪1358③ 新1485⑧	1京 4月23日 ② 四才上 4 1勝 7ﾄ18頭 千四外1209 58西村淳 S③③⑤ 494 人気8 伸一息 4¼ 344中350 エクセトラ 1202 0.7	1新 5月7日 ④ 四才上 1 1勝 3ﾄ16頭 千四内1257 58和田竜 H⑤④④ 492 人気4 好位抜出 1身 354内379 ハリウッドヒル 1259 0.2
緑6	10	トゥザグローリー(中)	メイショウベッピン	メイショウオリビア公(短)	鹿 56 牝6	武豊	栗荒川	900	5078	松本好雄	太陽牧場	○ △ △ ◎ 注 ▲	[illegible]⑫ [illegible]4③ 京1[illegible]6③ 小1[illegible]1⑦	1京 4月22日 ① 四才上 3 2勝 5ﾄ11頭 千六外1326 56武豊 M⑥⑦⑤ 492 人気4 中位伸 1¼ 343外349 アスクコンナモ 1324 0.2	1京 5月6日 ⑤ 四才上 4 2勝 3ﾄ14頭 千六外1336 56武豊 S⑧⑨⑨ 492 人気1 中位差詰 2¼ 361内346 タイゲン 1332 0.4
緑6	9	キズナ(中長)	ワンダーカタリナ	ルスナイクリスティ3勝(短)	鹿 58 牡6	団野	栗河内	900	3700	山本能成	高昭牧場	△ △ △ … ▲ △	小1078⑨ 京1213④ 中ダ1096⑧	2阪 4月15日 ⑦ 千種 10 2勝 6ﾄ13頭 千四内1222 58団野 S⑬⑫⑫ 526 人気8 後方まま 6身 359中348 メイショウドウ 1212 1.0	1京 4月30日 ④ 御池 4 2勝 7ﾄ12頭 千四外1213 58団野 S⑩⑩⑩ 526 人気6 後方追上 3¼ 366中336 ラクスバラディ 1208 0.5
黄5	8	ドゥラメンテ(中長)	ウルトラソニック	パールブロッサム2勝(マ)	鹿 58 牡5	川須	栗中尾秀	900	2087	中野義一	ハシモトF	注 … △ … … △	中京1086⑬ 中京1201④ 中ダ1130⑩ 中ダ1268⑪	1中京 1月22日 ⑧ 四才上 4 2勝 7ﾄ8頭 千四1210 58川須 M②①① 482 人気3 逃一息 3¾ 338中358 ボルザコフスキ 1204 0.6	4ヵ月余 放牧 乗込み4週間 仕上り○ 連対体重 466～482 3ヵ月以上休 ①②③外 1003
黄5	7	ハービンジャー(中長)	エコロデイジー	モモトンボ1勝(中)	鹿 56 牝5	替菱田	栗牧浦	900	2525	原村正紀	諏訪牧場	◎ … … ▲ 連闘 △ …	中京1084③ 中京1203⑥ 阪1349④ 中1501①	2中京 3月19日 ④ [illegible] 6 牝2勝 8ﾄ10頭 千四1223 56幸 S⑦⑧⑦ 484 人気7 後直だけ 2¼ 364中341 ヒルノローザン 1219 0.4	1新 5月20日 ⑦ [illegible] 14 2勝 2ﾄ16頭 千二内1109 56角田和 S⑨⑪⑪ 476 人気6 中位一杯 5¾ 358内351 マイネルレノン 1099 1.0
青4	6	カレンブラックヒル(マ中)	ヒノクニ	トワイスアップ未勝(マ)	黒鹿 53 牝4	替▲鷲頭	美深山	1000	3498	由井健太郎	本田土寿	B … … … … 東	中1088④ 東1218⑤ 阪1359⑱ 中ダ1308④	3中 3月26日 ❷ 四才上 12 2勝 7ﾄ13頭 千二外1131 53西塚 H④⑤④ 448B 人気3 中位一杯 6¾ 352中379 アイルビーザワ 1119 1.2	1京 5月13日 ⑦ 四才上 16 2勝 11ﾄ16頭 千二内1101 53田口 S⑪⑧⑧ 450B 人気13 中位一杯 8½ 360外341 アドヴァイス 1087 1.4
青4	5	ローズキングダム(中長)	ケルンキングダム	ケルンフラワー未出(中)	鹿 58 騸7	松若	栗小崎	1000	5031	谷和光彦	ひるかわ育成	… … … … △ …	中2007⑥ 中京1209③ 阪1349⑥ 阪1455③	2阪 4月15日 ❼ 千種 9 2勝 9ﾄ13頭 千四内1222 58小崎 S⑪⑪⑪ 460 人気12 後方まま 5½ 356外350 メイショウドウ 1212 1.0	1京 4月30日 ④ 御池 6 2勝 5ﾄ12頭 千四外1215 58松若 S⑦⑦⑧ 458 人気11 内々回る 4¼ 363内340 ラクスバラディ 1208 0.7
赤3	4	ディープブリランテ(中)	タイセイブリリオ	メリオール公(マ)	鹿 55 牡4	▲田口	栗大橋	900	3361	田中成奉	村田牧場	… ▲ 注 注 … △	小[illegible]① [illegible] 阪[illegible] [illegible]	2小 2月18日 ③ 紫川 4 2勝 18ﾄ18頭 千二1090 58富田 M①②② 480 人気1 先行一息 3¼ 335中355 メイショウゲン 1084 0.6	1阪 3月4日 ⑦ 四才上 12 2勝 15ﾄ16頭 千二内1090 55田口 M④⑤⑤ 480 人気6 好位一杯 7½ 334外356 シゲルカチョウ 1077 1.3
赤3	3	キズナ(中長)	クロニクルノヴァ	ウォークロニクル1勝(マ)	黒鹿 58 騸4	鮫島駿	栗武幸	900	2097	DMMドリームC	ノーザンF	△ ◎ ▲ △ 連闘 ○ 注	中2028⑧ 京1208① 阪1347⑦ 函1491①	1阪 2月12日 ② 四才上 7 1勝 12ﾄ17頭 千六外1347 58松岡 S⑭⑦⑥ 476 人気8 追上一杯 4身 363外346 ディオ 1340 0.7	1京 5月21日 ⑩ 四才上 1 1勝 7ﾄ18頭 千四外1208 58鮫島駿 S③③③ 480 人気1 好位抜出 ¾身 355中341 モラトリアム 1209 0.1
黒2	2	ディープインパクト(中長)	(地)サトノペルセウス	ダンサーデスティネイション英(マ)	黒鹿 55 騸5	替▲西塚	栗藤原英	560	1830	里見治	社台F	▲ 注 ○ △ … ○	門ダ1151❶ 中1592⑤ 中京1335③ 阪1459①	1阪 2月11日 ① 須磨 6 2勝 10ﾄ10頭 千八外1467 58福永 S⑤⑥⑤ 490 人気5 中位まま 4¾ 369外340 デビットバロー 1459 0.8	1京 5月6日 ⑤ 四才上 5 2勝 11ﾄ14頭 千六外1336 58松山 S⑥④② 480 人気3 好位一息 2½ 358外352 タイゲン 1332 0.4
白1	1	ヴァンセンヌ(マ)	ヤマニンプレシオサ	ヤマニンスフィア3勝(中長)	黒鹿 56 牝6	替岩田康	美辻	900	3900	土井肇	廣田光夫	△ … … … … 東	小1084⑪ 東1210⑧ 阪1344③ 東1474⑧	1阪 3月12日 ⑩ 天神 3 2勝 5ﾄ10頭 千六外1344 56岩田康 S⑦⑧⑧ 476 人気10 後方伸 2½ 362中348 ロワンディシー 1340 0.4	2阪 3月25日 ① 丹波 6 2勝 7ﾄ10頭 千六外1349 53団野 S⑨⑨⑦ 474 人気7 後方差詰 6身 375中338 レベレンシア 1339 1.0

1着⑩メイショウベッピン
（1番人気）
2着⑫ブリュットミレジメ
（10番人気）
3着④タイセイブリリオ
（5番人気）

単⑩ 420円　枠連6－7　1580円
複⑩ 180円　⑫ 600円　④ 310円
馬連⑩－⑫ 6620円　馬単⑩→⑫ 9400円
ワイド⑩－⑫ 1890円　④－⑩ 1140円　④－⑫ 3440円
3連複④⑩⑫ 20260円
3連単⑩→⑫→④ 128490円

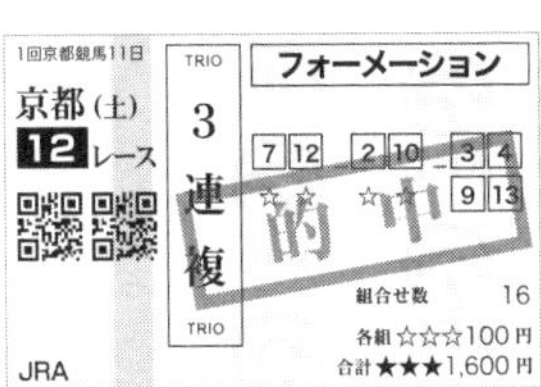

3連複④⑩⑫
2万260円的中！

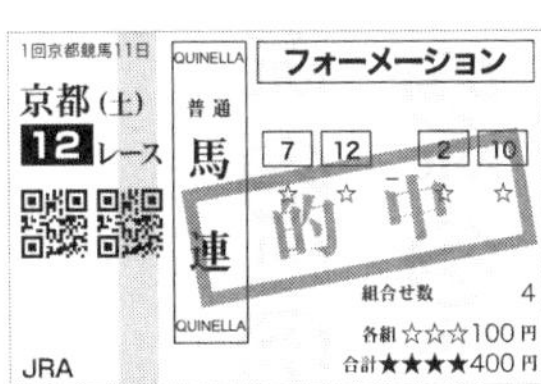

馬連⑩－⑫
6620円的中！

ワイド⑩－⑫1890円、
④－⑫3440円的中！

馬連には2位と12位に「オッズの壁」があることがわかります。馬連9位以下の「オッズの壁」の前の2頭は穴馬候補となるのがルールなので、このレースの場合は⑫番と⑦番ということになります。⑫番は馬連11位でオッズは71・0倍、⑦番も馬連12位でオッズは83・3倍ですから穴馬候補としては問題ありません。

2頭の穴馬候補をもう少しチェックすると、⑫番は馬連11位から複勝6位へと5ランク上昇しています。**馬連ランクから、単勝や複勝ランクへ5ランク以上上昇している馬を「突入&移動馬」と呼び、穴馬候補として注目するのが「オッズX方式」のルールです。**

このレースの場合では「オッズの壁」からは⑫番と⑦番が浮上し、「突入&移動馬」からは⑫番が浮上したことになります。

レース結果は馬連2位の「オッズの壁」の前の1頭である⑩メイショウベッピンが1着、2着には「オッズの壁」「突入&移動馬」から浮上の⑫ブリュットミレジメ、3着には④タイセイブリリオと入り、注目した穴馬候補はしっかりと2着と馬券に絡みました。

3連複は馬連2位に「オッズの壁」があったため、②番、⑩番を3連複の2列目に置き（1列目は穴馬2頭）、フォーメーションを組み立てました。3連複④⑩⑫、2万260円のゲットです。

上位ランクとの馬連、ワイド馬券も購入したのですが、⑩番が最終オッズでは1番人気になってしまったため、馬連⑩-⑫は6620円、ワイド⑩-⑫1890円、④-⑫3440円といった配当でした。

馬連ランクと比較して、単勝は複勝ランクが5ランク以上上昇し、「突入&移動馬」のルールをクリアした馬は、どうして売れているのかチェックしなければなりません。

例えば、24年3月10日付けで引退を表明していた武士沢友治騎手。3月9日、中山9Rで同騎手の騎乗馬は、コンピ指数11位、馬連ランク10位にランクされていたのですが、単勝3位、複勝4位と大きく上昇し、単勝、複勝ともに「突入&移動馬」のルールをクリアしていました。しかしレース結果は終始後方で追走し、15着になってしまいました。

長年、一線で活躍した騎手が引退するとなれば、ファンが応援馬券として単勝や複勝馬券を購入した可能性があります。同様に、女性ジョッキーの藤田菜七子騎手や珍しい馬名の馬にも同じような応援馬券が入ることがあるので注意が必要です。

もうひとつ「突入&移動馬」で万馬券をゲットしたレースを紹介しましょう。

2023年7月15日、函館8Rです。コンピ指数1位は74P、46Pの馬は13位です。1位と3位のポイント差は15Pなので、コンピ指数からは「準大穴型レース」判定です。

9時半のオッズでは馬連1番人気は13・9倍、単勝30倍未満の頭数は11頭です。つまり「競馬予報」からは「準大穴型レース」として浮上しました。

さて、穴馬を見つけていきましょう。まずは馬連ランクの並び替えです。馬連1番人気の組み合わせは⑦-⑫です。⑦番と⑫番の単勝オッズを比較すると、⑫番のほうが人気なので馬連1位は⑫番となります。⑫番絡みの馬連オッズを人気順に並び替えていきます。

単勝や複勝オッズも同じように人気順に並び替えていきます。完成したのがP51の表4です。この表を見ると、馬連11位に乖離差2・62倍の大きな「オッズの壁」が出現していることがわかります。「オ

●2023年7月15日・函館8R(3歳上1勝クラス、芝1200m)

馬番	14	13	12	11	10	9	8	7	6	5	4	3	2	1
枠	桃8	桃8	橙7	橙7	緑6	緑6	黄5	黄5	青4	青4	赤3	赤3	黒2	白1
父	キングカメハメハ	ダイワメジャー	ルーラーシップ	モーリス	キズナ	リアルスティール	ディープインパクト	バゴ	アドマイヤムーン	アドマイヤムーン	クロフネ	ヴィクトワールピサ	エピファネイア	ダンカーク
馬名	キャニオニング	メリオルヴィータ	ダブルスナッチ	ネイキッドハート	ドリームアゲイン	㊞ウェンダヴズクライ	ウェストファリア	ラウラーナ	ミツカネムーン	メイショウソウゲツ	シャウビンダー	アイヲツグモノ	カワキタマックス	マルモリディライト
母	ブリッジクライム4勝	メリオーラ愛	スナッチマインド5勝	ストロベリーズ1勝	ディルガ2勝	ホットサマーデイ1勝	フィオドラ独	ミヤビエメライン1勝	センコウノマイヒメ1勝	デヒアバーズ未勝	ジルダ3勝	ホッコーアムール2勝	キンショーダリヤ未出	ロイヤルヴィラ公
着順	2		3					1						
毛色・斤量・性齢	鹿 56 牝5	栗 53 牝3	鹿 56 牝5	青鹿 56 牝4	鹿 56 牝5	鹿 50 牝3	黒鹿 55 牝4	黒鹿 50 牝3	黒鹿 56 牝4	黒鹿 56 牝4	栗 56 牝4	青鹿 53 牝3	栗 53 牝3	芦 52 牝3
騎手	勝浦	替鮫島駿	横山武	替斎藤	藤岡佑	▲小林勝	替☆横山琉	▲鷲頭	替丹内	替武豊	替ルメール	替浜中	替和田竜	☆小沢
調教師	美村田	美池上和	美宗像	美辻	栗田中克	美根本	美手塚	美宗像	美清水英	栗本田	栗須貝尚	栗牧浦	栗鈴木孝	栗石橋
賞金	400	400	400	400	400	110	400	400	400	400	500	400	400	400
総賞金	1137	890	2190	572	955	136	925	1111	825	1241	1509	725	780	855
馬主	吉田照哉	G1レーシング	シルクR	スリースターズR	前田幸治	三岡勝	社台RH	ディアレスト	小山田満	松本好雄	金子真人HD	三宅勝俊	川島和範	山下繁美
生産者	社台F	追分F	白老F	平野牧場	ノースヒルズ	木村秀則	社台F	金石牧場	谷口牧場	藤沢牧場	日高大洋牧場	川端正博	川島牧場	村中牧場
予想	△B … … … 連… 闘…	○ … … △ △ △	△ ○ ◎ △ ○ △	… … … … △ …	△ △ △ 注 … 注 西	… … … … … …	… … … … … …	◎ ▲ 注 ○ ▲ ○	… … … … … …	注 △ ▲ △ ◎ △ 西	▲ ◎ ◎ ▲ … ▲ 西	△ 注 … ◎ △ ◎ 西	… △ △ … 連 △ 闘 △ 西	… … △ … 注 △ 西
持ち時計	[illegible] [illegible] [illegible] 芝2016⑧	ダ1394① 芸1313② 東1215④ 中1359⑨	小[illegible] [illegible]	芸1320⑩ 函1095① 東1232⑫ 東1358⑩	ダ1103⑩ 小1074⑥ 芝2006④ 阪1349⑤	ダ1138⑪ 函1108⑩ 東1248⑩ 中1370⑨	芸1313⑤ 中1088⑤ 東1219③ 東1345⑪	中10[illegible]4③ 東1[illegible]3⑥ 中1356⑨	大1471④ 福1107⑫ 東1227⑩ 東1333④	ダ1128⑤ 札1094⑥ 阪1212③ 京1336⑤	ダ1474⑦ 京1083③ 阪1216④ 大1525⑪	福1100① ダ1161⑨	函1093⑤ 京1241⑩	芸1324⑦ 函1097⑤ 阪1215⑬ 阪1350⑦
前走	2東5月7日 ⑥4歳上 12 1勝17ｹ17頭 芝1222 56横山典 M①①① 444B 人気11 逃一杯 8身 340内366 ヴェールアンレ 1209 1.3	2中京3月18日 ⑧ファルコ 12 GⅢ11ｹ14頭 芝1241 54岩田望 M⑭⑭⑬ 478 人気13 出遅る 8½ 365中359 タマモブラック 1226 1.5	1福4月22日 ⑤福島 2 1勝8ｹ13頭 芝1103 56横山武 M⑪⑪⑪ 430 人気2 後方伸 2身 353外350 テーオースパロ 1100 0.3	2小2月11日 1 4歳上 11 1勝8ｹ14頭 ダ59.1 55角田和 H⑪⑪⑫ 422 人気8 後方まま 11½ 351中355 デルマカミーラ 572 1.9	1京5月14日 ⑧4歳上 13 1勝13ｹ13頭 芝内1100 56藤岡佑 M⑬⑫⑫ 464B 人気5 出遅る 6¼ 356内344 フローレンスハ 1090 1.0	1函6月24日 ⑤3歳上 10 1勝8ｹ11頭 芝1108 50小林勝 M⑥⑦⑦ 414 人気11 中位一杯 6身 354中354 スズノナデシコ 1098 1.0	1福4月8日 ①4歳上 15 1勝13ｹ16頭 芝1108 53佐々木 M⑮⑪⑬ 402 人気11 出遅る 14身 350外358 ショウナンハク 1085 2.3	1函6月25日 ⑥3歳未勝 4 未勝2ｹ16頭 芝1101 50小林美 M⑫⑪⑨ 422 人気4 出遅る 1¼ 351中350 スピニングマー 1099 0.2	1中1月22日 ⑧4歳上 14 1勝2ｹ16頭 ダ1137 56木幡巧 H⑩⑫⑫ 448 人気14 中位一杯 15½ 351内386 カンザシ 1111 2.6	1京5月27日 ⑪4歳上 5 1勝1ｹ10頭 芝外1336 55泉谷 S②②② 470 人気5 先行一息 3¼ 357中347 ロンズデーライ 1331 0.5	3阪6月17日 ⑤3歳上 12 牝1勝15ｹ16頭 芝内1220 56酒井 M⑪⑩⑧ 418 人気14 中位一杯 4¾ 348外354 マンドローネ 1212 0.8	1函6月18日 ④3歳上 4 1勝10ｹ16頭 芝1102 50古川奈 H⑭⑬⑬ 496 人気7 後方追上 クビ 352外350 ブルスウルトラ 1102 0.0	1函6月18日 ④3歳上 8 牝1勝12ｹ15頭 芝1103 52横山琉 M⑨⑨⑩ 440 人気9 中位まま 3¾ 352中351 エイシンフェン 1097 0.6	1函6月18日 ④3歳上 6 牝1勝1ｹ15頭 芝1101 52小沢 M①①① 460 人気7 逃一息 2½ 345内356 エイシンフェン 1097 0.4
最終走	2函7月9日 ④3歳上 8 1勝6ｹ11頭 芝1093 56勝浦 S⑨⑨⑨ 450B 人気5 後方差詰 1¾ 356中337 ボルタフォルト 1090 0.3	4ヵ月休 放牧 乗込み2週間 仕上り○ 連対体重 474～478 3ヵ月以上休 ①②③外 0001	2東5月7日 ⑥4歳上 1勝14ｹ17頭 芝除外 56横山武 432 放馬のため ヴェールアンレ 1209	1新5月14日 ⑥4歳上 10 1勝10ｹ15頭 芝内1101 55松本 M⑨⑩⑩ 432 人気12 後方まま 4½ 354中347 テンメジャーガ 1094 0.7	3阪6月4日 ②3歳上 6 1勝6ｹ14頭 芝内1096 56藤岡佑 S⑫⑫⑫ 468 人気10 後方差詰 2¼ 363中333 イラーレ 1092 0.4	2函7月1日 ①3歳 9 1勝6ｹ12頭 芝1112 53小林勝 S⑩⑩⑪ 420 人気12 後方まま 5½ 362内350 アスクエピソー 1103 0.9	3東6月3日 1 3歳上 15 1勝18ｹ18頭 芝1243 53佐々木 M⑤④④ 392 人気12 好位一杯 8¼ 355中371 アラクレ 1228 1.5	2函7月2日 ②3歳 1 未勝4ｹ16頭 芝1103 51鷲頭 M⑦⑧⑦ 422 人気3 楽抜出 2身 349外354 マテンロウアネ 1107 0.4	5ヵ月半 放牧 乗込み1週間 仕上り○ 連対体重 428キロ 3ヵ月以上休 ①②③外 0002	3阪6月17日 ⑤3歳上 5 牝1勝13ｹ16頭 芝内1216 55角田河 M⑥⑥④ 464 人気11 好位一息 2¾ 345外353 マンドローネ 1212 0.4	3中京7月2日 ②3歳上 3 1勝5ｹ18頭 芝1083 53永島 M⑨⑨⑩ 422 人気12 中位伸 1身 344内339 アドマイヤラヴ 1081 0.2	1函6月25日 ⑥3歳上 8 1勝5ｹ13頭 芝1100 50古川奈 M⑨⑨⑧ 498 人気3 出遅る 5¼ 347中353 シロン 1090 1.0	2函7月9日 ④3歳上 5 1勝5ｹ11頭 芝1093 52横山琉 S③③④ 444 人気6 好位一息 1½ 349内344 ボルタフォルト 1090 0.3	1函6月25日 ⑥3歳上 5 1勝7ｹ13頭 芝1097 52小沢 M②②② 454 人気6 先行一息 4身 339中358 シロン 1090 0.7

1着⑦ラウラーナ
（2番人気）
2着⑭キャニオニング
（10番人気）
3着⑫ダブルスナッチ
（1番人気）

単⑦ 470円　枠連5－8　2910円
複⑦ 170円　⑭ 380円　⑫ 170円
馬連⑦－⑭ 7200円　馬単⑦→⑭ 12560円
ワイド⑦－⑭ 2110円　⑦－⑫ 540円　⑫－⑭ 1570円
3連複⑦⑫⑭ 10270円
3連単⑦→⑭→⑫ 66310円

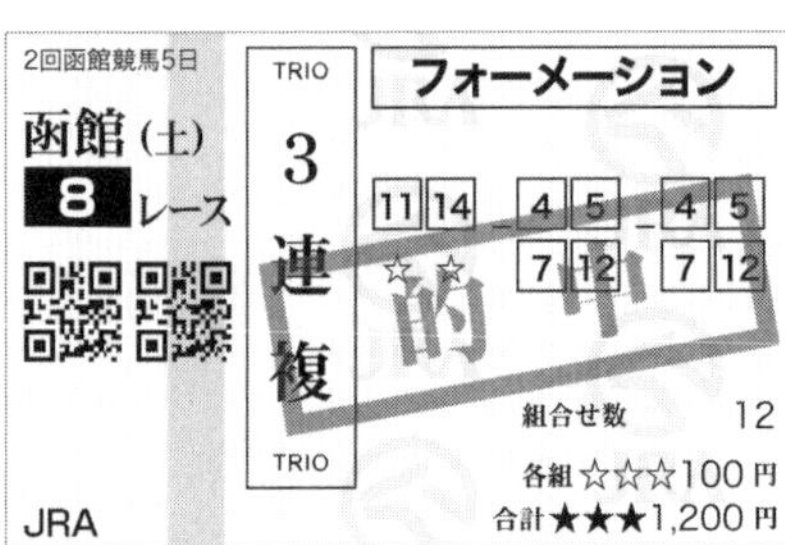

3連複⑦⑫⑭1万270円的中！

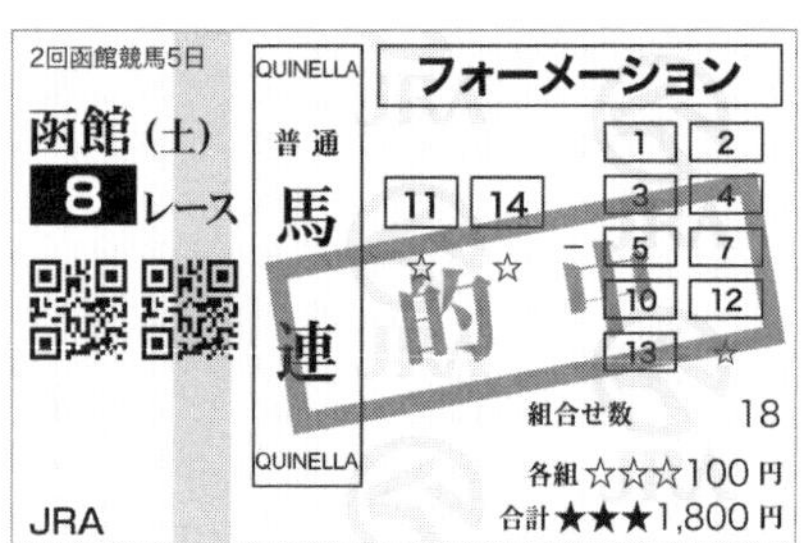

馬連⑦－⑭7200円的中！

ッズの壁」の前の２頭は穴馬候補となるのが「オッズの壁」のルールなので、壁の前の２頭、⑭番と⑪番が穴馬候補として浮上します。

ここで⑭番の動きを見てください。複勝ランク２位へ８ランク上昇していることがわかります。

馬連ランクと比較して、単勝や複勝が５ランク以上上昇している馬を「突入&移動馬」として穴馬候補として浮上させるのがルール。⑭番は「突入&移動馬」の条件をクリアしています。

馬券はまず馬連を「オッズの壁」の前の２頭から上位ランクへ流したフォーメーション、⑭⑪番－⑫⑦④⑤②⑬①⑩③番、３連複は⑭⑪番－⑫⑦④⑤番－⑫⑦④⑤番のフォーメーションを組みました。

レース結果は１着⑦ラウラーナ、２着⑭キャニオニング、３着⑫ダブルスナッチと入線。「オッズの壁」、さらには馬連ランク11位から８ランク上昇、「突入&移動馬」のルールをクリアした⑭番キャニオニングがしっかりと２着と馬券に絡み、馬連&３連複馬券の的中となりました。

配当のほうは馬連⑦－⑭で７２００円。３連複⑦⑫⑭は馬連１位、２位が絡んだため、１万２７０円とギリギリでしたが、万馬券となりました。

表4●2023年7月15日・函館8R

	1位	2位	3位	4位	5位	6位	7位	8位	9位	10位	11位	12位	13位	14位
コンピ指数	7	12	4	3	1	14	5	13	2	10	11	8	9	6
馬連ランク	12	7	4	5	2	13	1	10	3	14	11	8	6	9
馬連オッズ		13.9	19.6	23.5	25.7	29.1	35.6	44.1	45.4	49.6	61.7	162	213	283
単勝ランク	12	5	7	13	2	1	4	10	11	14	3	6	8	9
単勝オッズ	5.3	5.8	7.0	8.9	9.2	9.3	10.0	11.7	13.9	15.9	20.4	35.0	63.7	77.7
複勝ランク	12	14	10	7	13	5	4	1	2	3	11	6	8	9
複勝オッズ	2.4	2.8	2.9	3.2	3.2	3.4	3.9	4.0	4.8	5.5	5.7	10.5	17.5	17.6

オッズの壁

基本ツールの③……複勝6倍の壁

「オッズX方式」では、複勝オッズも穴馬候補を見つけ出すために必要なオッズです。

実際にあったレースで、どのようにして複勝オッズを活用したのかを説明していきましょう。**2023年6月10日、阪神11R水無月S**です。

コンピ指数をチェックすると、1位は72P、46Pの馬は14位です。1位と3位とのポイント差は9Pなので、コンピ指数からは「大穴型レース」判定です。

9時半のオッズからは馬連1番人気が10・6倍、単勝30倍未満の頭数が10頭。「競馬予報」から、このレースは「大穴型レース」となりました。

馬連、単勝、複勝オッズを人気順に並び替えていきましょう。完成したのが下の表5です。

表では、馬連10位に「オッズの壁」があります。その前の2頭⑦番と⑫番を穴馬候補として浮上させるのですが、⑦番と⑫番の複勝オッズを見てください。馬連では⑦番53倍、⑫番65倍とそれほど差がありません。

しかし、複勝では⑦番5・2倍、⑫番9・1倍と大きく差があることがわかります。素直に「オッズの壁」の前の2頭を穴馬候補として信用す

表5●2023年6月10日・阪神11R水無月S

	1位	2位	3位	4位	5位	6位	7位	8位	9位	10位	11位	12位	13位	14位	15位	16位
コンピ指数	13	9	6	15	14	3	10	8	12	7	5	2	16	4	11	1
馬連ランク	9	13	14	10	15	6	3	8	7	12	2	1	5	4	11	16
馬連オッズ		10.6	14.1	14.4	14.4	19.3	26.2	50.1	53.6	65.3	184	216	221	293	296	426
単勝ランク	9	13	15	10	14	3	7	6	8	12	2	11	1	5	4	16
単勝オッズ	4.7	5.5	6.8	7.2	7.3	9.7	11.8	14.2	20.5	22.4	59.8	60.6	62.0	62.5	88.5	89.9
複勝ランク	15	14	13	9	10	6	3	8	7	12	1	11	5	4	2	16
複勝オッズ	2.4	2.5	2.6	2.7	3.1	3.5	4.7	5.1	5.2	9.1	9.9	12.7	15.4	15.6	15.8	29.3

オッズの壁（馬連7位と8位の間）
オッズの壁（馬連10位と11位の間）
複勝6倍の壁（複勝9位と10位の間）

●2023年6月10日・阪神11R水無月S（3歳上3勝クラス、芝1200m）

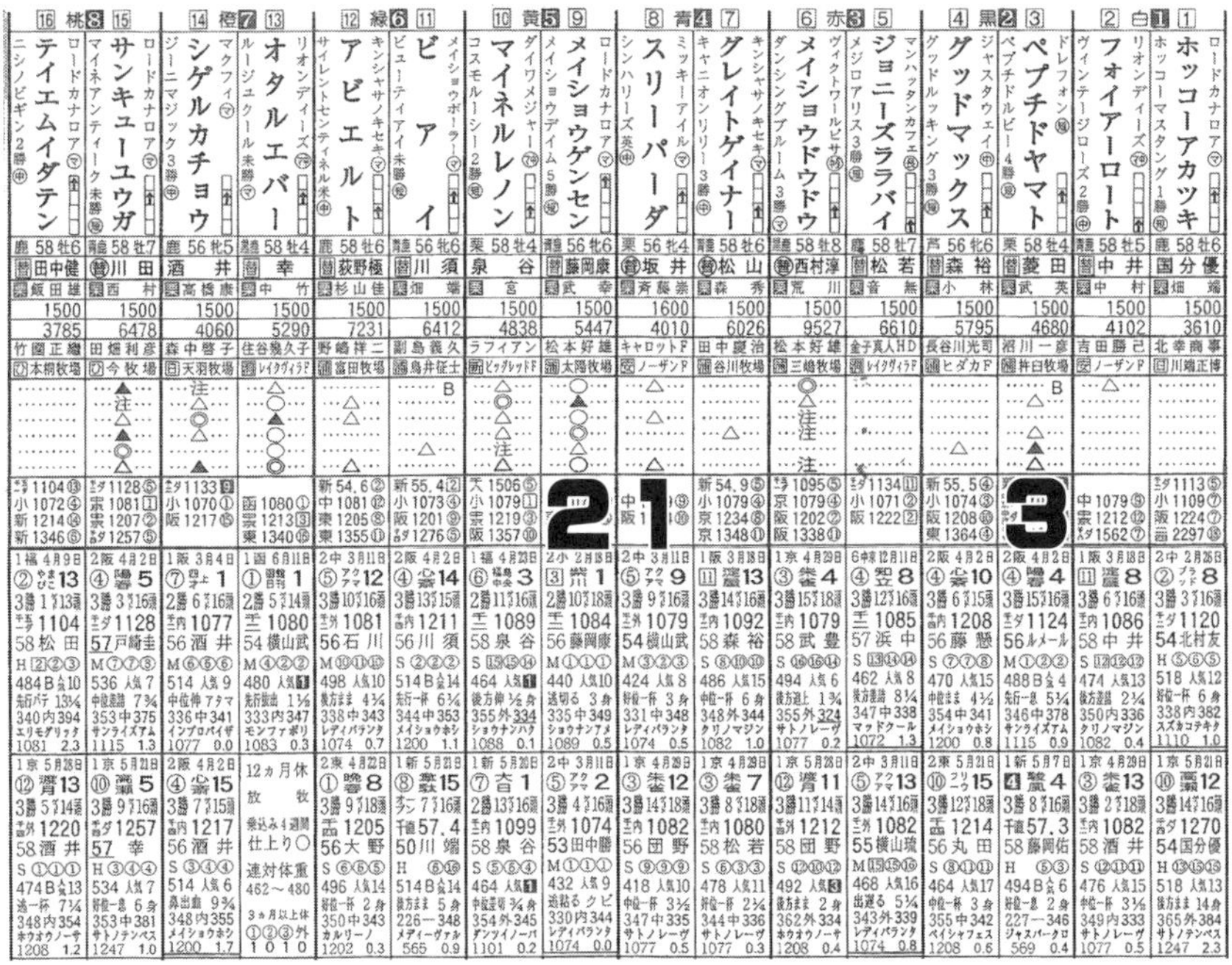

馬番	枠	馬名	父	母	性齢・斤量	騎手	厩舎	賞金	馬主	生産者
1	白1	ホッコーアカツキ	ロードカナロア	ホッコーマスタング（1勝）	鹿58牡6	国分優	畑端	1500 / 3610	北幸商事	川端正博
2	白1	フォイアーロート	リオンディーズ	ヴィンテージローズ（2勝）	青鹿58牡5	中井	中村	1500 / 4102	吉田勝己	ノーザンF
3	黒2	ペプチドヤマト	ドレフォン	ペプチドルビー（4勝）	栗58牡4	菱田	武英	1500 / 4680	沼川一彦	笹田牧場
4	黒2	グッドマックス	ジャスタウェイ	グッドルッキング（3勝）	芦56牝6	森裕	小林	1500 / 5795	長谷川光司	ヒダカF
5	赤3	ジョニーズララバイ	マンハッタンカフェ	メジロアリス（3勝）	鹿58牡7	松若	音無	1500 / 6610	金子真人HD	レイクヴィラF
6	赤3	メイショウドウドウ	ヴィクトワールピサ	ダンシングプルーム（3勝）	青鹿58牡8	西村淳	荒川	1500 / 9527	松本好雄	三嶋牧場
7	青4	グレイトゲイナー	キンシャサノキセキ	キャニオンリリー（3勝）	青鹿58牡6	松山	森秀	1500 / 6026	田中慶治	谷川牧場
8	青4	スリーパーダ	ミッキーアイル	シンハリーズ（英）	栗56牝4	坂井	斉藤崇	1600 / 4010	キャロットF	ノーザンF
9	黄5	メイショウゲンセン	ロードカナロア	メイショウデイム（5勝）	青鹿56牝6	藤岡康	武幸	1500 / 5447	松本好雄	太陽牧場
10	黄5	マイネルレノン	ダイワメジャー	コスモルーシー（2勝）	栗58牡4	泉谷	宮	1500 / 4838	ラフィアン	ビッグレッドF
11	緑6	ビア	メイショウボーラー	ビューティアイ（未勝）	青鹿56牝6	川須	畑端	1500 / 6412	副島義久	島井征士
12	緑6	アビエルト	キンシャサノキセキ	サイレントセンティネル（米）	鹿58牡6	荻野極	杉山佳	1500 / 7231	野嶋祥二	富田牧場
13	橙7	オタルエバー	リオンディーズ	ルージュクール（未勝）	鹿58牡4	幸	中竹	1500 / 5290	住谷幾久子	レイクヴィラF
14	橙7	シゲルカチョウ	マクフィ	ジーニマジック（3勝）	鹿56牝5	酒井	高橋康	1500 / 4060	森中啓子	天羽牧場
15	桃8	サンキューユウガ	ロードカナロア	マイネアンティーク（未勝）	青鹿58牡7	川田	西村	1500 / 6478	田畑利彦	今牧場
16	桃8	テイエムイダテン	ロードカナロア	ニシノビギン（2勝）	鹿58牡6	田中健	飯田雄	1500 / 3785	竹園正繼	本桐牧場

1着⑧スリーパーダ
（8番人気）
2着⑨メイショウゲンセン
（1番人気）
3着③ペプチドヤマト
（4番人気）

単⑧ 1950円　枠連4－5　1450円
複⑧ 420円　⑨ 160円　③ 290円
馬連⑧－⑨ 4600円　馬単⑧→⑨ 11560円
ワイド⑧－⑨ 1540円　③－⑧ 2470円　③－⑨ 890円
3連複③⑧⑨ 13290円
3連単⑧→⑨→③ 102470円

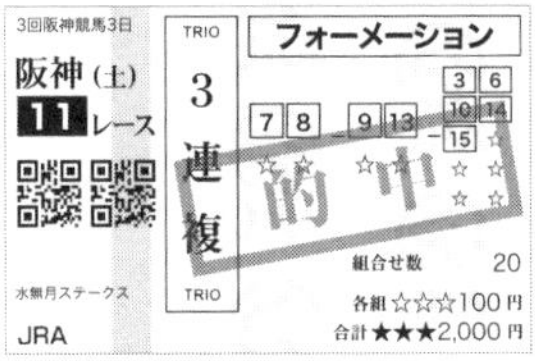

3連複③⑧⑨
1万3290円的中！

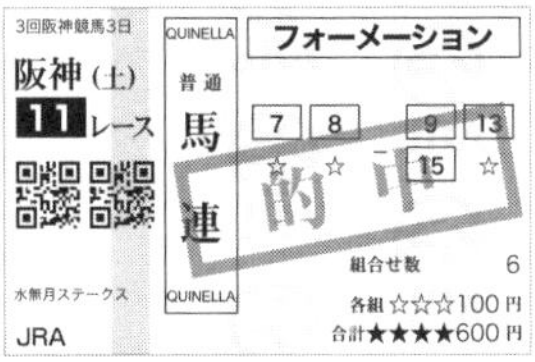

馬連⑧－⑨
4600円的中！

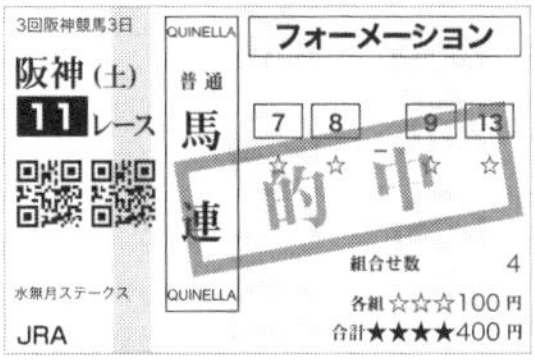

馬連⑧－⑨
4600円的中！

るわけにはいきません。

また、このレースには「突入&移動馬」もいないオッズの形にもなっています。

そこで登場するのが「複勝6倍の壁」です。

「複勝6倍の壁」とは、複勝オッズを人気順に並び替え、6・0倍を超えた箇所のことを指します。先の表5を見ると、複勝が6・0倍を超えた箇所は複勝9位と10位の間です。ここを「複勝6倍の壁」と呼び、その前の2頭を穴馬候補として浮上させます。

表5（水無月S）の場合、⑧番と⑦番が該当します。⑧番は馬連ランク8位なので、穴馬候補は馬連9位以下の馬というのが基本なのですが、このレースの場合は⑧番の馬連は50倍、次位⑦番の馬連が53倍でほとんど差がありません。

馬連7位には「オッズの壁」があり、馬連8位、9位、10位を「オッズの壁」で囲んでいる状態にもなっています。「オッズの壁」で2頭、もしくは3頭囲まれている馬を**「囲い穴」**とも呼び、注意しなければなりません。

さらに10時半のオッズをもとに馬連ランクを並び替えてみると、下の表6のようになっており、⑧番と⑦番の2頭はハッキリと「オッズの壁」に囲まれている「囲い穴」であることがわかりました。

穴馬候補は「複勝6倍の壁」から浮上の⑧番と⑦番に決定です。

馬券は表6からわかるように、馬連2位に「オッズの壁」が出現していたため、上位2頭に注目し、3連複フォーメーション、⑦⑧番－⑬⑨番－⑮⑩⑭⑥③番を組み立てて

表6●2023年6月10日・阪神11R　10時半の馬連ランクとオッズ

馬連ランク	13	9	15	10	14	6	3	8	7	12	5	2	1	4	11	16
馬連オッズ	＼	9.6	17.6	19.7	20.7	33.2	35.7	65.8	68.1	132	284	289	310	313	376	502

（9と15の間）▲オッズの壁　（3と8の間、7と12の間）▲▲オッズの壁

みました。馬連は上位3頭への⑦⑧番－⑬⑨⑮番、追加で上位2頭への⑦⑧番－⑬⑨番でGOです。

レース結果は「複勝6倍の壁」から注目した、⑧スリーパーダが1着に入りました。2着は⑨メイショウゲンセン、3着は③ペプチドヤマトです。3連複③⑧⑨1万3290円、馬連⑧－⑨4600円をゲットです。

「複勝6倍の壁」のルールとして注意してほしい点があります。それは複勝6・0倍そのものは含まないということです。

複勝オッズが①番5・1倍、②番5・9倍、③番6・0倍、④番6・5倍と並んでいた場合では、③番の6・0倍は複勝6倍を超えた箇所とみなし、「複勝6倍の壁」からの浮上馬が①番と②番となります。②番と③番ではありません。

また、先述したように複勝は上限値を取ります。例えば4・5～6・1倍の複勝オッズなら、6・1倍が上限値です。

基本ツールの④……馬連人気分布表

「オッズX方式」の基本ツールの4つ目は「馬連人気分布表」です。この表は作成には時間がかかりますが、穴馬の選定で迷ったときや、浮上した穴馬候補の強さの比較などで使える優れモノの表です。

実際のレースを使って「馬連分布表」について紹介してみましょう。**2023年8月26日、新潟10R長岡S**です。

コンピ指数1位は70P、46Pの馬は15位、馬連1位と3位のポイント差は9P。コンピ指数からは「大穴型レース」判定です。

9時半のオッズでは、馬連1番人気が13・9倍、単勝30倍未満の頭数が11頭なので、このレースの「競馬予報」からは「大穴型レース」となりました。

馬連、単勝、複勝オッズを人気順に並び替えてひとつにまとめたのが下の表7です。馬連15位には「オッズの壁」がありますが、馬連オッズが195倍では「オッズの壁」としては、他に穴馬候補としてのプラス材料がないと穴馬候補として浮上させられません。

馬連ランクと単勝、複勝ランクを比較しても「突入&移動馬」がいません。

そこで「馬連人気分布表」を作成してみます。作成方法は、ヨコ軸には馬連ランクを並べ、タテ軸にもヨコ軸と同じ馬連ランクを並べていきます。タテ軸の馬番とヨコ軸の馬番の組み合わせの馬連オッズを次々に記入し、ひとつの表にまとめていきます。

すべての数値を調べて記入したのが、P58の表8です。この表を「馬連人気分布表」と呼びます。

ヨコ軸は⑧⑦⑰③……、タテ軸にも⑧⑦⑰③……と並んでいます。1段目の数値、13・9、22・1、26・5……は馬連1位⑧番からのオッズを表

表7●2023年8月26日・新潟10R長岡S

	1位	2位	3位	4位	5位	6位	7位	8位	9位	10位	11位	12位	13位	14位	15位	16位	17位
コンピ指数	7	10	8	3	17	6	5	1	11	15	14	13	16	2	12	4	9
馬連ランク	8	7	17	3	10	14	6	5	13	15	1	2	16	11	4	9	12
馬連オッズ		13.9	22.1	26.5	27.1	31.0	39.8	41.3	47.2	60.1	61.9	97.3	113	119	195	369	605
単勝ランク	8	17	7	6	10	14	3	13	1	15	5	11	16	2	4	9	12
単勝オッズ	6.6	6.8	7.4	8.9	10.2	10.9	11.0	11.6	12.2	13.3	14.1	24.2	47.9	50.9	59.8	93.4	134
複勝ランク	8	7	3	10	17	14	15	6	13	1	2	5	11	16	4	9	12
複勝オッズ	2.4	3.3	3.3	3.5	3.8	4.2	4.2	4.4	5.4	5.5	5.9	6.4	7.3	10.1	11.9	15.9	30

馬連：オッズの壁（15位と16位の間）

複勝：オッズの壁（11位と12位の間）

●2023年8月26日・新潟10R長岡S（3歳上3勝クラス、芝1600m）

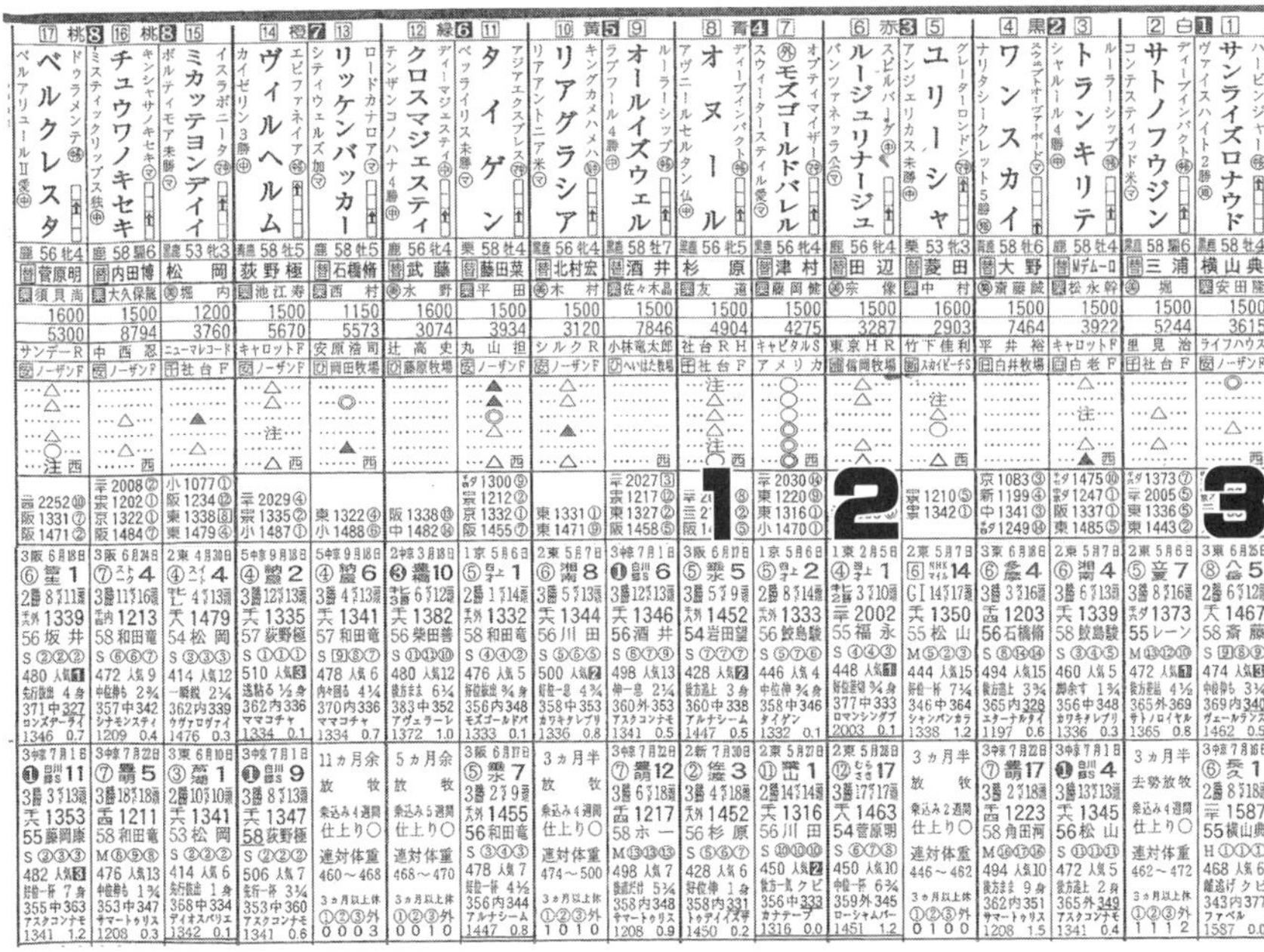

馬番	枠	馬名	父	母	斤量・性齢	騎手	厩舎	賞金	総賞金	馬主	生産者
1	白1	サンライズロナウド	ハービンジャー	ヴァイスハイト 2勝	58 牡4	横山典	安田隆	1500	3615	ライフハウス	ノーザンF
2	白1	サトノフウジン	ディープインパクト	コンテスティッド 米	58 騸6	三浦	堀	1500	5244	里見治	社台F
3	黒2	トランキリテ	ルーラーシップ	シャルール 4勝	58 牡4	Mデムーロ	松永幹	1500	3922	キャロットF	白老F
4	黒2	ワンスカイ	スウェプトオーヴァーボード	ナリタシークレット 5勝	58 牡6	大野	斎藤誠	1500	7464	平井裕	白井牧場
5	赤3	ユリーシャ	グレーターロンドン	アンジェリカス 未勝	53 牝3	菱田	中村	1600	2903	竹下佳利	スカイビーチS
6	赤3	ルージュリナージュ	スピルバーグ	パンツァネッラ 公	56 牝4	田辺	宗像	1500	3287	東京HR	信岡牧場
7	青4	(外)モズゴールドバレル	オプティマイザー	スウィーターステイル 愛	56 牝4	津村	藤岡健	1500	4275	キャピタルS	アメリカ
8	青4	オヌール	ディープインパクト	アヴニールセルタン 仏	56 牝5	杉原	友道	1500	4904	社台RH	社台F
9	黄5	オールイズウェル	ルーラーシップ	ラブフール 4勝	58 牡7	酒井	佐々木晶	1500	7846	小林竜太郎	へいはた牧場
10	黄5	リアグラシア	キングカメハメハ	リアアントニア 米	56 牝4	北村宏	木村	1500	3120	シルクR	ノーザンF
11	緑6	タイゲン	アジアエクスプレス	ベッラライリス 未勝	58 牡4	藤田菜	平田	1500	3934	丸山担	ノーザンF
12	緑6	クロスマジェスティ	ディーマジェスティ	テンザンコノハナ 4勝	56 牝4	武藤	水野	1600	3074	辻高史	藤原牧場
13	橙7	リッケンバッカー	ロードカナロア	シティウェルズ 加	58 牡5	石橋脩	西村	1150	5573	安原浩司	岡田牧場
14	橙7	ヴィルヘルム	エピファネイア	カイゼリン 3勝	58 牡5	荻野極	池江寿	1500	5670	キャロットF	ノーザンF
15	桃8	ミカッテヨンデイイ	イスラボニータ	ボルティモア 未勝	53 牝3	松岡	堀内	1200	3760	ニューマレコード	社台F
16	桃8	チュウワノキセキ	キンシャサノキセキ	ミスティックリップス 独	58 騸6	内田博	大久保龍	1500	8794	中西忍	ノーザンF
17	桃8	ベルクレスタ	ドゥラメンテ	ベルアリュールII 愛	56 牝4	菅原明	須貝尚	1600	5300	サンデーR	ノーザンF

1着⑧オヌール（1番人気）	単⑧ 430円　枠連3－4　780円
	複⑧ 180円　⑥ 390円　① 450円
2着⑥ルージュリナージュ（8番人気）	馬連⑥－⑧ 3070円　馬単⑧→⑥ 5890円
	ワイド⑥－⑧ 1070円　①－⑧ 1600円　①－⑥ 3920円
3着①サンライズロナウド（9番人気）	3連複①⑥⑧ 18040円
	3連単⑧→⑥→① 88190円

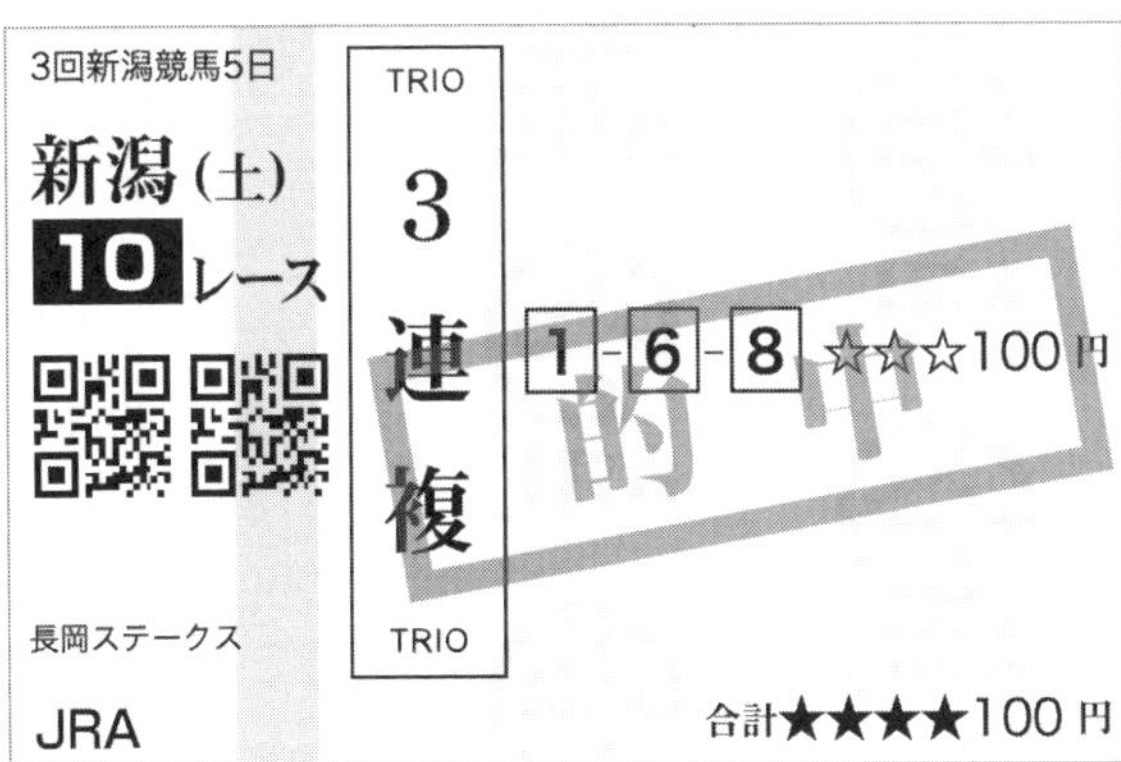

3連複①⑥⑧
1万8040円的中！

しており、表7の馬連オッズと同じ数値が並んでいます。

2段目の数値は馬連2位、⑧番からの馬連オッズを表しています。

Aの箇所を見てください。「26・3」と記入してあります。これはヨコ軸の③番とタテ軸の⑦番の重なった箇所となっていますので、馬連③－⑦のオッズが26・3倍であることを示しています。

Bの箇所に書かれている「55・6」は、馬連⑭－⑰のオッズが55・6倍であることを示しています。ヨコ軸は左から右、タテ軸は上から下へ向かうほど人気薄になっています。

しかし、Cの箇所を見てください。馬連①－⑥が111倍となっています。ひとつ上の数値、馬連①－⑭が120倍、ひとつ下の数値、馬連①－⑤が135倍、ひとつ左の数値、馬連⑥－⑮が123倍、ひとつ右の数値、馬連②－⑥が369倍となっており、四方のオッズより低くなっていることがわかります。

このように、四方のオッズより数値が低くなっている箇所を「ボトム値」と呼んでいます。ボトム値が複数個出現して

表8●2023年8月26日・新潟10Rの馬連人気分布表

	8	7	17	3	10	14	6	5	13	15	1	2	16	11	4	9	12
8		13.9	22.1	26.5	27.1	31.0	39.8	41.3	47.2	60.1	61.9	97.3	113	119	195	369	605
7			25.6	26.3	24.7	36.6	30.6	39.7	63.8	44.1	43.3	122	144	69.8	182	333	438
17		A		52.1	42.8	55.6	61.8	70.9	77.0	87.8	87.8	360	195	188	387	596	672
3					53.7	61.9	60.7	68.5	121	85.4	74.2	241	187	154	244	438	695
10				B		57.9	56.8	57.7	103	72.2	93.5	221	241	151	224	587	777
14							101	74.8	121	83.5	120	349	188	186	266	505	702
6								73.8	126	123	111	369	282	249	381	629	1279
5									168	77.8	135	339	343	277	376	853	1117
13										183	246	424	336	306	472	955	1367
15											145	433	287	255	381	655	955
1												369	374	131	415	610	1101
2										C			689	629	695	844	991
16														502	770	862	1344
11															734	835	1586
4																793	1803
9																	1724

いる馬には注意が必要で、特に馬連9位以下の馬は、穴馬候補としては要注意です。

このレースの「馬連人気分布表」（表8）をチェックすると、①番には4箇所のボトム値があることがわかります。つまり「馬連人気分布表」からは①番が穴馬候補として注目できることがわかります。表7からは①番は「複勝6倍の壁」から浮上していることもわかりました。

穴馬候補は①番に決定です。

レース結果は、1着に馬連、単勝1位の⑧オヌール、2着には⑥ルージュリナージュ、そして3着に「馬連人気分布表」そして「複勝6倍の壁」から浮上の①サンライズロナウドが入りました。

「馬連人気分布表」をよく見ると、上位ランク⑥番には「馬連人気分布表」からボトム値が3箇所あることがわかります。3連複①⑥⑧は1万8040円という配当でした。

このレースでは馬券には絡みませんでしたが、⑪番にもボトム値が3箇所あり、⑪番は馬連15位の「オッズの壁」の前の2頭にもなっているため、ワイドで少々押さえても結構な配当の馬券を獲れる場合があります。

競馬予報から穴馬を浮上させる基本的なチェックポイント

「オッズX方式」の穴馬の基本的なルールを紹介してきましたが、ここからは「競馬予報」を使い「大穴型レース」を浮上させ、さらには穴馬を見つけ出す基本的なチェックポイントをまとめてみましょう。

日刊スポーツ紙上で掲載されているコンピ指数は、ネットで前日に入手することが可能です。当日の朝に新聞を購入しコンピ指数を入手するのもいいですが、私は前日の段階で穴候補レースを絞り込むため、ネットでコンピ指数を入手しています。

最初にチェックするのが、コンピ指数の1位のポイントです。80P以下のレースに注目し、さらに46Pの馬が11位以下にあるかどうかを調べていきます。

この2つの条件をクリアしたレースの1位と3位のポイント差を調べ、15P未満でしたら「大穴型レース」、15P以上でしたら「準大穴型レース」として浮上させます。

コンピ指数から「大穴型レース」「準大穴型レース」として判定されたレースは、レース当日9時半のオッズでは、馬連1番人気が9倍以上、単勝30倍未満の頭数が10頭以上いるかどうかを調べます。

この2つの条件をクリアしたレースが「競馬予報」から「大穴型レース」「準大穴型レース」と判定され、次は高配当を演出する穴馬を見つけ出す作業へと移ります。

馬連、単勝、複勝ランクを人気順に並び替え、ひとつの表にまとめていきます。最初に調べるのが馬連に「オッズの壁」があるかどうかです。

馬連9位以下に「オッズの壁」があったケースでは、その前の2頭を穴馬候補として浮上させます。穴馬は馬連9位以下の馬とし、馬連9位に「オッズの壁」があった場合は、馬連9位の馬のみを穴馬候補とします。また馬連候補は基本的に馬連オッズが40倍以上の馬とします。

次にチェックするのは、馬連ランクと単勝、複勝ランクとの比較です。馬連ランクと比較して5ランク以上上昇しているかどうかのチェックです。5ランク以上上昇している馬は「突入&移動馬」として注目し、穴馬候補とします。

3つ目にチェックするのは「複勝6倍の壁」です。複勝6・0倍を超えた箇所を探し、そのランクの前の2頭を「複勝6倍の壁」からの穴馬候補とします。しかし馬連ランク8位以内に入っている馬は穴馬候補としては浮上させません。

次に「馬連人気分布表」を作成します（作成方法はP55〜参照）。馬連9位以下の馬に「ボトム値」が2箇所以上ある馬にチェックを入れておきます。チェックの入った馬が「オッズの壁」「突入&移動馬」「複勝6倍の壁」のツールから浮上していた場合は、強い穴馬候補として注目します。

このような流れで「競馬予報」から的中馬券を探っていくのですが、今回のテーマは「時短馬券」です。最初はすべての項目をチェックしなくてもかまいません。

すでに申し上げたように、ひとつのツール、「オッズの壁」や「突入&移動馬」をチェックし続けるだけでも、高配当をゲットすることは可能です。

いきなり「オッズX方式」のすべてを理解するのは難しいものですが、ひとつのツールくらいでしたらそれほど難しくないと思います。

私のブログでは、レース前日に「コンピ指数」から浮上した「大穴型レース」「準大穴型レース」を無償で発表しているので、難しいことを考えず、そこに書かれているレースだけを9時半のオッズで検討するのも、初心者にはオススメです（ブログのURLはカバーのソデ、もしくは最終ページのプロフィール参照）。

コラム2 女性騎手のこれからの活躍に期待！

ＪＲＡでは2024年に大江原比呂騎手がデビューし、現役の女性騎手は藤田菜七子、永島まなみ、古川奈穂、今村聖奈、小林美駒、河原田菜々に加え７人となりました。

ＪＲＡで初めて女性騎手がデビューしたのは1996年です。牧原由貴子、田村真来、細江純子の３人。当時の競馬場には彼女たちの名前が書かれた横断幕が所狭しと掲げられていたのを覚えています。

翌1997年１月19日、中山競馬場で行なわれた交流競走の呉竹賞に、ホッカイドウ競馬の佐々木明美騎手が地方競馬の女性騎手として、初めて中央競馬のレースに参戦しました。

レース結果は、残念ながら11頭中６着だったものの、新しい風を吹き込んだことには間違いないでしょう。

この年、1997年４月26日には、北海道、ばんえい競馬初の女性騎手として注目を集めていた辻本由美騎手が初勝利を挙げたという記録も残っています。

2020年４月１日には笠松競馬場に20年ぶりの女性騎手が誕生しました。18歳の深沢杏花騎手です。しかし当時は新型コロナウイルスが日本国中に蔓延し、残念ながらデビュー戦は無観客の中でのレースとなってしまいました。

名古屋けいば所属の宮下瞳騎手が令和６年の褒章において、その道ひと筋に励み模範となる人に贈られる黄綬褒章を受章したというニュースがありました。黄綬褒章受章は、中央競馬、地方競馬を含めて女性騎手としては初めてです。

女性騎手がＧⅠレースを制するのも、そんなに遠い日の話ではないような気がするのは私だけでしょうか。

第3章

超穴馬が浮上する「複勝15倍の壁」の脅威

高配当への近道が「複勝15倍の壁」だ！

今回の本で、私が皆さんに一番覚えておいてほしいのが「複勝15倍の壁」です。

このツールは「オッズの壁」や「突入&移動馬」「馬連人気分布表」という「オッズX方式」の中では非常に単純で、うまくハマれば3連複10万円が簡単にゲットすることができる優れものです。

「複勝15倍の壁」とは「複勝6倍の壁」と同じく、複勝オッズを人気順に並び替え、その前の2頭が穴馬候補となるルールです。

「複勝15倍の壁」から浮上した穴馬候補は、レース直前では単勝万馬券になっていることもあり、複勝オッズも20倍を超えていることも珍しくありません。ですから「複勝15倍の壁」から浮上した穴馬候補が馬券に絡むと高配当が飛び出すことになります。

実際の例を使って説明してみましょう。

2023年10月15日、新潟11R信越Sです。

まずはコンピ指数と当日9時半のオッズから「競馬予報」のチェックです。

コンピ指数の馬連1位は79P、46Pは13位。そして馬連1位と3位とのポイント差は17なので、「準大穴型レース」となりました。

9時半のオッズでは、馬連1番人気が10・4倍、単勝30倍未満の頭数も12頭で、このレースは大穴型レースと判定されました。

馬連1番人気は⑧－⑬で、この2頭の単勝オッズを比較すると、⑧番は8・8倍、⑬番は4・0倍でし

●2023年10月15日・新潟11R信越S（OP、芝1400m）

枠	桃8	桃8	橙7	橙7	緑6	緑6	黄5	黄5	青4	青4	赤3	赤3	黒2	黒2	白1
馬番	15	14	13	12	11	10	9	8	7	6	5	4	3	2	1
父	ロードカナロア	ロードカナロア	ドレフォン	ダイワメジャー	マツリダゴッホ	ジャスタウェイ	スズカフェニックス	ディープインパクト	モンテロッソ	ロードカナロア	ルーラーシップ	モーリス	グレーターロンドン	ロードカナロア	ジャングルポケット
馬名	ルプリュフォール	メイショウチタン	サーマルウインド	ルピナスリード	カルリーノ	アルーリングウェイ	イーサンパンサー	グレイイングリーン	ホープフルサイン	スティクス	メイクアスナッチ	シゲルピンクルビー	ロンドンプラン	グランデマーレ	エナジーグラン
母	マイノチカラ(公)	ラルティスタ3勝	ラフィエスタ未出	ルパンII米	アイリスモレア1勝	アルーリングライフ4勝	レアシルウィア(公)	リトルゲルダ7勝	ステラーホープ2勝	ベンテシレイア2勝	スナッチマインド5勝	ムーンライトベイ未出	パッションローズ4勝	グランデアモーレ4勝	エナジーハート2勝
毛色・斤量・性齢	鹿 57 騸7	黒鹿 56 牡6	鹿 54 牝4	黒鹿 53 牝4	鹿 53 牡7	黒鹿 53 牝4	栗 51 牡7	芦 56 牡5	黒鹿 57 牡7	鹿 52 牝5	黒鹿 52 牝3	栗 55 牝5	鹿 55 牡3	芦 55 牡6	黒鹿 55 牡4
騎手	替 秋山真	替 丹内	北村宏	替 富田	替 佐々木	替 北村友	小林美	替 荻野極	替 石橋脩	替 吉田隼	替 丸山	替 角田和	替 中井	替 小林凌大	亀田
調教師	栗 松永幹	栗 本田	美 奥村武	栗 吉岡	美 高橋裕	栗 藤岡健	美 中野栄	栗 池江寿	美 本間	栗 武幸	美 武市	栗 渡辺	栗 宮本	栗 藤岡健	栗 高柳大
賞金	3800	2400	2400	2400	2400	2500	2400	2400	3800	2400	1650	4200	2000	2400	2400
総賞金	11,446	9315	6470	5600	12,706	5400	8100	8740	11,522	5362	2950	9750	4390	6410	5850
馬主	名古屋友豊	松本好雄	キャロットF	ターフS	GリビエールR	サンデーR	国本勇	青芝商事	Aサッポロ	シルクR	シルクR	森中啓子	下河辺隆行	キャロットF	キャピタルS
生産者	社台F	松田牧場	ノーザンF	谷川牧場	松栄牧場	白老F	東栄牧場	追分F	日進牧場	ノーザンF	白老F	天羽牧場	下河辺牧場	白老F	宮内牧場

1着⑬サーマルウインド
（1番人気）
2着②グランデマーレ
（12番人気）
3着⑩アルーリングウェイ
（4番人気）
3着⑮ルプリュフォール
（6番人気）※3着同着

単⑬ 290円　枠連2－7　980円
複⑬ 120円　② 440円　⑩ 190円　⑮ 230円
馬連②－⑬ 4550円　馬単⑬→② 5740円
ワイド②－⑬ 870円　⑩－⑬ 300円　⑬－⑮ 430円
②－⑩ 1500円　②－⑮ 2000円
3連複②⑩⑬ 4180円　②⑬⑮ 6950円
3連単⑬→②→⑩ 18600円　⑬→②→⑮ 27300円

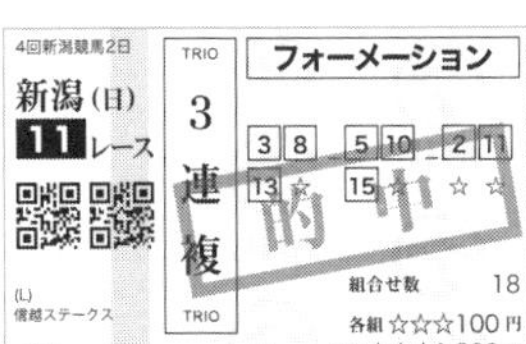

3連複②⑩⑬4180円、②⑬⑮6950円的中！

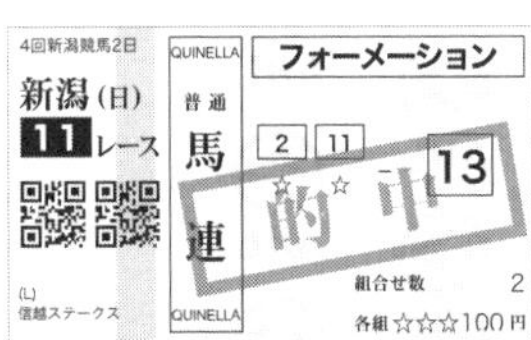

馬連②－⑬4550円的中！

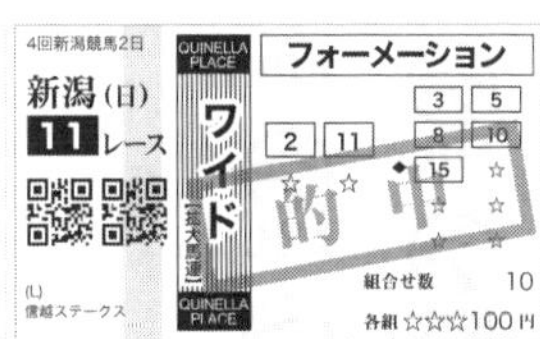

ワイド②－⑩1500円、②－⑮2000円的中！

たので、馬連1位は⑬番となります。

⑬番から馬連オッズを人気順に並び替え、単勝や複勝オッズも人気順に並び替えていきます。すべてのオッズを調べ、ひとつにまとめたのが表1です。

馬連14位には「オッズの壁」があり、その前の2頭②番と⑥番に注目するのもOKですが、複勝オッズを見ると馬連14位まで複勝オッズは10倍未満となっており、出走馬15頭の中で14頭が馬券に絡むチャンスがあると考えられます。

馬連1位の乖離差を調べてみます。

馬連1位の乖離差はP30～31で紹介したように、馬連2位と3位との馬連オッズを調べ、そのオッズを馬連3位のオッズで割ることによってわかります。

馬連2位と3位、すなわち馬連③－⑧は25・3倍でした。馬連3位のオッズは11・7倍なので25・3÷11・7＝2・16、乖離差2・16倍となっており、馬連1位には「オッズの壁」があることがわかります。

つまり、このレースは馬連1位に「オッズの壁」があるにも関わらず、複勝オッズからは下位ランクも馬券に絡む可能性が高いレー

表1●2023年10月15日・新潟11R信越S

	1位	2位	3位	4位	5位	6位	7位	8位	9位	10位	11位	12位	13位	14位	15位
コンピ指数	13	3	15	5	8	4	12	10	7	14	1	2	11	6	9
馬連ランク	13	8	3	5	10	15	14	7	1	4	11	12	6	2	9
馬連オッズ		10.4	11.7	13.2	14.6	19.8	24.1	31.2	42.7	45.2	49.9	58.4	71.5	109	253
単勝ランク	13	3	7	8	5	10	15	6	12	4	14	11	1	2	9
単勝オッズ	4.0	6.6	8.2	8.8	9.0	9.5	14.8	16.2	17.2	18.0	19.3	25.8	30.1	38.7	89.6
複勝ランク	13	8	7	5	3	10	15	12	4	14	6	1	11	2	9
複勝オッズ	2.0	3.1	3.2	3.4	3.5	4.2	4.4	5.0	5.2	5.3	6.2	6.6	7.5	9.9	17.5

オッズの壁（馬連1位と2位の間）
オッズの壁（馬連14位と15位の間）
オッズの壁（複勝14位と15位の間）

ス判定といえるのです。おまけに、馬連2位以下の馬が単勝や複勝でどこにランクされているか調べると、あっちこっちに移動しています。

このように多くの下位ランク馬が馬券絡む可能性があるレースでは、「複勝15倍の壁」の前の2頭が馬券に絡む可能性が高いです。

「複勝15倍の壁」から浮上した穴馬候補は⑪番と②番です。

レース結果は、1着には馬連1位⑬サーマルウインドが入り、2着には「複勝15倍の壁」から浮上の12番人気の②グランデマーレ、3着は同着で⑩アルーリングウェイ、⑮ルプリュフォールです。

馬連は驚いたことに、9時半のオッズでは109倍あったものの、馬連1位の⑬番から売れてしまったせいか、最終オッズでは4550円。3連複は②⑩⑬で41800円、②⑬⑮で6950円のダブル的中となりました。

馬券に絡んだ12番人気の②番ですが、「オッズの壁」からも浮上しています。つまり強い穴馬候補であることがわかります。

馬連と単勝オッズから馬券に絡まない馬を選び出す

「オッズX方式」では、馬連や単勝、複勝オッズを人気順に並び替えた後、馬券に絡む可能性のある馬とそうでない馬を低い馬の分類作業を最初にしています。

分類自体は難しい作業ではありません。基準値は次の2つです。

●2023年3月4日・中山11RオーシャンS（GⅢ、芝1200m）

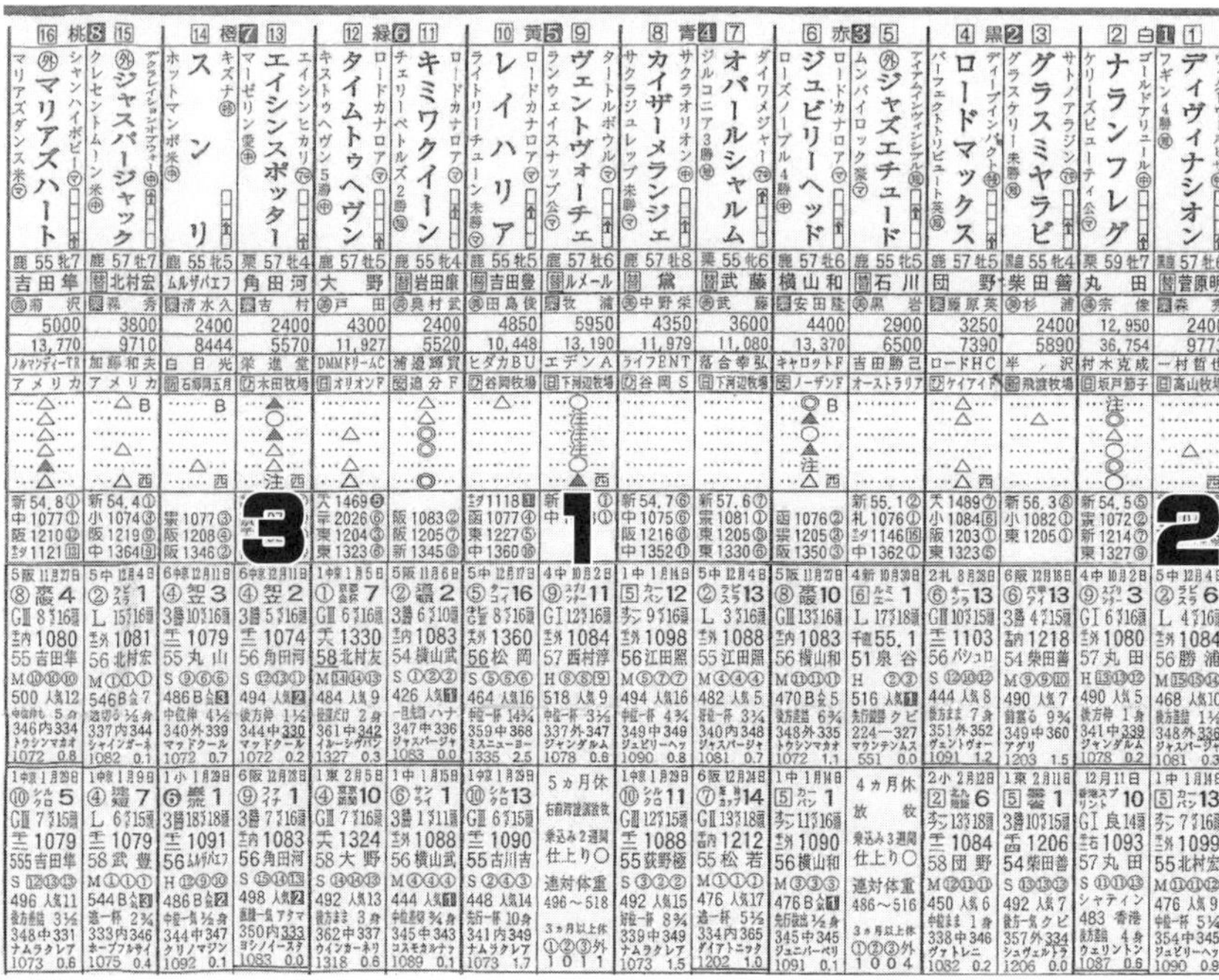

1着⑨ヴェントヴォーチェ	単⑨ 440円　枠連1－5　1850円
（2番人気）	複⑨ 210円　① 2430円　⑬ 300円
2着①ディヴィナシオン	馬連①－⑨ 37100円　馬単⑨→① 48790円
（15番人気）	ワイド①－⑨ 10130円　⑨－⑬ 1100円　①－⑬ 16950円
3着⑬エイシンスポッター	3連複①⑨⑬ 113200円
（5番人気）	3連単⑨→①→⑬ 580400円

2回中山競馬3日
中山（土）
11 レース
第18回（GIII）
夕刊フジオーシャンS
JRA
QUINELLA PLACE
ワイド
【拡大馬連】
フォーメーション
1 3
2 4 6 9 11 12 13 14 15 16
組合せ数 20
各組☆☆☆100円
合計★★★2,000円
的中

ワイド①－⑨1万130円、①－⑬1万6950円的中！

単勝オッズは単勝80倍未満
複勝オッズは複勝15倍未満

この2つの箇所に印をつけています。それぞれ「単勝80倍の壁」「複勝15倍の壁」と呼んでいます。この2つの壁より下位ランクの馬は、基本的に最初から穴馬検討から除外しています。

2つの壁は、単勝ランクと複勝ランクで同じ箇所に現れることが多いものですが、当然すべてが同じ箇所に現れるわけではありません。

「単勝80倍の壁」と「複勝15倍の壁」の箇所がズレているレースは、「オッズX方式」の穴レース判定ではプラス材料としています。すなわち壁がズレているレースは、穴馬が馬券に絡む可能性が高くなるのです。

実際の例を見てみましょう。**2023年3月4日、中山11RオーシャンS**です。

コンピ指数は1位74P、46Pの箇所は13位、1位と3位のポイント差は10Pですから、コンピ指数からは「大穴型レース」として浮上しました。

9時半のオッズでは馬連1番人気は11・5倍、単勝30倍未満の頭数は10頭なので、「競馬予報」からは「大穴型レース」と判定されました。

まずは馬連ランクを人気順に並び替えていきます。

馬連1番人気は⑥-⑪、単勝オッズは⑥番が1番人気、⑪番が5番人気ですから、馬連ランク1位は⑥番となり、⑥番から馬連オッズを人気順に並び替えていきます。単勝や複勝オッズも同じように並び替え、完成したのが表2です。
馬連10位に「オッズの壁」があり、その前の2頭である⑭番と④番が穴馬候補として浮上させたいところですが、このレースはコンピ指数7位以下から馬連、単勝、複勝ランクへ1頭も突入していません。つまり、上位6頭中心に馬券が売れており、穴レース判定は弱いのです。

しかし「競馬予報」では「大穴型レース」として判定されています。下位ランクに目を向けると、「単勝80倍の壁」と「複勝15倍の壁」がズレていることがわかりました。

表は割愛しますが、「馬連人気分布表」をチェックすると、上位8頭にはまったくといっていいほどボトム値がありませんが、下位ランクの馬、③番に4箇所、①番に4箇所のボトム値があります。

そこで「複勝15倍の壁」の登場です。「複勝15倍の壁」の前の2頭、③番と①番を穴馬候補として注目することにしました。

レース結果は、1着は馬連3位の⑨ヴェントヴォーチェ、2着に「複勝15倍の壁」から浮上の15番人気の①ディヴィナシオン、3着は⑬エイシンスポッターでした。

ワイドでも①－⑨は1万1３０円、①－⑬は1万6９５０円とワ

表2●2023年3月4日・中山11RオーシャンS

	1位	2位	3位	4位	5位	6位	7位	8位	9位	10位	11位	12位	13位	14位	15位	16位
コンピ指数	11	9	2	6	15	13	16	12	14	4	7	10	3	1	5	8
馬連ランク	6	11	9	2	13	15	16	12	14	4	5	3	7	1	10	8
馬連オッズ		11.5	13.5	13.9	21.2	21.8	33.0	54.4	56.1	62.1	118	142	157	258	276	631
単勝ランク	6	2	9	13	11	15	12	14	16	4	5	3	10	7	1	8
単勝オッズ	4.8	5.2	5.7	6.5	7.1	10.7	15.2	18.3	19.0	29.9	42.3	54.6	66.7	73.8	76.1	200
複勝ランク	6	2	11	9	13	15	16	12	14	4	5	7	3	1	10	8
複勝オッズ	2.3	2.6	2.6	3.0	3.0	4.1	4.2	5.1	5.2	6.8	11.3	12.3	13.5	14.8	20.2	42.3

単勝 80 倍の壁（15位と16位の間）

複勝 15 倍の壁（14位と15位の間）

イド万馬券のダブル的中です。

確定オッズでは①ディヴィナシオンの単勝オッズは154倍、複勝31倍と、レース直前ではなかなか手が出せないようなオッズになっています。しかし「オッズX方式」では、いとも簡単に「複勝15倍の壁」から見つけ出すことができるのです。

ちなみに、①番は馬連15位の「オッズの壁」の前の1頭にもなっており、前述のように「馬連人気分布表」から①番には3箇所のボトム値があり（もう1頭③番にも3箇所のボトム値）、こちらからも要注意馬として浮上していたのです。

つまり「オッズの壁」「馬連人気分布表」からも、高配当馬券を演出した超穴馬①番を見つけ出すことは可能だったということになります。

馬連1位に「オッズの壁」があるレースと「複勝15倍の壁」

「複勝15倍の壁」から浮上した穴馬は、コンピ指数では「大穴型レース」「準大穴型レース」として浮上していないレースが、9時半のオッズでは穴レースの条件をクリアしたケースです。

このような判定になったレースでは「複勝15倍の壁」に注意しなければなりません。

例を出してみましょう。**2023年11月18日、京都9R蹴上特別**です。

コンピ指数46Pは12位でしたが、1位は82Pで基準値をクリアしていません。しかし9時半のオッズでは、馬連1番人気が10・4倍、単勝30倍未満の頭数が10頭と、穴レースの条件である馬連1番人気9

倍以上、単勝30倍未満という条件をクリアしています。

馬連、単勝、複勝オッズを人気順に並び替えてみましょう。完成したのが下の表3です。

馬連9位に「オッズの壁」があるのですが、調べてみると馬連1位に「オッズの壁」がありました。馬連1位の⑨番から売れていたため、「オッズの壁」の前の2頭、⑥番と⑧番の馬連オッズは29倍、31倍となっており、穴馬候補としての資格がありません（基準値は40倍以上）。

しかし、このレースは「単勝80倍の壁」と「複勝15倍の壁」がズレています。下位ランクの馬にアンバランス現象が起きているのです。

ここでP66の表1をもう一度見てください。馬連1位に「オッズの壁」があります。実は9時半のオッズで穴レースの条件をクリアし、馬連ランク1位に「オッズの壁」が出現したレースでは、「複勝15倍の壁」の前の2頭に注意しなければならないのです。

「複勝15倍の壁」の前の2頭は、⑩番と⑤番です。

馬券はワイドでこの2頭から馬連上位ランク2頭⑨④番、「複勝6倍の壁」の前の2頭⑧⑯番への組み合わせ、⑤⑩－⑨④⑧⑯

表3●2023年11月18日・京都9R蹴上特別

	1位	2位	3位	4位	5位	6位	7位	8位	9位	10位	11位	12位	13位	14位	15位	16位
コンピ指数	9	16	11	4	7	15	8	14	6	12	2	1	5	10	3	12
馬連ランク	9	4	16	11	7	14	15	6	8	12	2	5	10	1	13	3
馬連オッズ		10.4	11.9	13.1	14.5	14.5	21.9	29.1	31.1	74.0	96.5	135	185	190	207	230
単勝ランク	14	9	4	16	8	11	15	7	6	12	5	13	2	10	1	3
単勝オッズ	3.8	4.7	6.4	9.9	11.1	11.6	12.1	15.7	19.7	23.6	41.4	44.0	50.5	50.5	78.8	81.6
複勝ランク	4	9	14	11	15	7	8	16	12	6	2	10	5	13	1	3
複勝オッズ	1.8	2.0	2.9	3.3	3.6	4.7	4.9	5.6	7.6	7.9	12.1	12.4	14.0	17.2	23.3	26.1

馬連：オッズの壁（1位と2位の間）、オッズの壁（9位と10位の間）

単勝：単勝80倍の壁（15位と16位の間）

複勝：複勝6倍の壁（8位と9位の間）、複勝15倍の壁（13位と14位の間）

●2023年11月18日・京都9R蹴上特別(3歳上2勝クラス、ダ1800m)

馬番	枠	馬名	父	母	毛色・斤量・性齢	騎手	厩舎	賞金	総賞金	馬主	生産者	印	持ち時計	前走	前々走
16	桃8	プラーヴィ	ドゥラメンテ	ワイメアビーチ 未出	栗 56 牡3	替岩田望	栗杉山晴	900	2370	長谷川祐司	チャンピオンズF	○ 注 △ ○ 注	東ダ1370④ 阪ダ1530①	3阪 6月17日 ⑤三才上 1 1勝10ト13頭 ダ1530 55松山 M⑥⑥⑤ 462 人気2 中位差切 1/2身 371外379 エルゲルージ 1531 0.1	5ヵ月休 骨瘤放牧 乗込み3週間 仕上り○ 連対体重 458～462 3ヵ月以上休 ①②③外 1000
15	桃8	カンピオーネ	ヘニーヒューズ	エルフィン 1勝	鹿 58 牡4	大野	美栗田徹	900	4001	GETNEXT	須崎牧場	△ △ △ ▲ 東	東ダ1254①	3東 ⑦ 11 2勝13ト16頭 ダ1254 58田辺 M⑮⑭⑭ 520 人気4 出遅る 7¾ 367内366 モナルヒ 1240 1.4	4新 10月29日 6 2 2勝8ト15頭 ダ1497 58大野 H⑫⑪⑧ 520 人気7 後方伸 1½ 371内369 ハッスルダンク 1495 0.2
14	橙7	カネトシブルーム	シニスターミニスター	アサケゴマ 2勝	芦 58 牡4	田口	栗大橋	900	1984	兼松昌男	野坂牧場	△ ◎ 注 △ △	阪ダ1249③ 三ダ1134① 京ダ1529❹	2京 10月15日 ⑤三才上 4 2勝11ト12頭 ダ1529 55田口 H③②② 512 人気5 先行一杯 9身 351中395 サイモンザナド 1514 1.5	3京 11月5日 ②三才上 6 2勝1ト12頭 ダ1537 56田口 H①①① 516 人気3 逃一杯 7身 360内404 オメガタキシー 1525 1.2
13	橙7	フォーワンセルフ	パイロ	フォーミー 2勝	栗 58 牡4	替吉田豊	美小桧山	900	3545	Aサッポロ	碧雲牧場	東	新芝2029④ 東ダ1381⑪ 札ダ1452⑬ 中ダ1527❷	4阪 9月16日 ③ 14 2勝1ト16頭 ダ1557 58武豊 M⑯⑭⑫ 508 人気7 後方まま 13身 395外400 スマートサニー 1534 2.3	4東 10月22日 ⑦三才上 11 2勝5ト16頭 ダ1381 58原田和 H⑮⑮⑮ 518 人気15 出遅る 7½ 384中363 オレデイイノカ 1368 1.3
12	緑6	ワンダースティング	マクフィ	ワンダーノンプーレ 公	鹿 58 牡5	河原田	栗渡辺	900	2932	山本能成	米田牧場	△	東ダ1240⑩ 京ダ1528②	2京 10月7日 ①三才上 2 2勝15ト15頭 ダ1528 54河原田 S②②② 526 人気14 先行粘る 2½ 370中377 ドゥラリアル 1524 0.4	2京 10月28日 ⑧三才上 10 2勝11ト13頭 ダ1550 54河原田 S⑨⑬⑫ 526 人気5 後方まま 16¼ 382中394 ブライアンセン 1522 2.8
11	緑6	マリアナトレンチ	ハーツクライ	アイアムルビー 4勝	栗 56 牡3	替Mデムーロ	栗音無	900	2438	谷掛龍夫	社台F	△ △ 注 ▲ △	京ダ1262① 阪芝1361⑤ 函ダ1440❷ 京ダ1533②	1函 6月24日 ⑤三才上 1 1勝1ト13頭 ダ1440 55藤岡佑 M⑤⑥⑤ 480 人気2 好位抜出 ¾身 364中371 ベイビールビオ 1441 0.1	4ヵ月半 放牧 乗込み4週間 仕上り○ 連対体重 466～480 3ヵ月以上休 ①②③外 0001
10	黄5	ヒデノレインボー	シニスターミニスター	カリビアンセレブ 公	鹿 58 牡4	替松若	栗梅田智	900	2965	大石秀夫	中村雅明	△ △	千ダ59.0⑤	⑥HTB賞 10 2勝2ト11頭 天 1537 58富田 S⑨⑨⑨ 486 人気9 中位一杯 13身 390中377 レイトカンセイ 1515 2.2	4新 10月29日 6 8 2勝1ト15頭 ダ1514 58松岡 H⑭⑪⑫ 482 人気11 外々回る 11¾ 376外386 ハッスルダンク 1495 1.9
9	黄5	メイショウモズ	トランセンド	エメラルドタワー 未勝	鹿 56 牡3	幸	栗松永昌	900	3243	松本好雄	赤田牧場	注 ○ ○ ○ 注 ◎	東ダ④ 小ダ① 京ダ②	3小 ①三才上 1 1勝4ト16頭 ダ1440 55幸 H⑦④② 494 人気1 楽抜出 4身 362外380 バンボーレ 1447 0.7	3小 8月27日 ⑥九スポ杯 2 2勝5ト16頭 ダ1447 55幸 H⑨⑦④ 502 人気1 中位伸 5身 367外385 グラストンベリ 1439 0.8
8	青4	オラヴェリタス	ロードカナロア	アリデッド 未勝	黒鹿 58 牡4	替坂井	栗寺島	900	3655	杉山忠国	杵臼牧場	◎B △ △ △	京ダ1262③ 三ダ1139④ 京芝1352④ 京ダ1530③	2京 10月7日 ①三才上 3 2勝14ト15頭 ダ1530 54古川奈 S④③③ 500B 人気12 好位伸 3¾ 373中378 ドゥラリアル 1524 0.6	3京 11月5日 ②三才上 8 2勝4ト12頭 ダ1538 55今村 H③③③ 512B 人気5 好位一杯 7¾ 363内400 オメガタキシー 1525 1.3
7	青4	サンライズゴラッソ	エピファネイア	ケトルワンアップ 米	鹿 58 牡5	団野	栗河内	900	3520	松岡隆雄	下河辺牧場	△B ▲ ◎ ▲ △	東ダ2001② 新ダ2049❸ 小ダ1468④ 京ダ1529④	4阪 10月1日 ⑨三才上 3 2勝7ト13頭 ダ2049 58幸 M⑥⑦③ 516B 人気2 漸進伸 3¾ 360中378 アオイイーグル 2043 0.6	2京 10月21日 ⑥北國新聞 2 2勝14ト16頭 ダ2001 58団野 M⑥⑥④ 516B 人気7 中位伸 3身 370中386 イーサンバーニ 1596 0.5
6	赤3	グローツラング	ダンカーク	ミスアシング 未勝	芦 58 牡4	藤岡佑	栗安達	900	2518	市川義美HD	タニグチ牧場	△ △ ◎ △	東ダ1599① 新ダ2056② 小ダ1494③ 阪ダ1519③	3阪 6月4日 ② 3 2勝12ト13頭 ダ1519 58藤岡佑 S⑫⑩⑨ 522 人気7 後方伸 3¼ 387外362 ラインオブソウ 1514 0.5	5ヵ月余 放牧 乗込み5週間 仕上り○ 連対体重 514～524 3ヵ月以上休 ①②③外 0102
5	赤3	サヴァピアン	カレンブラックヒル	アンローランサン 1勝	栗 58 牡5	替藤岡康	栗羽月	900	3168	岡田牧雄	岡田S	△	京ダ1261⑩ 三ダ1132⑧ 函ダ1435❸ 京芝1357⑩	2札 8月20日 ④ 10 2勝3ト14頭 ダ1486 58小林凌大 S④④⑥ 430 人気5 中位一杯 9¼ 387内384 ミラクルティア 1471 1.5	3福 11月5日 ②河北新報 10 2勝6ト15頭 ダ1481 58小林凌大 S⑦⑧⑥ 436 人気6 中位一杯 8身 380中378 レリジールダモ 1468 1.3
4	黒2	ワンダフルトゥデイ	マジェスティックウォリアー	エリモトゥデイ 未勝	黒鹿 58 牡4	水口	栗中尾秀	900	3682	京都ホースR	前谷武志	▲ △ ▲ ◎ ○	阪ダ1260② 東ダ1395⑩ 小ダ1456③ 新ダ1520②	4阪 9月23日 ⑥三才上 3 2勝12ト16頭 ダ1532 58水口 M⑥⑥⑦ 524 人気7 中位伸 3¼ 379中381 オーサムリザル 1526 0.6	4新 10月15日 ② 2 2勝13ト13頭 ダ1520 58水口 S⑥⑤⑤ 520 人気4 好位伸 3身 366中374 ルクスフロンテ 1515 0.5
3	黒2	ダイチヴィヴァン	ホッコータルマエ	チェリーシエル 未勝	鹿 58 牡4	替川須	栗蛯名利	900	2149	服部英利	服部牧場	B 東	東ダ1280⑥ 東ダ1374⑭ 札ダ1469⑤ 新ダ1519⑪	4中 9月10日 ②三才上 16 2勝16ト16頭 ダ1130 57秋山稔 H⑩⑧⑨ 474B 人気11 中位一杯 13¾ 348外382 オメガシンフォ 1107 2.3	4新 10月29日 6 11 2勝2ト15頭 ダ1519 58秋山稔 H③③③ 472B 人気15 好位バテ 15身 354内402 ハッスルダンク 1495 2.4
2	白1	トゥルブレンシア	フリオーソ	エルシエロアスール 1勝	栗 58 騸6	替酒井	栗藤沢則	900	2700	岡田牧雄	山下恭茂		京ダ1257⑨ 東ダ1398⑮ 小ダ1433⑥ 新ダ1520③	4阪 9月23日 ⑥三才上 8 2勝13ト16頭 ダ1540 57角田河 M⑭⑬⑧ 456 人気9 後方差詰 8¼ 389外386 オーサムリザル 1526 1.4	4東 10月22日 ⑦三才上 15 2勝11ト16頭 ダ1398 58松岡 H⑯⑯⑯ 454 人気12 出遅る 17¾ 388中369 オレデイイノカ 1368 3.0
1	白1	テイエムファクター	ザファクター	マノアラニ 未勝	鹿 58 牡4	替古川吉	栗木原	900	2245	竹園正繼	林孝輝	△	阪ダ1285⑧ 東ダ2019⑨ 小ダ1436⑪ 新ダ1517②	1函 6月24日 ⑤ 9 2勝1ト13頭 ダ1458 58古川吉 S③④③ 456 人気8 好位一杯 4¾ 375内368 レッドエランド 1450 0.8	4新 10月29日 6 14 2勝3ト15頭 ダ1533 58富田 H③⑥⑩ 464 人気12 ジリ下り 大差 354内411 ハッスルダンク 1495 3.8

1着⑨メイショウモズ	単⑨ 270 円　枠連5－5　17920 円
（1番人気）	複⑨ 160 円　⑩ 1620 円　⑮ 300 円
2着⑩ヒデノレインボー	馬連⑨－⑩ 24120 円　馬単⑨→⑩ 29810 円
（15 番人気）	ワイド⑨－⑩ 5390 円　⑨－⑮ 830 円　⑩－⑮ 8650 円
3着⑮カンピオーネ	3連複⑨⑩⑮ 62400 円
（6番人気）	3連単⑨→⑩→⑮ 324220 円

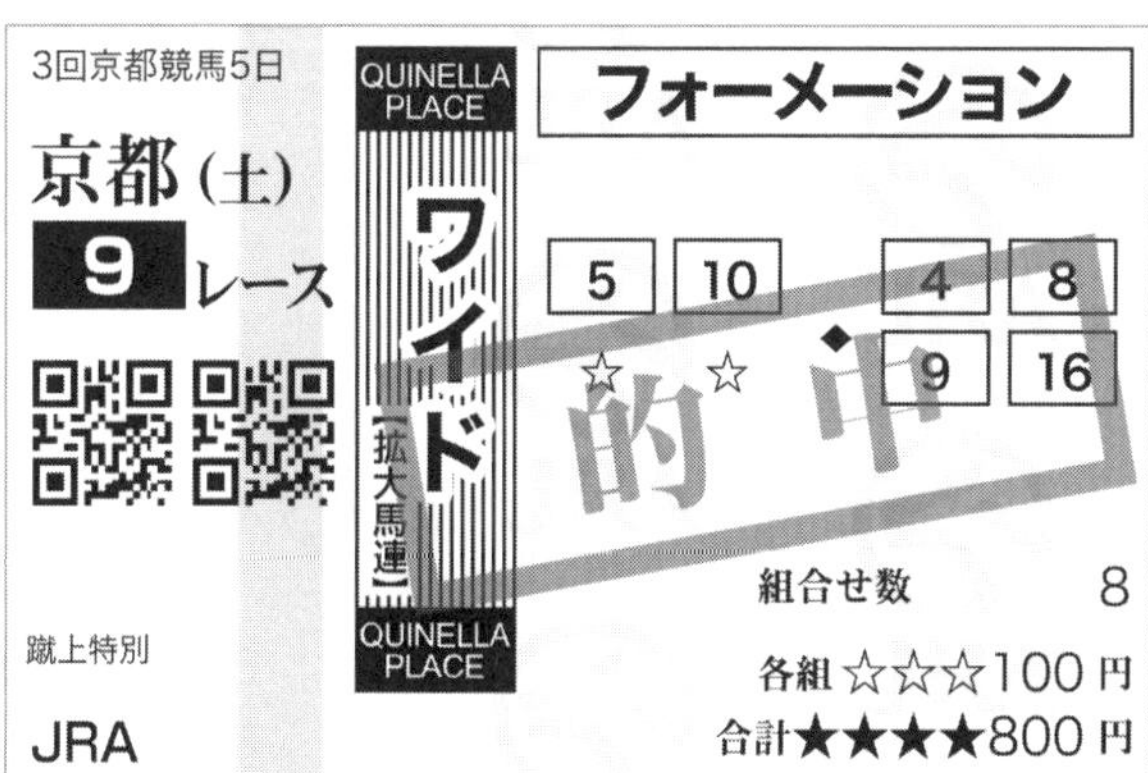

3回京都競馬5日
京都(土)
9 レース
QUINELLA PLACE
ワイド
(拡大馬連)
フォーメーション
5 10
☆ ☆
4 8
9 16
的中
組合せ数 8
各組☆☆☆100円
合計★★★★800円
蹴上特別
JRA

ワイド⑨－⑩
5390円的中！

番の8点を組み立ててみました。

レース結果は、馬連1位の⑨メイショウモズが1着、2着には15番人気で「複勝15倍の壁」から浮上の⑩ヒデノレインボーが入線。しっかりとワイドの的中となりました。

⑩ヒデノレインボーの最終オッズを確認すると、単勝は189倍、複勝は23倍です。単勝万馬券、しかも200倍近いオッズの馬なんて、なかなか馬券の軸として買うことは難しいでしょう。

しかし「オッズX方式」ならば、軸馬とすることができるのです。

ワイドは、最終オッズでは1番人気との組み合わせにも関わらず、ワイド⑨－⑩は5390円の配当でした。もしワイドと同じ組み合わせの馬連を組み立てていたら2万4120円、ちょっともったいなかったかもしれません。

穴馬が浮上しないときほど「複勝15倍の壁」が頼りになる！

「競馬予報」で穴レースと判定されたとしても、すべてのレースで「オッズの壁」「突入&移動馬」「複勝6倍の壁」「馬連人気分布表」といった「オッズX方式」の基本ルールから穴馬候補が浮上するわけではありません。

そうしたハッキリとした穴馬候補が浮上しないレースほど、「複勝15倍の壁」は頼りになります。実際のレースで検証してみましょう。

2023年2月19日、小倉12Rです。

コンピ指数は1位75P、46Pの馬が14位、1位と3位とのポイント差が11Pとなっています。さらに9時半のオッズでは馬連1番人気が10・1倍、単勝30倍未満の頭数が10頭ですから、「競馬予報」からは「大穴型レース」として浮上することになります。

穴馬候補を見つけ出すために馬連、単勝、複勝オッズを人気順に並び替えていきます。これをひとつにまとめたのが下の表4です。

この表をチェックするとわかる通り、馬連2位以外には「オッズの壁」がありません。馬連ランクと単勝、複勝ランクを比較しても「突入&移動馬」のルールをクリアしている馬が1頭もいません。「複勝6倍の壁」の前の2頭、⑥番と④番を調べてみても、⑥番は馬連47倍に対して単勝が30・8倍と売れてなく、④番は馬連6位ですから穴馬候補にはなりません（穴馬候補は基本、馬連9位以下）。「馬連人気分布表」をチェックしても、ボトム値が数多く散らばっており、どの馬から怪しい投票がされているか判別がつかないオッズとなっています。

つまりこのレースは、「オッズX方式」の基本ツールである「オッズの壁」「突入&移動馬」「複勝6倍の壁」「馬連人気分布表」から穴馬候補が1頭も浮上しないレースだったのです。

表4●2023年2月19日・小倉12R

	1位	2位	3位	4位	5位	6位	7位	8位	9位	10位	11位	12位	13位	14位	15位	16位	17位	18位
コンピ指数	18	14	13	15	8	4	10	16	9	6	5	2	7	3	12	17	1	11
馬連ランク	18	14	15	10	13	4	8	9	5	6	16	11	3	12	7	17	2	1
馬連オッズ		10.1	19.4	21.0	23.9	31.4	31.9	34.6	36.6	47.6	83.1	85.9	92.1	98.2	111	178	239	286
単勝ランク	18	15	14	10	13	9	5	4	8	11	6	16	12	3	7	1	17	2
単勝オッズ	4.7	4.9	5.8	8.2	12.0	12.9	13.8	17.1	19.9	25.9	30.8	38.9	44.0	44.4	55.0	65.6	67.3	71.0
複勝ランク	14	18	13	15	10	9	8	5	6	4	11	16	3	7	17	12	1	2
複勝オッズ	2.2	2.2	3.9	4.2	4.3	4.6	4.8	5.1	5.4	5.6	6.9	7.7	8.1	11.3	14.0	14.4	15.0	16.5

オッズの壁（馬連オッズ2位と3位の間）

複勝15倍の壁（複勝オッズ16位と17位の間）

●2023年2月19日・小倉12R(4歳上1勝クラス、芝1200m)

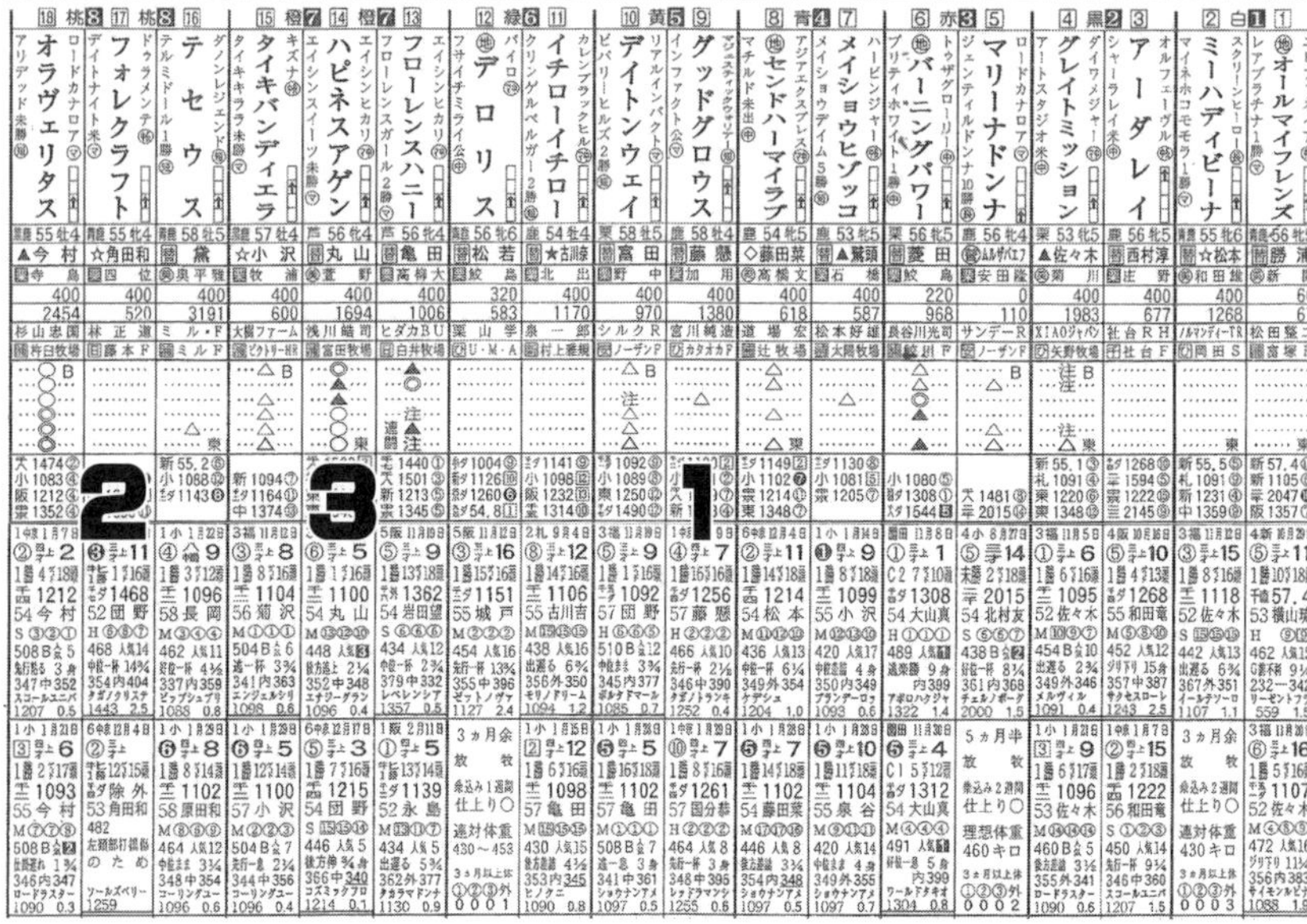

1着⑨グッドグロウス	単⑨ 1190 円　枠連5－8　1150 円
（6番人気）	複⑨ 380 円　⑰ 2160 円　⑭ 190 円
2着⑰フォレクラフト	馬連⑨－⑰ 57320 円　馬単⑨→⑰ 120500 円
（15 番人気）	ワイド⑨－⑰ 18220 円　⑨－⑭ 1210 円　⑭－⑰ 7630 円
3着⑭ハピネスアゲン	3連複⑨⑭⑰ 111650 円
（2番人気）	3連単⑨→⑰→⑭ 919530 円

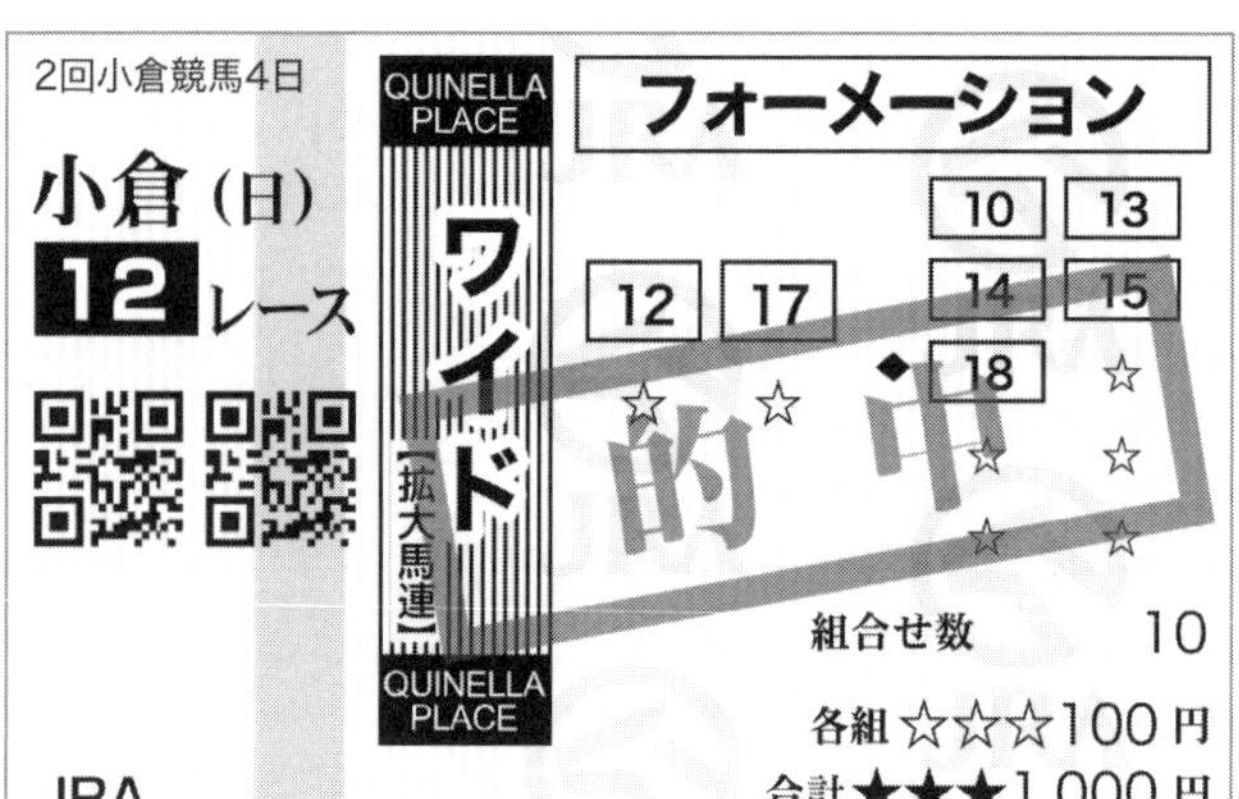

2回小倉競馬4日
小倉(日)
12 レース
QUINELLA PLACE
ワイド
[拡大馬連]
フォーメーション
12 17
10 13 14 15 18
的中
組合せ数 10
各組 ☆☆☆100円
合計★★★1,000円
JRA

ワイド⑭－⑰
7630円的中！

しかし「競馬予報」では「大穴型レース」として判定されています。下位ランクのどこかに穴馬が潜んでいることは間違いありません。

そこで登場するのが「複勝15倍の壁」です。

「複勝15倍の壁」の前の2頭は⑰番と⑫番です。かなり人気薄の馬ですが、ひるまずワイド馬券を組み立ててみることにしました。

相手に選んだのは馬連ランク上位5頭⑱⑭⑮⑩⑬番です。つまりワイド馬券の組み合わせは、⑰⑫番－⑱⑭⑮⑩⑬番となりました。

レース結果は、1着には単勝6番人気の⑨グッドグロウスが入り、2着には「複勝15倍の壁」から浮上の1頭、⑰フォレクラフト、3着には⑭ハピネスアゲンと続き、ワイド⑭－⑰7630円のゲットです。

単勝6位の⑨番との組み合わせ、ワイド⑨－⑰は1万8220円でした。こちらももう少し手広く流すことができれば獲れた馬券だったと思われます。

⑰番の最終オッズは単勝89・9倍、複勝28・0倍と、このレースも「複勝15倍の壁」から浮上の穴馬は、直前のオッズからは選択が難しいオッズであることがわかります。

選択が難しいから、ワイドでも高配当になるのです。

「複勝6倍の壁」と「複勝15倍の壁」で囲まれた2頭の穴馬

少頭数レースで起きた面白いケースを紹介してみましょう。

2023年10月14日、東京11R府中牝馬Sです。9時半のオッズから、馬連1番人気は10・3倍、単勝30倍未満の頭数は10頭なので、少頭数レースながら穴レースの条件をクリアしています。

コンピ指数をチェックしても、1位は70Pとなっており、1位と3位とのポイント差は3P。46Pの馬はなく、47Pの馬が11位ですから、コンピ指数からも「大穴型レース」の条件をクリアしていました。

つまり少頭数ながらこのレースは、穴レースの条件をすべてクリアしていたのです。

馬連、単勝、複勝オッズを人気順に並び替えてひとつの表にまとめると、下の表5のようになりました。

馬連11位に「オッズの壁」が出現し、その前の2頭が⑧番と⑬番です。「オッズの壁」のルールからはこの2頭が穴馬候補です。

「単勝80倍の壁」と「複勝15倍の壁」をチェックすると単勝は12位、複勝は11位とズレています。「競馬予報」でも「大穴型レース」と判定され、さらに単勝と複勝の壁がズレているとなれば、下位ランクの馬の台頭が期待できるというものです。

「複勝15倍の壁」を調べてみると、その前の2頭は⑧番、⑬番と

表5●2023年10月14日・東京11R府中牝馬S

	1位	2位	3位	4位	5位	6位	7位	8位	9位	10位	11位	12位	13位
コンピ指数	5	11	7	4	6	3	12	1	8	13	9	10	2
馬連ランク	7	6	5	11	4	3	1	9	12	8	13	2	10
馬連オッズ		10.3	14.9	15.9	17.3	19.7	35.3	46.8	58.0	64.8	89.2	252	325
単勝ランク	11	7	6	5	4	3	9	1	8	12	13	2	10
単勝オッズ	5.1	5.3	5.4	6.5	7.3	8.9	13.2	16.6	20.4	20.9	39.6	65.1	92.5
複勝ランク	7	6	11	5	4	3	9	1	12	8	13	2	10
複勝オッズ	2.1	2.3	2.6	2.7	3.2	3.9	4.4	4.6	5.4	6.7	8.2	15.4	20.8

オッズの壁（馬連11位と12位の間）

単勝80倍の壁（単勝12位と13位の間）

複勝6倍の壁（複勝9位と10位の間）

複勝15倍の壁（複勝11位と12位の間）

●2023年10月14日・東京11R府中牝馬S（GII、芝1800m）

枠・馬番	馬名	父	母	毛色・斤量・性齢	騎手	厩舎	賞金	馬主	生産者	印	持ちタイム	前走	前々走
桃8 13	フィアスプライド	ディープインパクト	ストロベリーフェア 英	青鹿 55 牝5	北村宏	美 国枝	2400 6851	ゴドルフィン	ダーレージャパンF	△	新 1324④ 東 1461④	3東 6月11日 ④エプソム 9 GIII 8ﾃ17頭 芙1461 55 菅原明 M②⑤⑤ 480 人気10 好位一息 3¾ 355中354 ジャスティンカ 1455 0.6	3新 8月13日 ②関屋 4 GIII 7ﾃ17頭 芙外1324 55 北村宏 S⑪⑩⑨ 486 人気12 中位伸も 2身 357中330 アヴェラーレ 1321 0.3
桃8 12	イズジョーノキセキ	エピファネイア	キングダンサー 1勝	鹿 56 牝6	岩田康	栗 中村	5150 22,414	泉一郎	沖田哲夫	△△△△△△ 西	三 2125⑤ 阪 1333④ 東 1445① 阪 1585②	1札 7月30日 ④クイーンS 5 牝GIII 10ﾃ14頭 芙1471 57 岩田康 S⑫⑪⑪ 474 人気8 後方追上 2½ 374中347 ドゥーラ 1467 0.4	2札 8月20日 ④札幌記念 7 GII 14ﾃ15頭 芝2033 56 岩田康 M⑮⑮⑩ 474 人気10 後方差詰 10¾ 382外366 プログノーシス 2015 1.8
橙7 11	シンリョクカ	サトノダイヤモンド	レイカーラ 5勝	鹿 53 牝3	吉田豊	美 竹内	1700 4800	由井健太郎	下河辺牧場	▲▲▲▲▲◎	阪 1327⑥ 芸 2244⑤	2東 5月21日 ⑩オークス 5 牝GI 17ﾃ18頭 芸2244 55 吉田豊 S⑧⑧⑧ 442 人気7 中位伸も 7¾ 364外351 リバティアイラ 2231 1.3	4ヵ月半 放牧 乗込み4週間 仕上り○ 連対体重 440キロ 3ヵ月以上休 ①②③外 1001
橙7 10	ファユエン	ヴァンセンヌ	サクラパピルス 未勝	鹿 55 牝5	替 横山和	美 勢司	2400 5712	谷岡毅	谷岡S	△	芸 2259⑥ 東 1357④ 阪 1467⑦ 東 1587①	3中京 7月15日 ⑤関ケ原S 1 3勝 11ﾃ11頭 芝2014 56 岩田望 S⑥④⑥ 460 人気5 中位差切 ¾身 384外332 レッドラディエ 2015 0.1	3新 9月3日 ⑧新潟記念 8 GIII 10ﾃ14頭 芝外1594 53 木幡巧 S③④④ 462 人気6 好位一杯 2¼ 369中343 ノッキングポイ 1590 0.4
緑6 9	アンドヴァラナウト	キングカメハメハ	グルヴェイグ 5勝	黒鹿 55 牝5	替 鮫島駿	栗 池添学	4600 14,200	サンデーR	ノーザンF	△△ 西	三 2173⑰ 阪 1329② 東 1447③ 新 1582①	2東 5月14日 ⑧ヴィクトリアM 11 牝GI 4ﾃ16頭 芙1330 56 吉田隼 S⑩⑪⑬ 446 人気13 中位まま 5¼ 356中335 ソングライン 1322 0.8	5ヵ月休 放牧 乗込み3週間 仕上り○ 連対体重 428～444 3ヵ月以上休 ①②③外 1110
緑6 8	ライラック	オルフェーヴル	ヴィーヴァブーケ 1勝	鹿 55 牝4	替 戸崎圭	美 相沢	4850 10,580	芹澤精一	杵臼牧場	◎△△	[illegible]	3阪 6月25日 ⑧宝塚記念 17 GI 1ﾃ17頭 三内2127 56 Mデムーロ M⑦⑧⑫ 430 人気13 中位一杯 8¾ 347内364 イクイノックス 2112 1.5	3ヵ月半 放牧 乗込み4週間 仕上り○ 連対体重 420～438 3ヵ月以上休 ①②③外 1012
黄5 7	ディヴィーナ	モーリス	ヴィルシーナ 5勝	鹿 55 牝5	Mデムーロ	栗 友道	4000 10,570	佐々木主浩	ノーザンF	◎注○注注 西	阪 [illegible]⑩ 新 [illegible]② 三 [illegible]❷ 京 [illegible]①	3中京 7月23日 ⑧中京記念 2 GIII 11ﾃ16頭 芙1333 54 Mデムーロ M⑬⑫⑨ 422 人気2 後方伸 1½ 363外349 セルバーグ 1330 0.3	3新 8月13日 ②関屋 2 GIII 1ﾃ17頭 芙外1322 55 Mデムーロ S④④④ 426 人気2 好位伸 ¾身 351内332 アヴェラーレ 1321 0.1
黄5 6	プレサージュリフト	ハービンジャー	シュプリームギフト 5勝	黒鹿 55 牝4	ルメール	美 木村	2250 7900	サンデーR	ノーザンF	注○○◎◎○	東 1319③ 芸 2245⑤ 阪 1592⑨	1東 2月5日 ④東京新聞 3 GIII 16ﾃ16頭 芙1319 55 ルメール S⑧⑧⑧ 484 人気6 中位伸 ¼身 356中337 ウインカーネリ 1318 0.1	8ヵ月余 骨折放牧 乗込み4週間 仕上り◎ 連対体重 452～464 3ヵ月以上休 ①②③外 2001
青4 5	ルージュエヴァイユ	ジャスタウェイ	ナッシングバットドリームズ 英	鹿 55 牝4	替 横山武	美 黒岩	3250 7300	東京HR	社台F	△△○▲	[illegible]	3東 6月11日 ④エプソム 2 GIII 17ﾃ17頭 芙1457 55 石川 M②②② 466 人気7 一旦先頭 1¼ 351中353 ジャスティンカ 1455 0.2	4ヵ月休 放牧 乗込み3週間 仕上り○ 連対体重 450～466 3ヵ月以上休 ①②③外 2001
青4 4	ストーリア	リオンディーズ	フェリス 未勝	鹿 55 牝4	菅原明	栗 杉山晴	3450 8690	ロードHC	宮内牧場	△△△△△△ 西	新 1351③ 新 1444① 阪 1590⑧	3阪 6月18日 ⑥マーメイド 7 牝GIII 9ﾃ13頭 芝内1598 54 坂井 H⑨⑦④ 492 人気2 4角不利 7¾ 357中375 ビッグリボン 1585 1.3	2新 7月29日 ①関越 1 オープン 13ﾃ18頭 芙外1444 55 菅原明 M⑪⑪⑩ 496 人気4 中位一気 クビ 361中331 アドマイヤハダ 1445 0.1
赤3 3	ルージュスティリア	ディープインパクト	ドライヴンスノー 米	鹿 55 牝4	川田	栗 藤原英	2400 5420	東京HR	社台牧場	○△◎注△△ 西	阪 1326① 新 1512① 東 2018⑮	2東 5月14日 ⑧ヴィクトリアM 10 牝GI 15ﾃ16頭 芙1329 56 川田 S⑥③③ 482 人気9 好位一杯 5身 346中342 ソングライン 1322 0.7	3中京 7月23日 ⑧中京記念 3 GIII 16ﾃ16頭 芙1335 53 川田 M⑪⑫⑭ 486 人気1 4角窮く 3身 360外347 セルバーグ 1330 0.5
黒2 2	エリカヴィータ	キングカメハメハ	マルシアーノ 3勝	青 55 牝4	替 三浦	美 国枝	3000 6140	三木正浩	ノーザンF	△ B	芸 2250⑨ 中 1338⑨ 東 1454⑤ 阪 1595⑬	2東 5月20日 ⑨メイS 5 オープン 1ﾃ18頭 芙1454 54 北村宏 M⑪⑨⑫ 456B 人気12 内々回る 4¼ 362内341 サクラトゥジュ 1447 0.7	4ヵ月半 放牧 乗込み3週間 仕上り○ 連対体重 442～444 3ヵ月以上休 ①②③外 2002
白1 1	コスタボニータ	イスラボニータ	レディイン 仏	芦 55 牝4	松山	栗 杉山佳	2400 7792	谷掛龍夫	社台F	注△△△ 西	阪 1330④ 東 1455⑥	2東 5月20日 ⑨メイS 6 オープン 18ﾃ18頭 芙1455 54 松山 M④④④ 462 人気8 好位一息 4¾ 359中346 サクラトゥジュ 1447 0.8	1札 7月30日 ④クイーンS 3 牝GIII 1ﾃ14頭 芙1469 55 松山 S⑤⑥⑥ 462 人気3 中位伸 1身 367中349 ドゥーラ 1467 0.2

1着⑦ディヴィーナ（1番人気）
2着⑤ルージュエヴァイユ（4番人気）
3着⑧ライラック（10番人気）

単⑦ 470円　枠連4－5　410円
複⑦ 180円　⑤ 250円　⑧ 620円
馬連⑤－⑦ 1460円　馬単⑦→⑤ 2850円
ワイド⑤－⑦ 580円　⑦－⑧ 2150円　⑤－⑧ 2630円
3連複⑤⑦⑧ 13150円
3連単⑦→⑤→⑧ 56560円

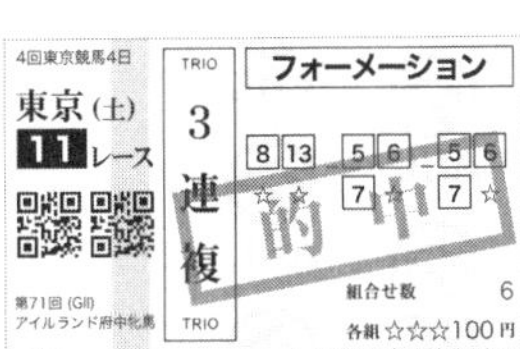

3連複⑤⑦⑧
1万3150円的中！

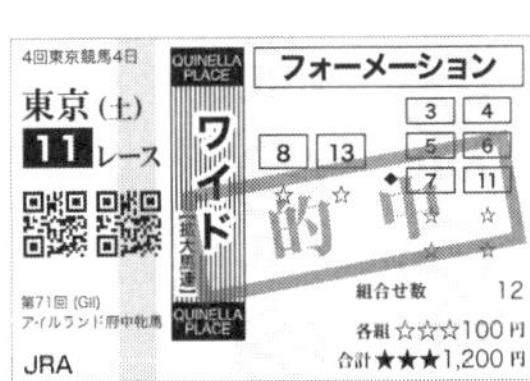

ワイド⑦－⑧2150円、
⑤－⑧2630円的中！

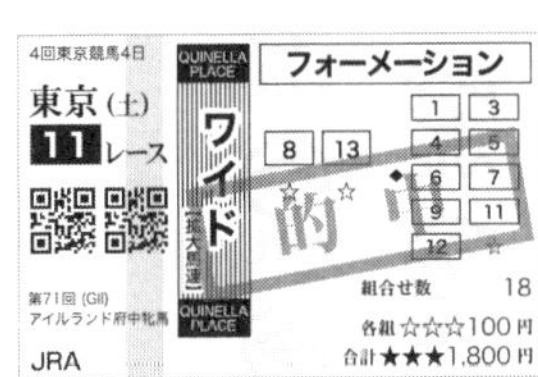

ワイド⑦－⑧2150円、
⑤－⑧2630円的中！

なっており、この2頭は先ほどの「オッズの壁」から浮上した2頭とまったく同じ馬です。

さらに先の表5を調べてみると、⑧番と⑬番は「複勝6倍の壁」と「複勝15倍の壁」に囲まれていることがわかります。

このように「複勝6倍の壁」と「複勝15倍の壁」に囲まれるケースは珍しく、下位ランクながら馬券に絡む可能性が高いので、覚えておいて損はありません。

レース結果は、1着に馬連1位の⑦ディヴィーナ、2着に馬連3位の⑤ルージュエヴァイユと入り、3着には「複勝15倍の壁」から浮上し⑧ライラックと続きました。ちなみに4着はもう1頭の浮上馬、⑬フィアスプライドでした。

3連複は上位人気が1、2着を占めてしまったため、穴馬が絡んだものの3連複⑤⑦⑧は1万3150円とギリギリの万馬券。ワイドは⑦－⑧2150円、⑤－⑧2630円でした。

最後に「競馬予報」では穴レース判定にはならなかったものの、「複勝15倍の壁」から浮上した穴馬が馬券に絡み、ワイド馬券で万馬券を的中させた例を紹介しましょう。

2023年5月27日、東京11R欅Sです。

馬連、単勝、複勝オッズを人気順に並び替え、ひとつにまとめたのが左の表6です。

馬連1番人気は6・2倍、単勝30倍未満の頭数も7頭と、穴レースの条件はクリアしていません。しかし、どうして「複勝15倍の壁」に注目したのでしょうか。

このレースは馬連と単勝1位に「オッズの壁」が出現していたからなのです。

馬連1位に「オッズの壁」が出現しているということは、馬連1位の馬から馬券が売れていることを示しています。このようなケースでは、人気薄の馬として「複勝15倍の壁」から浮上した穴馬候補が馬券に絡むことが多いのです。

P66やP72で紹介したレース、表1や表3をもう一度ご覧ください。馬連1位に「オッズの壁」が出現していることがわかります。

表6をチェックすると「複勝15倍の壁」から浮上した穴馬候補は③番と⑬番であることがわかります。

レース結果はどうだったでしょうか。

1着には人気通り、馬連1位の⑯バトルクライが入り、2着には馬連5位の⑦ジレトールで決着しました。そして3着には「複勝15倍の壁」から浮上の、最終オッズでは12番人気、⑬レッドヴェイロンが入ったのです。

馬券は「複勝15倍の壁」から浮上の③番と⑬番から、馬連6位に「オッズの壁」があったため、ワイドで上位6頭へ流しました。つまり、③⑬番－⑯⑮④⑤⑦⑧番の12点です。

配当はワイド⑬－⑯4810円、⑦－⑬1万2360円。回収率は約14倍とけっして悪い配当ではありませんでした。それもそのはずで

表6●2023年5月27日・東京11R欅S

	1位	2位	3位	4位	5位	6位	7位	8位	9位	10位	11位	12位	13位	14位	15位	16位
コンピ指数	16	4	15	5	8	7	14	3	11	2	1	12	10	6	9	13
馬連ランク	16	15	4	5	7	8	14	11	3	12	13	2	6	9	1	10
馬連オッズ		6.2	6.7	7.6	11.7	14.1	27.5	42.8	52.6	80.0	98.7	114	180	265	285	378
単勝ランク	16	15	5	4	7	8	14	11	13	12	3	9	2	6	1	10
単勝オッズ	2.0	5.9	7.9	8.2	9.4	15.6	27.2	34.7	38.9	45.6	48.9	71.2	85.8	140	158	165
複勝ランク	16	4	15	5	7	14	8	11	12	3	13	9	2	6	1	10
複勝オッズ	1.3	2.7	2.8	3.0	3.6	5.6	5.7	8.4	9.8	10.1	13.7	17.0	19.3	25.5	46.8	48.2

※馬連、単勝ランクの太い罫線はオッズの壁

複勝15倍の壁

●2023年5月27日・東京11R欅S（OP、ダ1400m）

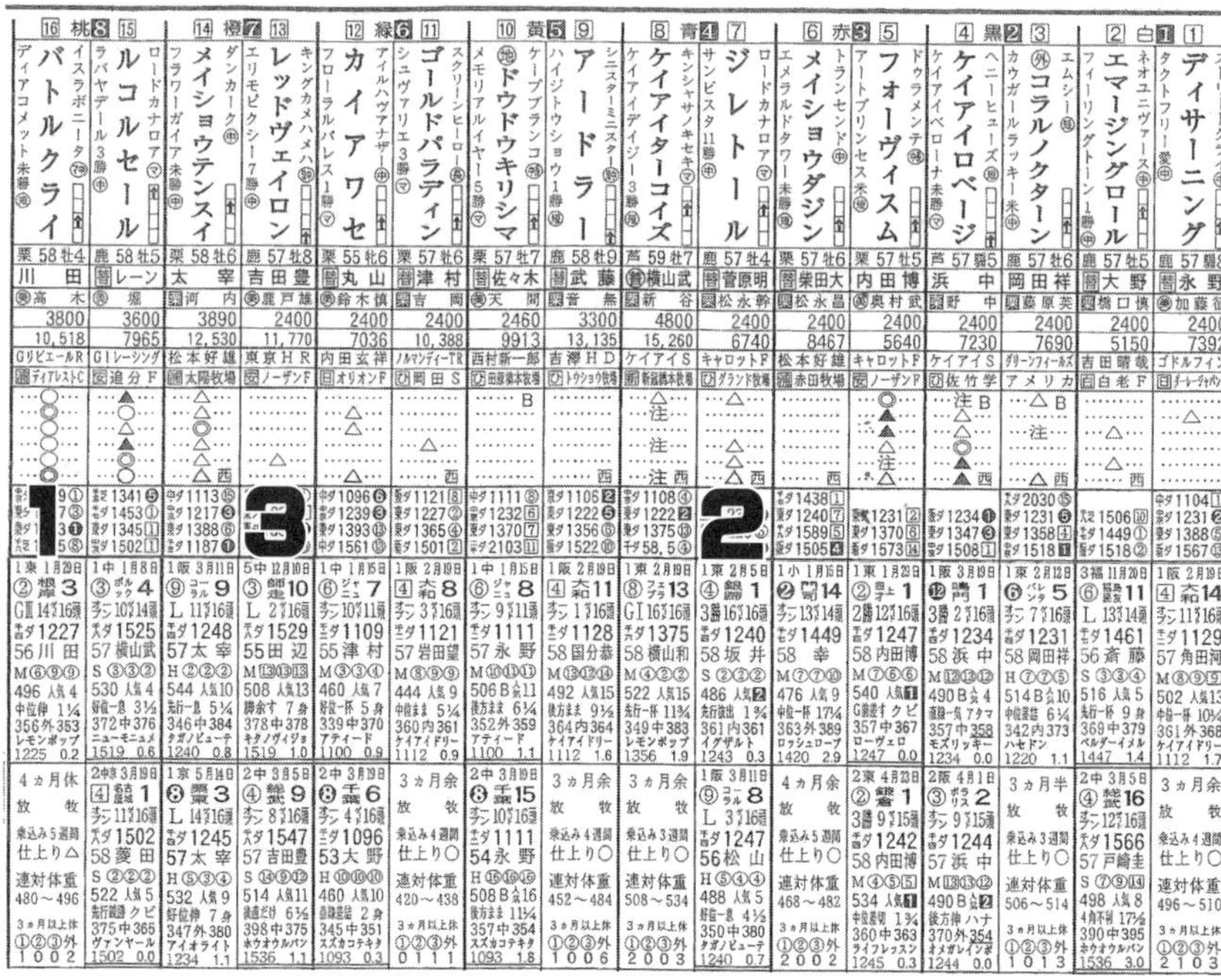

1着⑯バトルクライ（1番人気）	単⑯ 170円　枠連4－8 470円
	複⑯ 110円　⑦ 270円　⑬ 1700円
2着⑦ジレトール（5番人気）	馬連⑦－⑯ 1150円　馬単⑯→⑦ 1460円
	ワイド⑦－⑯ 470円　⑬－⑯ 4810円　⑦－⑬ 12360円
3着⑬レッドヴェイロン（12番人気）	3連複⑦⑬⑯ 43410円
	3連単⑯→⑦→⑬ 113670円

ワイド⑬－⑯4810円、⑦－⑬1万2360円的中！

す。馬券に絡んだ⑬番ですが、最終オッズでは単勝186倍、複勝34倍、レース直前にオッズを見たら、なかなか馬券の軸として組み立てるのが難しいオッズでした。

このように9時半のオッズから浮上した「複勝15倍の壁」の壁から浮上した穴馬候補は、ワイドでも万馬券を演出するのです。

今回、この本のテーマは「時短馬券」です。**難しいことを考えず、9時半のオッズで「複勝15倍の壁」だけを注視するだけでも、ワイド万馬券をゲットすることが可能です。**

このレースで馬券に絡んだ人気薄の⑬番ですが、実はこの馬は、次の章で紹介する、コンピ指数最低ランクにも関わらず、単勝9位に大きく上昇していた馬でもあったのです。

すなわちコンピ指数をチェックするだけでも、ワイド万馬券的中も可能でした。

次の章では、コンピ指数を使って穴馬を見つけ出す方法を紹介していきましょう。

コラム③ 無駄な馬券を買ってしまうのは人間の性？

馬券の購入行動は「行動経済学」の考え方に照らし合わせると、納得できる部分がたくさんあります。

第6章の最終レースの項でも触れますが、最終レースは負けを取り戻そうとする馬券を買う傾向にあるのも、行動経済学から見ると簡単に理解できます。

人は常に「損失を回避したい」という考え方をもとに行動をしてしまいます。最終レースで負けを取り戻そうという行為も「馬券で損失を出したくない」という思いからの行動です。

行動経済学では「プライミング効果」という考え方があります。人間の脳は直前に経験した情報に左右されてしまうというものです。

例えば、パドックなどで「③番の馬は人気薄だけど激走するよ」と見ず知らずの人たちの会話を耳にしただけで、③番の馬が気になってしまうのも、行動経済学から見れば当然の行動なのです。

ＧⅠレースだけ馬券を買う、ダービーや有馬記念だけ馬券を買う人がいるのも、行動経済学の「ナッジ理論」をヒモ解けば納得できます。

人間の気持ちや心を知らずに目的まで誘導することを「ナッジ理論」といいます。例えばレジ前に足跡のマークや誘導線が書かれていると、その足跡のマークや誘導線に従って列をつくる行為などがそれにあたります。

ＧⅠレースという冠が人間の脳を刺激し、「特別なレース」として誘導されているからこそ、ＧⅠだけは馬券を買うという行動になっているのでしょう。

もともと人間は行動経済学から見れば、無駄な馬券を買ってしまう行動をしてしまう動物なのです。あまり無駄な馬券を買わないようにするために、「行動経済学」を理解しておくことも必要なのではないでしょうか。

第4章

コンピ指数の下位ランクに潜む穴馬の姿

コンピ指数の数値＝予想人気の数値から穴馬を浮上させる

「競馬予報」において、コンピ指数のチェックは最初に行なう作業です。

何度も触れているように、コンピ指数は馬券が発売されない前の人気、すなわち「予想人気」だと思っております。

コンピ指数の最高値90Ｐですが、90Ｐになっている馬は実際のオッズでも、単勝オッズが2倍を切るような人気になっていることが多いものです。反対に、最低値40Ｐの馬は競馬新聞ではほとんど印がついてなく、さらには人気薄になってしまう傾向が強いのです。

しかし、90Ｐに評価されている馬が実際のオッズ（私は9時半のオッズに注目）で、単勝4・0倍というように売れていなかったらどうでしょうか。人気になる予定の馬に何かマイナスの要因が起こってしまい、それがオッズという数値に表れてしまったものだと考えられます。

反対に、競馬新聞でほとんど注目されていない馬、すなわち40Ｐの馬の単勝や複勝が売れていたらどうでしょうか。「予想人気」とは異なり、レースで好成績を収める可能性があることを、オッズという数値で私たちに教えているのだと考えられます。

つまり、コンピ指数という「予想人気」において、人気になると予想されている馬が実際のオッズで売れていないケースでは、その馬は馬券に絡むこともなく馬群に沈んでしまうことが多い。

反対に人気にならないと思われる馬が、実際には単勝や複勝において密かに売れているケースでは、馬券に絡むことが多いものです。

その判断をすることができる数値が、当日朝9時半のオッズなのです。

つまり「時短競馬」では、「コンピ指数」と「9時半のオッズ」を比較するだけでも、馬群に沈んでしまう危険な人気馬や、高配当馬券を演出する人気薄馬を見つけ出すことが可能となってきます。

この章では高配当の主役となった穴馬たちの例を紹介し、「コンピ指数」と「9時半のオッズ」を比較することの重要性について紹介していきたいと思います。


最初に紹介するのが**2023年2月4日、小倉10R有田特別**です。

コンピ指数の1位77Pで、46Pの馬はいませんが、47Pの馬が12位ですから穴レースの条件はクリアしています。1位と3位のポイント差が15Pのため、コンピ指数からは「準大穴型レース」と判定されました。

9時半のオッズからは、馬連1番人気が15・1倍、単勝30倍未満の頭数が14頭ですから、問題なく穴レースです。

つまり「競馬予報」からは「大穴型レース」として浮上したことになります。

馬連、単勝、複勝オッズを人気順に並び替え、それをコンピ指数とともにひとつの表にしてみましょう。完成したのが下の表1です。


表1●2023年2月4日・小倉10R有田特別

	1位	2位	3位	4位	5位	6位	7位	8位	9位	10位	11位	12位	13位	14位
コンピ指数	3	14	13	4	2	5	9	6	7	12	11	10	1	8
馬連ランク	2	9	3	13	14	6	4	5	12	1	7	11	10	8
馬連オッズ		15.1	17.6	20.5	21.2	25.3	32.9	46.7	78.0	88.0	88.4	89.4	132	165
単勝ランク	2	13	9	3	14	1	4	6	5	8	11	10	12	7
単勝オッズ	4.8	5.8	6.3	8.8	9.2	11.9	12.6	14.8	15.1	18.5	25.3	28.5	28.5	28.9
複勝ランク	1	3	2	9	14	13	6	5	4	8	10	7	12	11
複勝オッズ	2.1	2.8	3.0	3.5	3.5	3.6	4.2	4.4	5.0	5.1	5.6	6.5	6.6	9.4

●2023年2月4日・小倉10R有田特別（4歳上2勝クラス、ダ1000m）

	14 桃8	13	12 橙7	11	10 緑6	9	8 黄5	7	6 青4	5	4 赤3	3	黒2	白1
父	シニスターミニスター	ゴールデンセンツ	ロードカナロア	シニスターミニスター	ダノンレジェンド	コパノリッキー	ミッキーアイル	クリーンエコロジー	シニスターミニスター	アンライバルド	キンシャサノキセキ	ストリートセンス	キンシャサノキセキ	キンシャサノキセキ
馬名	ダンスウィズジョイ	(外)ジェットマックス	デアリングウーマン	ミツカネプルート	フェイマスダンディ	ユウグロスファクタ	(地)ルピナステソーロ	サウンドブライアン	テンクウフラワー	(地)フチサンメルチャン	プリティインピンク	(外)ララシャンドン	イプノーズ	ハギノオーロ
母	タイニーダンサー1勝	ソングダンス米	デアリングハート4勝	ワディラム5勝	オーキャロル未勝	ミヤビグローリー未出	ダノンクイーン公	ブライアンオークス公	エヴァ2勝	ファーマペリー未勝	アサケゴマ2勝	ディヴァインブレイジズ米	ジャルダンスクレ3勝	ハギノアーク未出
毛色 斤量 性齢	鹿 56 牝4	鹿 58 牡6	鹿 56 牝5	鹿 56 牝4	鹿 58 牡5	栗 56 牝4	栗 56 牝5	芦 58 牡5	鹿 56 牝4	栗 58 牡6	黒鹿 56 牝5	黒鹿 58 牡5	青鹿 56 牝4	鹿 56 牝6
騎手	小林凌大	替武豊	幸	替丹内	替柴山雄	替ムルザバエフ	替永島	替今村	替菱田	小牧太	替原	中井	替福永	藤懸
調教師	美伊藤圭	栗森秀	栗角田	美清水英	美深山	栗新谷	美畠山吉	栗村山	栗渡辺	栗服部	美小手川	栗坂口智	栗大久保龍	栗高野
賞金	900	900	900	900	900	900	830	900	900	590	900	900	900	900
総賞金	2100	4614	2980	1520	1650	1987	1334	2915	1710	2407	3715	1687	1887	2023
馬主	ヒダカBU	大野照旺	岡浩二	小山田満	堀江貞幸	アイテツ	了徳寺健二HD	増田雄一	小島將之	中西功	新木鈴子	フジイ興産	ノースヒルズ	安岡美津子
生産者	グランド牧場	アメリカ	社台F	スウィングF牧場	白井吉美	静内白井牧場	ストームFC	聖心台牧場	斉藤S	増尾牧場	野坂牧場	アメリカ	ノースヒルズ	村下明博
予想	○ … △ △ ○ ○ 東	△ ◎ … 注 △ ◎	△ △ △ … … …	▲ … ▲ … … … 東	… … … … △ … 東	△ ▲ … ○ ◎ △	… … … … … … 東	△ … 注 … … △	注 △ △ ◎ … △	… △ … △ ▲ △	… △ … … △ 注 東	◎ ○ ○ ▲ 注 △	… 注 ◎ △ △ ▲	… … … … … …
持ち時計	函ダ58.5② 中ダ1129⑧ 東ダ1270⑭	小ダ58.8❼ 中ダ1103⑤ 千五ニダ1084④ 東ダ1393⑪	小ダ58.0❸ 中京ダ1114❸ 中京ダ1256② 京芝1374③	札ダ59.2① 新ダ1128❹ 千五ニダ1105⑧ 三芝1120⑭	札ダ59.8⑥ 中ダ1124③ 東ダ1248⑬ 東ダ1375❶	小ダ58.4③ 阪ダ1161⑭ 京ダ1284⑨ 千五ニダ1088①	名ダ53.6① 中京ダ1120① 東ダ1239⑦ 東ダ1396⑪	函ダ58.5❷ 新ダ1119② 名ダ1345⑩ 千五ニダ1117⑤	小ダ58.6① 中京ダ1130①	小ダ57.7❷ 阪ダ1127⑦ 笠ダ1273② 笠ダ1373⑤	**3**	小ダ…3❶ 新ダ…3⑨ 阪ダ1…6④ **1**	小ダ58.2① 中京ダ1123④ 阪ダ1266③ 千五ニダ1097⑤	**2**
前走	1函 7月10日 ⑩ 三才上 2 2勝 11ト12頭 千ダ58.5 49 小林凌大 H ①②② 444 人気2 二の脚付 3身 346中356 チェイスザドリ 580 0.5	5中 12月25日 ⑧ [illegible] 4 2勝 11ト16頭 三ダ1116 57 武豊 H ⑩⑩⑩ 530 人気10 中位差詰 3¾ 343中373 マイステージ 1110 0.6	4新 10月15日 ① [illegible] 7 2勝 4ト18頭 千直55.6 55 秋山真 H ⑩④ 444 人気11 一瞬脚 2¾ 229―327 ネレイド 552 0.4	4新 10月15日 ① [illegible] 18 2勝 6ト18頭 千直57.9 53 横山琉 H ⑤⑰ 440 人気15 好位バテ 16¼ 225―354 ネレイド 552 2.7	2札 8月14日 ② 三才上 6 2勝 2ト12頭 千ダ59.8 57 菱田 H ⑨⑩⑫ 464 人気7 出遅る 3½ 357中357 ムジック 592 0.6	4小 8月28日 ⑥ 三才上 2 1勝 10ト13頭 千ダ58.8 52 西村淳 H ①②② 496 人気1 先行粘る 5身 343中359 オーロベルディ 580 0.8	4中 9月18日 ④ [illegible] 14 2勝 3ト15頭 三ダ1124 55 石川 M ⑮⑮⑮ 482 人気12 後方まま 12身 359中365 エリモグリッタ 1105 1.9	1札 8月6日 ⑤ 三才上 1 1勝 8ト11頭 千ダ59.4 57 池添 M ⑥⑤⑥ 486 人気1 中位差切 1身 361外353 サノノヒーロー 595 0.1	4新 10月23日 ④ [illegible] 15 2勝 2ト15頭 三ダ1177 53 和田竜 H ①①② 424 人気2 逃バテ 大差 348内429 アイスリアン 1128 4.9	4新 10月15日 ① [illegible] 3 2勝 14ト18頭 千直55.3 57 小牧太 H ⑩⑥ 472 人気8 中位伸 ½身 229―324 ネレイド 552 0.1	5中 12月4日 ② 三才上 4 1勝 1ト16頭 三ダ1121 53 山田 H ⑩⑨⑩ 436 人気10 S後不利 3½ 347中374 セイウンハルカ 1115 0.6	1新 5月8日 ② 四才上 9 1勝 3ト15頭 三ダ1128 57 西村淳 H ⑦⑧⑦ 492 人気3 中位一杯 4¼ 355中373 アルマセクメト 1121 0.7	4小 9月4日 ⑧ 三才上 1 1勝 8ト10頭 千ダ58.2 49 今村 H ①①① 450 人気2 逃切る ¾身 338内357 ミロワール 584 0.2	浦和 10月20日 ④ けやき賞 4 交流A2 6ト11頭 千四ダ1292 51 今村 H ②①② 531 人気3 先行粘る ¼身 361内399 ボルカンパル 1291 0.1
前々走	6ヵ月半 骨折放牧 乗込み6週間 仕上り○ 連対体重 434～444 3ヵ月以上休 ①②③外 2 0 0 1	1中 1月9日 ④ 四才上 5 2勝 4ト15頭 三ダ1120 58 松山 H ⑧⑦⑦ 530 人気8 中位伸ら 3½ 347中373 キタノブレイド 1114 0.6	5阪 11月6日 ② 三才上 7 2勝 8ト16頭 三ダ1124 55 幸 M ⑮⑭⑬ 442 人気12 後方差詰 2¼ 359外365 ニューフロンテ 1119 0.5	3ヵ月半 放牧 乗込み3週間 仕上り○ 連対体重 442キロ 3ヵ月以上休 ①②③外 0 0 0 1	5ヵ月半 球節炎放牧 乗込み3週間 仕上り○ 連対体重 456～478 3ヵ月以上休 ①②③外 0 0 1 1	3福 11月13日 ④ 三才上 1 1勝 5ト16頭 千五ニダ1088 54 西村淳 M ②②② 500 人気1 先行抜出 1¼ 353中365 ザアトム 1090 0.2	4ヵ月半 放牧 乗込み2週間 仕上り○ 連対体重 452～476 3ヵ月以上休 ①②③外 0 0 0 1	5阪 11月19日 ⑤ 三才上 15 2勝 1ト16頭 三ダ1140 57 池添 M ⑨⑪⑭ 480 人気14 中位一杯 15¾ 362内378 イスラアネーロ 1112 2.8	3ヵ月余 放牧 乗込み3週間 仕上り○ 連対体重 408～416 3ヵ月以上休 ①②③外 1 1 0 2	3福 11月12日 ③ [illegible] 3 2勝 9ト16頭 三 1105 57 小牧太 H ⑬⑪⑬ 470 人気11 後方伸 1¾ 346中359 ジャストザビア 1102 0.3	1小 1月15日 ❷ 四才上 1 1勝 5ト14頭 千ダ57.7 56 菊沢 H ⑩⑨⑤ 430 人気3 中位差切 ¾身 345内344 アカザ 578 0.1	1小 1月22日 ④ 四才上 1 1勝 12ト14頭 千ダ58.3 58 中井 H ②②② 508 人気3 G前差す ½身 338内358 ベイシャカレン 584 0.1	5阪 11月6日 ② 三才上 15 2勝 2ト16頭 三ダ1133 54 川田 M ①①① 448 人気5 逃一杯 8身 345内388 ニューフロンテ 1119 1.4	5阪 11月27日 ⑧ 三才上 13 2勝 1ト16頭 千四ダ1264 55 藤懸 H ①①② 532 人気14 逃一杯 14½ 342内402 プライムライン 1240 2.4

1着③ララシャンドン（3番人気）
2着①ハギノオーロ（8番人気）
3着④プリティインピンク（7番人気）

単③ 460円　枠連1－3　4870円
複③ 190円　① 600円　④ 310円
馬連①－③ 6870円　馬単③→① 11300円
ワイド①－③ 1890円　③－④ 730円　①－④ 3630円
3連複①③④ 19680円
3連単③→①→④ 83080円

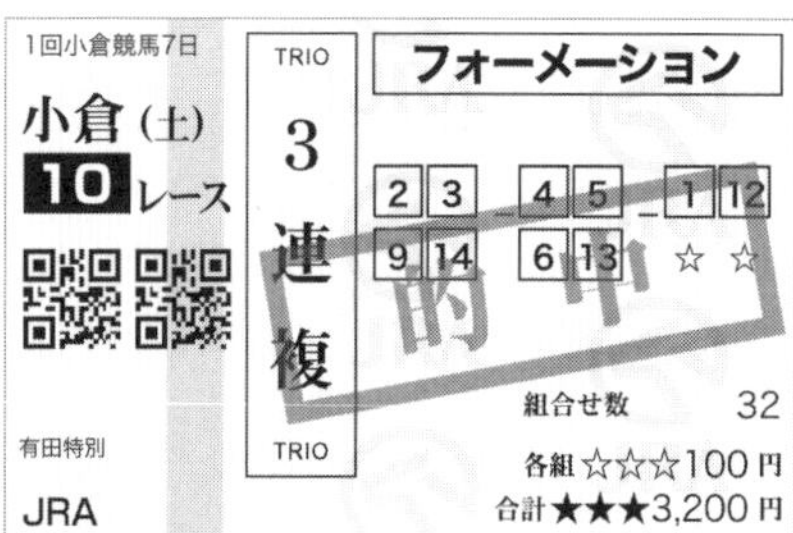

3連複①③④
1万9680円的中！

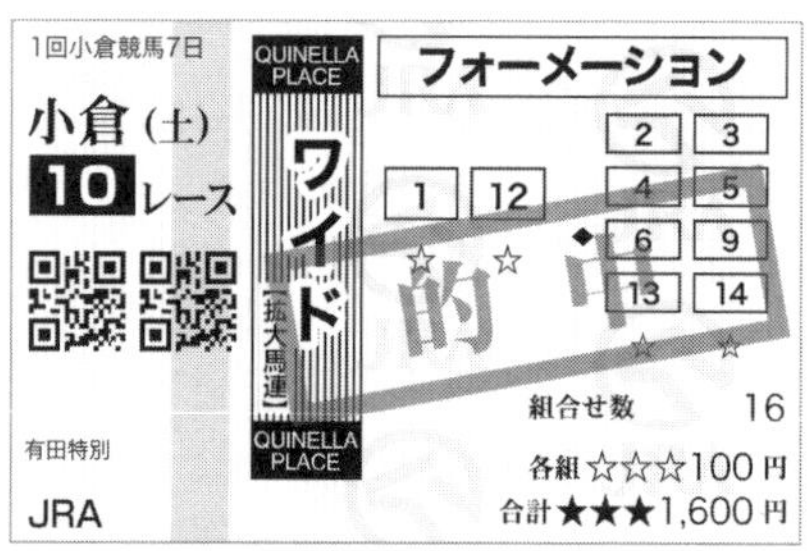

ワイド①－③1890円、
①－④3630円的中！

表を見ると馬連や単勝にはひとつも「オッズの壁」がなく、最終ランクまでダラダラとオッズが続いていることがわかります。「オッズの壁」からの浮上馬は1頭もいないことになります。

次に馬連ランクと単勝、複勝ランクを比較してみることにします。すると、驚くような動きをしている馬がいました。馬連10位の①番です。

①番は馬連ランク10位から単勝6位へ、そして複勝ではなんと1位になっていたのです。

①番の馬連オッズは88倍です。馬連ではほとんど売れていない馬が、なんと複勝では1番人気になっているのです。

さらに①番をコンピ指数で調べてみると、41Pで14頭立ての13位です。これは競馬新聞ではほとんど印のついていない馬が、9時半のオッズで複勝1番人気に支持されていたことになります。

「オッズX方式」は馬連や単勝、複勝オッズのバランスをチェックすることが重要であると書きました。バランスをチェックすることにより、このレースのように大きくバランスを崩している馬を見つけ出すことができるのです。

レース結果は、馬連3位の③番ララシャンドンが1着、2着にはコンピ指数13位から複勝1位と上昇していた①番ハギノオーロが入りました。3着は④番プリティインピンクです。

3連複①③④は1万9680円、ワイド①－③1890円、①－④3630円のトリプル的中です。

ちなみに、このレースでは⑫番からも購入しています。その理由は、⑫番の複勝が9時半のオッズでは6・6倍、さらに10時半のオッズでは3・8倍と大きく売れていたからです。

コンピ指数11位から複勝1位に〝大昇格〟した馬が馬券に絡む

同じような例を、もうひとつ紹介してみましょう。2023年8月20日、新潟11RのNST賞です。

コンピ指数1位は70P、46Pの馬は11位、1位と3位とのポイント差は6Pですから、コンピ指数からは「大穴型レース」として浮上しました。

9時半のオッズでは馬連1番人気は11・7倍だったのですが、単勝30倍未満の頭数は9頭しかいません。しかし単勝10位は30・2倍であり、基準値とは0・3倍しか差がありません。

このレースは、ハンデ戦という穴レースとしての追い風もありました。そこで馬連、単勝、複勝オッズを人気順に並び替えてみました。完成したのが下の表2です。

するとコンピ指数11位の⑫番が、馬連9位から単勝4位へ上昇、さらに複勝ランクは1位へと大きく上昇していたのです。「突入&移動馬」の基準値を完全にクリアしています。

馬券はハンデ戦を加味し、⑫番から馬連ランク上位4頭⑦⑧④⑥番への3連複フォーメーションを組み立てることにしました。

レース結果は1着に⑦アルファマム、2着④チェイスザドリームと続き、

表2●2023年8月20日・新潟11R　ＮＳＴ賞

	1位	2位	3位	4位	5位	6位	7位	8位	9位	10位	11位	12位	13位	14位
コンピ指数	6	13	8	4	5	7	9	2	11	14	12	3	10	1
馬連ランク	7	8	4	6	9	5	2	13	12	14	11	10	1	3
馬連オッズ		11.7	16.4	16.9	26.3	27.9	33.7	37.7	60.1	105	125	143	296	407
単勝ランク	7	4	8	12	6	5	13	9	2	14	10	11	1	3
単勝オッズ	5.6	5.7	5.9	6.1	7.9	10.8	10.8	12.8	13.4	30.2	39.6	43.5	62.9	106
複勝ランク	12	8	7	4	6	9	2	5	13	14	11	10	1	3
複勝オッズ	1.9	2.3	2.4	3.0	3.8	4.4	4.6	4.8	5.0	7.9	9.5	12.5	15.2	20.8

●2023年8月20日・新潟11R　ＮＳＴ賞(OP、ダ1200m)

14 桃8	13	12 橙7	11	10 緑6	9	8 黄5	7	6 青4	5	4 赤3	3	黒2	白1
アイルハヴアナザー㊥	サウスヴィグラス㊟	メイショウボーラー㋮	ロードカナロア㋮	ストリートクライ㊥	ゴールドアリュール㊥	キンシャサノキセキ㋮	マジェスティックウォリアー㊟	ロードカナロア㋮	ミッキーアイル㋮	ロードカナロア㋮	エイシンフラッシュ㊥	サウスヴィグラス㊟	ジャスタウェイ㊥
カイアワセ	シンシティ	デンコウリジエール	ナンヨーアイボリー	ディサーニング	エリモグリッター	ファーンヒル	アルファマム	㊞スワーヴシャルル	デュアリスト	チェイスザドリーム	ビップウインク	ミスズグランドオー	カリボール
フローラルパレス1勝㋮	ジェネロシティー1勝㋮	デンコウデア3勝㊟	ナンヨーカノン4勝㊥	タクトフリー受㊥	コーンドリー1勝㊟	ラブディラン未勝㊟	ダイオプサイド未勝㊥	キングスローズ新㊥	デュアルストーリー4勝㊟	ゴールドチェイス1勝㋮	ディマクコンダ1勝㊟	スズカシャンティー公㋮	レイズアンドコール5勝㊟
栗 53 牝6	黒鹿 54 牝6	鹿 58 牡6	鹿 53 牝5	鹿 55 騸8	鹿 56 騸6	黒鹿 56 牡4	鹿 53 牝4	黒鹿 57 牡7	栗 59 牡5	鹿 55 牝4	青 53 牝6	栗 55 牡5	鹿 55 牡7
丸山	替三浦	替田辺	替吉田豊	替菱田	内田博	北村宏	替丸田	替石川	替斎藤	津村	替大野	替永野	替石橋脩
㊕鈴木慎	栗木原	栗荒川	栗松永幹	㊕加藤征	㊕中野栄	栗清水久	栗佐々木晶	栗安田隆	栗安田隆	栗矢作	栗清水久	㊕伊藤圭	栗西村
2400	3200	4800	2400	2400	2400	2400	2400	3260	5750	3600	2400	2400	2400
7036	7733	10,650	5840	7392	8002	8310	5987	10,982	12,910	7220	6510	8290	7614
内田玄祥	安藤晋平	松本好雄	中村德也	ゴドルフィン	山本三津子	カナヤマHD	平井裕	NICKS	サンデーR	ヒダカBU	鈴木邦英	永井啓弍	大和屋暁
日オリオンF	浦高昭牧場	浦村下明博	安ノーザンF	日ダーレージャパンF	千社台F	ひ谷岡牧場	浦カナイシS	安ノーザンF	安ノーザンF	ひグランド牧場	安ノーザンF	ひグランド牧場	安ノーザンF
△ △ △ … … △	△ B … … △ ○ ▲ 西	… … … … △ … 西	… B … … … ▲ … 西	… … … … … …	△ △ △ △ 注 △	◎ 注 ▲ ▲ △ △ 西	△ ○ ◎ △ △ ◎ 西	注 B ◎ 注 ◎ … ○ 西	▲ △ △ 注 … △ 西	○ ▲ ○ ○ △ △ 西	… … … … … … 西	△ B △ △ △ … 注	… B … … … ◎ … 西
札ダ58.9② 中ダ1096❻ 中京ダ1239❸ 東ダ1393⑬	小ダ57.6❶ 中ダ1103③ 京ダ1279[3] 芝1081⑮	ダ1453⑦ 中[illegible] 阪ダ[illegible] 東[illegible] **3**	芝1213② ダ1550⑤ 東ダ1225❶ 東ダ1390⑯	ダ1452⑬ 中ダ1104[1] 中京ダ1231❷ 東ダ1388⑤	千五ダ1074④ 中ダ1105❶ 東ダ1241[9] 東ダ1387③	千五ダ1073② 函ダ1102❷ 阪ダ1236❸ 芝1099③	小ダ59.2[5] 中京ダ[illegible]05① 阪ダ[illegible]30❸ ダ[illegible]72① **1**	千五ダ1084④ 函ダ1102❶ 中京ダ1234⓬ ダ1179②	千五ダ1073③ 阪ダ1100[1] 中京ダ1236[1] 川ダ1430⑦	函ダ58.0① [illegible] [illegible] [illegible] **2**	芝2023⑤ 中京芝1078⑩ 中京芝1209③ 中京芝1355⑤	函ダ58.4[1] 中ダ1092❺ 東ダ1236[3] 千五ダ1085❶	新芝56.4[16] 小芝1070⑨ 中京芝1204④ 中京芝1334⑦
2中 3月19日 ⑧千葉 6 オープン 4ト16頭 ダ1096 53大野 H⑩⑩⑩ 460 人気10 直線差詰 2身 345中351 スズカコテキタ 1093 0.3	1新 5月21日 ⑧韋駄 11 オープン 12ト16頭 千直57.0 55田中健 H ①② 478 人気2 先行一杯 2½ 223—347 メディーヴァル 565 0.5	1京 5月14日 ⑧栗東 10 L 1ト16頭 ダ1254 58秋山真 H⑪⑩⑩ 480 人気10 中位一杯 11¾ 354中383 アイオライト 1234 2.0	船橋 4月12日 ③マリーン 3 交流GⅢ 1ト12頭 ダ1435 55石橋脩 M[8]⑧⑧ 422 人気4 出遅る 9身 401外384 ベルアア 1416 1.9	1阪 2月19日 [4]大和 14 オープン 11ト16頭 ダ1129 57角田河 M⑧⑨[9] 502 人気13 中位一杯 10¼ 361外368 ケイアイドリー 1112 1.7	1新 5月6日 [3]越後 4 オープン 5ト11頭 ダ1109 58丹内 H⑩⑩⑩ 482 人気9 後方追上 ½身 348中361 スワーヴシャルル 1108 0.1	3阪 6月11日 ❹安芸 1 3勝 6ト16頭 ダ1108 57川田 M⑤④④ 462 人気1 好位抜出 クビ 352中356 メイショウフジ 1108 0.0	3東 6月4日 [2]麦秋 8 3勝 14ト16頭 ダ1240 56戸崎圭 H⑬⑭⑭ 466 人気3 後直だけ 4¾ 358中366 エルバリオ 1232 0.8	1新 5月21日 ⑧韋駄 14 オープン 4ト16頭 千直57.3 57富田 H ⑥⑧ 480B 人気8 中位一杯 4½ 226—347 メディーヴァル 565 0.8	3阪 6月4日 ②天保 9 オープン 1ト16頭 ダ1115 59北村友 M②②[5] 500 人気9 脚余す 4½ 349内366 オーロラテソーロ 1108 0.7	3阪 6月4日 ②天保 12 オープン 12ト16頭 ダ1120 54富田 M①①① 468 人気2 逃一杯 7¼ 347内373 オーロラテソーロ 1108 1.2	1京 5月7日 ❻鞍馬 17 オープン 12ト18頭 芝内1116 55中井 M④②③ 522 人気16 好位一杯 10½ 349中367 エイシンスポッ 1099 1.7	2阪 4月1日 ③ポラリス 6 オープン 7ト15頭 ダ1249 57和田竜 M②②② 486B 人気6 先行一息 3身 356中371 オメガレインボ 1244 0.5	3中 4月16日 ❽京葉 14 L 15ト16頭 芝外1100 55戸崎圭 M⑧⑪⑪ 494B 人気14 中位一杯 7¼ 345外355 マッドクール 1088 1.2
2東 5月27日 ⑪欅 12 オープン 12ト16頭 ダ1245 55丸山 M⑨⑩⑩ 460 人気10 中位一杯 8¾ 359中368 バトルクライ 1230 1.5	2新 7月30日 ②アイビス 6 GⅢ 17ト18頭 千直55.5 55田中健 H ①② 482B 人気2 先行一息 3¾ 217—338 オールアットワ 549 0.6	3ヵ月余 放牧 乗込み3週間 仕上り○ 連対体重 456～484 3ヵ月以上休 ①②③外 0006	3東 6月3日 ❶アハルテ 16 オープン 7ト16頭 ダ1390 56石橋脩 M⑧⑭⑭ 424B 人気7 ジリ下り 大差 362中394 タイセイサムソ 1338 5.2	2東 5月27日 ⑪欅 8 オープン 1ト16頭 ダ1238 57永野 M⑪⑬⑫ 510 人気16 後方差詰 4¾ 364中359 バトルクライ 1230 0.8	2福 7月23日 ⑧安達 4 オープン 9ト11頭 千五ダ1074 57内田博 M⑥⑤⑤ 474 人気3 中位伸も 1身 345中358 チェイスザドリ 1072 0.2	2福 7月23日 ⑧安達 2 オープン 7ト11頭 千五ダ1073 57北村宏 M②④④ 458 人気7 中位伸 クビ 343中359 チェイスザドリ 1072 0.1	3中京 7月23日 ⑧桶狭 1 3勝 7ト16頭 ダ1105 56菅原明 M⑭⑭⑭ 464 人気3 後方一気 ¾身 358内347 コパノハンプト 1106 0.1	2新 7月30日 ②アイビス 11 GⅢ 1ト18頭 千直55.6 57田辺 H ⑬⑫ 476B 人気17 中位一杯 4¾ 227—329 オールアットワ 549 0.7	2福 7月23日 ⑧安達 3 オープン 4ト11頭 千五ダ1073 60戸崎圭 M⑤[5]⑤ 504 人気5 3角不利 クビ 345内358 チェイスザドリ 1072 0.1	2福 7月23日 ⑧安達 1 オープン 11ト11頭 千五ダ1072 55津村 M②②② 472 人気4 先行抜出 クビ 336中364 ファーンヒル 1073 0.1	3ヵ月余 放牧 乗込み3週間 仕上り○ 連対体重 488～510 3ヵ月以上休 ①②③外 0013	3阪 6月4日 ②天保 3 オープン 14ト16頭 ダ1110 55和田竜 M②②② 492B 人気11 先行粘る 1¼ 348中362 オーロラテソーロ 1108 0.2	1京 5月28日 ⑫安土 18 L 18ト18頭 芝外1212 55小崎 S⑮⑭⑭ 490B 人気16 後方まま 13身 363外342 ママコチャ 1190 2.2

1着⑦アルファマム　　単⑦ 370円　枠連3－5　780円

（1番人気）　　複⑦ 180円　④ 250円　⑫ 480円

2着④チェイスザドリーム　　馬連④－⑦ 1470円　馬単⑦→④ 2460円

（3番人気）　　ワイド④－⑦ 640円　⑦－⑫ 950円　④－⑫ 1910円

3着⑫デンコウリジエール　　3連複④⑦⑫ 7070円

（9番人気）　　3連単⑦→④→⑫ 30130円

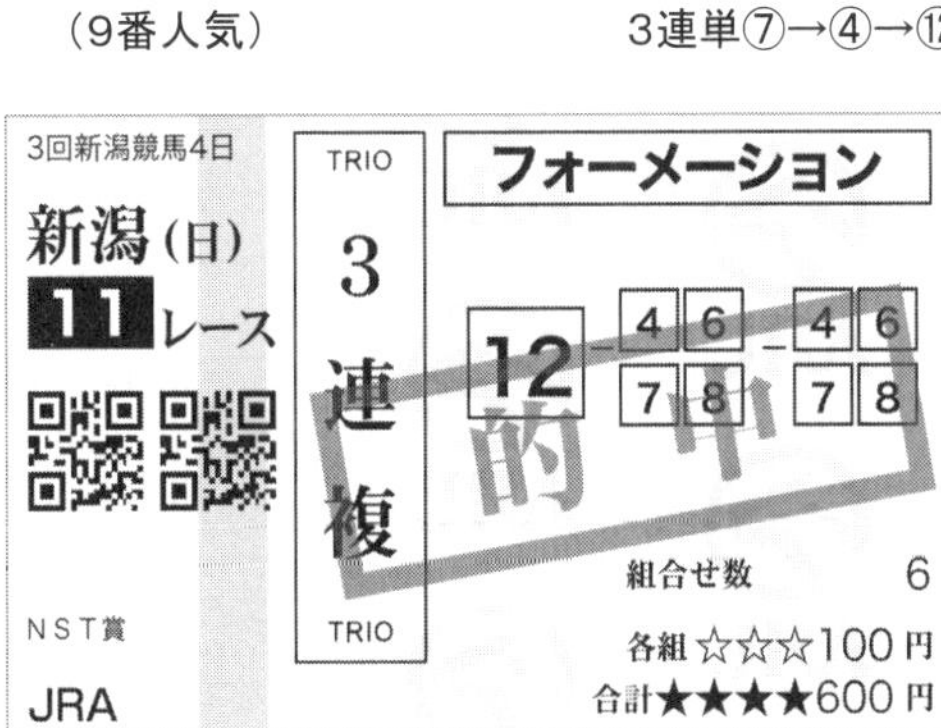

3回新潟競馬4日
新潟(日)
11レース
NST賞
JRA
TRIO
3
連
複
TRIO
フォーメーション
12
4 6
7 8
4 6
7 8
的中
組合せ数 6
各組☆☆☆100円
合計★★★★600円

3連複④⑦⑫
7070円的中！

3着には「突入&移動馬」、コンピ指数11位から複勝1位へ大きく上昇していた⑫デンコウリジエールが入りました。

3連複④⑦⑫7070円と万馬券には達しませんでしたが、6点買いなので回収率は約12倍と悪い配当ではありません。

コンピ指数最低値の馬が3連複高配当を演出！

次にコンピ指数最低値40Pの馬が絡んだ極端なレースを紹介してみましょう。2023年10月1日、阪神12Rです。

コンピ指数の1位は74P、46Pの馬は13位、1位と3位とのポイント差は12Pですから、コンピ指数からは「大穴型レース」として浮上しました。

9時半のオッズでも馬連1番人気は14・5倍、単勝30倍未満の頭数は13頭なので、「競馬予報」からは「大穴型レース」判定です。

「大穴型レース」と判定されれば、あとは穴馬を探し出す作業です。9時半のオッズから馬連、単勝、複勝オッズを人気順に並び替えていきます。

完成したのが下の表3です。

コンピ指数最低値の⑭番に注目してください。複勝6位に大きく上昇していることがわかります。⑭番のコンピ指数を調べてみると40Pです。競

表3●2023年10月1日・阪神12R

	1位	2位	3位	4位	5位	6位	7位	8位	9位	10位	11位	12位	13位	14位	15位	16位
コンピ指数	1	13	6	3	7	2	12	9	4	5	15	10	11	8	16	14
馬連ランク	1	13	7	6	3	12	2	4	9	15	10	5	14	11	8	16
馬連オッズ		14.5	17.1	17.5	25.0	25.9	26.9	35.3	56.7	61.7	82.7	88.4	102	153	258	268
単勝ランク	1	13	7	15	12	2	6	3	4	14	9	5	10	11	16	8
単勝オッズ	5.3	6.6	7.8	8.7	8.9	10.3	10.5	15.5	18.2	19.8	21.6	23.0	23.5	32.8	47.0	67.5
複勝ランク	13	6	7	1	12	14	10	3	15	2	9	4	5	11	16	8
複勝オッズ	2.8	2.8	2.8	3.2	3.6	4.6	4.6	5.0	5.1	5.1	5.9	6.5	7.5	7.6	10.1	25.1

●2023年10月1日・阪神12R（3歳上2勝クラス、ダ1400m）

	16	15	14	13	12	11	10	9	8	7	6	5	4	3	2	1
枠	桃8	桃8	橙7	橙7	緑6	緑6	黄5	黄5	青4	青4	赤3	赤3	黒2	黒2	白1	白1
父	ロードカナロア	モハイメン	マツリダゴッホ	リオンディーズ	アジアエクスプレス	キンシャサノキセキ	ルーラーシップ	オルフェーヴル	ディスクリートキャット	ダイワメジャー	マジェスティックウォリアー	コパノリッキー	リオンディーズ	スズカコーズウェイ	ダイワメジャー	マクフィ
馬名	ゲンパチレオニダス	(外)ケルンコンサート	(地)マイネルプロンプト	ワーズワース	ベンダバリラビア	プリティインピンク	ニホンピロクリフ	シュルレアリスト	トーアエレクトロン	メイショウフンケイ	ケイアイメビウス	(地)コパノオースティン	(地)スペシャルナンバー	スズカコーズ	ドゥーベ	トウシンカーリン
母	ドリーミートーツ 未勝	ゴールドグリマー 米	コスモクラッペ 1勝	ラブディラン 未勝	エーシンラクーン 未勝	アサケゴマ 2勝	ニホンピロディール 3勝	アルーリングライフ 4勝	ジョーヌダンブル 1勝	メイショウスズラン 2勝	ベターナウ 米	マキシムカフェ 未勝	エスジーアンクル 1勝	アイシースズカ 3勝	トゥービー 英	トウシンハンター 1勝
斤量・性齢	黒鹿 58 牡4	芦 58 牡4	黒鹿 55 騸11	黒鹿 58 牡5	栗 53 牡3	黒鹿 52 牝5	黒鹿 55 牡5	鹿 58 牡5	鹿 57 牡5	栗 58 牡5	鹿 58 牡4	黒鹿 58 騸4	黒鹿 58 牡4	黒鹿 56 牡3	栗 58 騸6	鹿 54 牝3
騎手	替国分恭	替松若	替▲田口	替岩田康	替▲今村	替★河原田	▲永島	和田竜	替☆松本	替太宰	替岩田望	替Mデムーロ	替藤岡康	替幸	替鮫島駿	長岡
調教師	牧浦	森秀	坂口智	清水久	寺島	小手川	大橋	中村	羽月	高橋亮	村山	村山	西村	伊藤圭	茶木	杉山晴
賞金	900	900	535	900	900	900	900	900	900	900	900	620	560	900	900	900
総賞金	1605	1950	18,763	2924	1790	4725	1939	3001	1468	3920	2555	1114	1500	2280	3695	1730
馬主	平野武志	風早信昭	岡田壮史	カナヤマHD	幅田昌伸	新木鈴子	小林英一	G1レーシング	高山ランド	松本好雄	ケイアイS	小林祥晃	ヒダカBU	永井啓弐	サンデーR	サトー
生産	前川勝春	アメリカ	コスモヴューF	谷岡牧場	中前牧場	野坂牧場	友田牧場	白老F	トーア牧場	三嶋牧場	隆栄牧場	ヤナガワ牧場	辻牧場	稲原牧場	ノーザンF	千代田牧場
予想	△	△ △ △		○ ○ ○ ▲ ○ ◎	注B △ ◎ 注 △ ▲	連闘 東	△	△ △ △ △	△	△ ◎ ▲ △	▲B 注 注 注		△ △ △	△B ◎ △ 注 △東	◎ △ △ △	△ ▲ ▲ ○ ◎ ○
持ち時計	阪ダ1124⑪ 千ダ58.1 1088⑦ 1254⑥	[illegible]	阪ダ[illegible]⑩ [illegible]	新ダ1117⑤ 東ダ1235⑩ 東ダ1391① 1356⑬	[illegible]	中ダ1117⑤ 1304③ 千ダ57.7❶ 1087⑤	1362① 1457⑤ 1599 1513	1455⑧ 1249⑧ 2034⑥ 1514	1448 阪ダ1249 2041⑤ 阪ダ1529❸	阪ダ1127⑥ 東ダ1228② 1188⑦ 1460③	1367① 1247⑤ 東ダ1363③ 新ダ1551④	1233 阪ダ1241❹ 川ダ1444④ 阪ダ1545❸	1116② 1461 新ダ1549	中ダ1109 1256①	新ダ1130⑥ 阪ダ1235❹ 中芝1339⑤ 阪芝1476②	1213⑧ 1247① 1344⑧ 1448④
前々走	3阪 6月3日 ① 三才上 11 2勝 4-15頭 ダ1124 58 鮫島駿 M⑬⑫⑫ 484 人気11 後方まま 9½ 355外369 オンザダブル 1108 1.6	[illegible] ⑥ 習 14 2勝 7-15頭 ダ1292 58 岩田康 M⑤⑩⑫ 464 人気10 中位一杯 大差 357内414 エルバリオ 1238 5.4	3阪 6月25日 ⑧ リボン賞 10 2勝 8-16頭 ダ1125 58 西村淳 M⑮⑮⑮ 488 人気15 後直だけ 3身 360外365 コパノハンプト 1120 0.5	1阪 3月5日 ⑧ 四才上 3 2勝 12-16頭 ダ1250 58 北村友 M⑤⑥⑥ 510 人気4 好位伸 ½身 357中369 スプラウティン 1249 0.1	3阪 6月18日 ⑥ 三才上 10 2勝 12-16頭 ダ1544 52 今村 S⑮⑮⑮ 522 人気2 後直だけ 13½ 393外378 テーオーリカー 1523 2.1	2福 7月2日 ② さくらんぼ 10 2勝 3-16頭 芝1091 56 原 H⑩⑪⑨ 436 人気10 中位一杯 5¾ 357中365 ドンアミティエ 1082 0.9	姫路 2月8日 ⑤ 1 交流A1 7-12頭 ダ1362 52 永島 S⑥①① 489 人気1 3角先頭 7身 内376 エイノスケ 1373 1.1	3中京 7月8日 ③ インディ 8 2勝 12-16頭 ダ1249 58 和田竜 M⑮⑮⑮ 446 人気12 後直だけ 4¾ 363外364 サンライズフレ 1241 0.8	1阪 3月18日 ⑪ 四才上 9 2勝 8-16頭 ダ1249 58 酒井 M⑧⑥⑥ 478 人気11 中位一杯 9身 355中375 スウィートプロ 1234 1.5	2札 8月13日 ② おおぞら 6 2勝 7-11頭 千ダ59.4 58 北村友 M⑪⑩⑨ 520 人気4 出遅る 3¼ 363中350 メルシー 588 0.6	3中京 7月8日 ③ インディ 5 2勝 16-16頭 ダ1247 58 岩田望 M⑪⑬⑬ 510B 人気4 後方差詰 3½ 360中365 サンライズフレ 1241 0.6	3小 8月13日 ② RKB賞 10 2勝 16-16頭 ダ1456 58 松若 M⑧⑥⑦ 494 人気10 中位一杯 7½ 365外380 ルーカスミノル 1444 1.2	2新 7月29日 ① 三才上 1 1勝 10-13頭 ダ1118 58 団野 M⑥④④ 496 人気2 好位抜出 2½ 348中370 スペキオサレジ 1122 0.4	1京 5月6日 ⑤ 1 1勝 15-16頭 ダ1256 56 川田 M⑤⑤④ 502B 人気1 楽抜出 1身 363中369 セミマル 1258 0.2	1京 5月20日 ⑨ オーストT 12 2勝 14-14頭 ダ1275 58 西村淳 H⑦③② 524B 人気6 逃上一杯 11½ 346内408 ヴァーサ 1255 2.0	3中京 7月16日 ⑥ 三才上 1 1勝 5-16頭 ダ1247 53 長岡 H②②② 454 人気7 先行抜出 ハナ 346中378 スペキオサレジ 1247 0.0
前走	2福 7月22日 ⑦ 磐梯山 12 2勝 7-15頭 芝1103 58 松岡 M⑬⑬⑬ 502 人気14 出遅る 7½ 354外349 ブーケファロス 1091 1.2	6ヵ月余 放牧 乗込み2週間 仕上り○ 連対体重 456～470 3ヵ月以上休 ①②③外 0002	3中京 7月16日 ⑥ 中京スポニチ 7 2勝 2-14頭 芝1208 58 泉谷 S⑪⑧⑧ 486 人気14 中位まま 2½ 354内342 サトノベルセウ 1204 0.4	4阪 9月17日 ④ 三才上 8 2勝 6-16頭 ダ1250 58 ルメール H⑫⑨⑨ 506 人気5 出遅る 6身 355中380 ヘンリー 1239 1.1	2新 8月6日 ④ レパードS 11 GIII 8-15頭 ダ1531 56 石橋脩 M⑭⑫⑪ 520B 人気15 後直だけ 13身 379中386 ライオットガー 1508 2.3	4中 9月24日 ⑦ 三才上 11 2勝 9-16頭 ダ1125 55 原 H⑩⑪⑩ 444 人気12 中位まま 7身 347中378 コスモノアゼッ 1114 1.1	7ヵ月半 放牧 乗込み3週間 仕上り○ 連対体重 450～489 3ヵ月以上休 ①②③外 1004	3小 8月13日 ② RKB賞 8 2勝 6-16頭 ダ1455 58 和田竜 M⑨⑩⑩ 446 人気8 中位まま 6¾ 367中377 ルーカスミノル 1444 1.1	6ヵ月余 裂蹄放牧 乗込み3週間 仕上り○ 連対体重 456～476 3ヵ月以上休 ①②③外 1003	2札 8月26日 ⑤ WAJS 8 2勝 3-14頭 芝1098 58 横山武 H⑩⑬⑬ 520 人気11 後方差詰 4身 346中352 ドーバーホーク 1092 0.6	川崎 9月12日 ② スナイト 2 交流A2 5-13頭 ダ1434 56 森泰 M①①① 513B 人気1 逃惜敗 アタマ 371内401 ミヤビマドンナ 1434 0.0	川崎 9月12日 ② スナイト 4 交流A2 6-13頭 ダ1444 56 永島 S②②② 497 人気6 先行一息 5身 373内410 ミヤビマドンナ 1434 1.0	3新 8月26日 ⑤ 11 2勝 11-15頭 ダ1129 58 菅原明 H⑩⑪⑫ 496 人気2 中位一杯 6¾ 355中374 メタマックス 1116 1.3	3中京 7月8日 ③ インディ 15 2勝 3-16頭 ダ1264 55 川田 M⑦⑩⑩ 490B 人気5 中位一杯 13½ 354中387 サンライズフレ 1241 2.3	4ヵ月余 去勢放牧 乗込み3週間 仕上り○ 連対体重 482～524 3ヵ月以上休 ①②③外 0113	3小 8月13日 ② RKB賞 4 2勝 11-16頭 ダ1448 53 長岡 M②②② 452 人気3 先行一息 2¼ 358中375 ルーカスミノル 1444 0.4

1着⑭マイネルプロンプト	単⑭ 4220円　枠連7－8　4210円
（12番人気）	複⑭ 980円　⑮ 620円　⑫ 320円
2着⑮ケルンコンサート	馬連⑭－⑮ 28170円　馬単⑭→⑮ 98690円
（8番人気）	ワイド⑭－⑮ 6520円　⑫－⑭ 3790円　⑫－⑮ 2580円
3着⑫ベンダバリラビア	3連複⑫⑭⑮ 82840円
（4番人気）	3連単⑭→⑮→⑫ 829790円

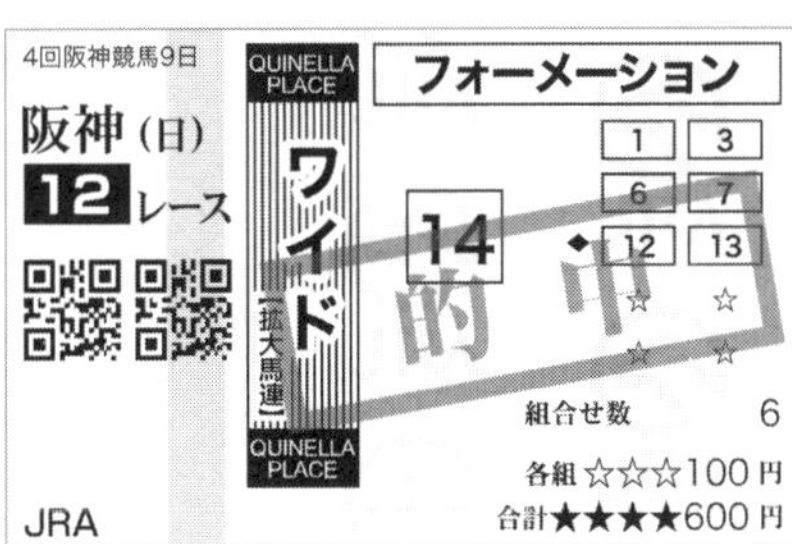

ワイド⑫－⑭3790円的中！

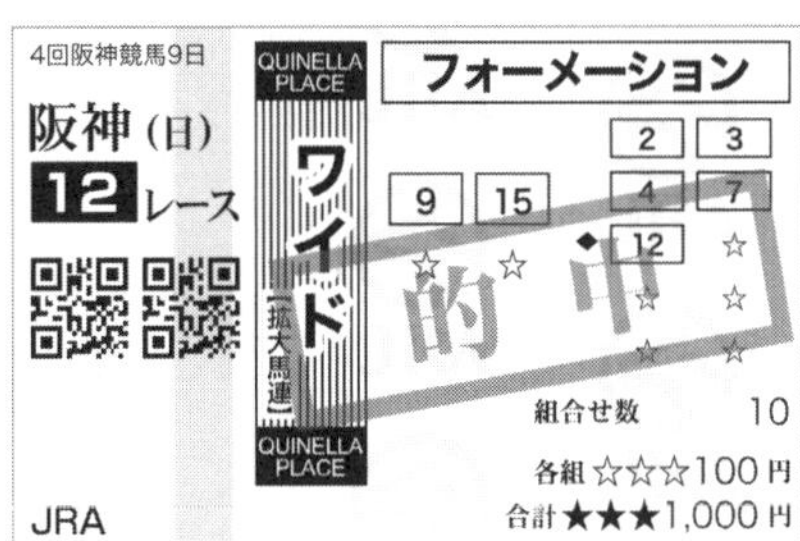

ワイド⑫－⑮2580円的中！

馬新聞では無印状態になっていた馬が複勝で4・6倍と売れているのです。

まずはワイドを⑭番から組み立ててみることにしました。

実は、もう1頭同じような動きをしている馬がいます。コンピ指数11位の⑮番です。こちらはコンピ指数11位から単勝4位への上昇です。

「馬連人気分布表」（下の表4）をチェックすると、驚くような現象が起きていました。

⑮番から5箇所のボトム値があることがわかります。⑭番からも3箇所のボトム値があります。

つまりこのレースでは、コンピ指数最低値の16位から複勝6位に上昇の⑭番とコンピ指数11位から単勝4位へ上昇した⑮番にボトム値があり、「馬連人気分布表」からも穴馬候補として浮上していたのです。

ここまで分析していたのですが、私は馬券購入で大きなミスをしてしまいました。

⑭番の馬連オッズが102倍だったため、上位ランク6頭へのワイド⑭番－①⑬⑦⑥③⑫番、⑮番からは10時半のオッズで

表4●2023年10月1日・阪神12R　馬連人気分布表

	1	13	7	6	3	12	2	4	9	15	10	5	14	11	8	16
1		14.5	17.1	17.5	25.0	25.9	26.9	35.3	56.7	61.7	82.7	88.4	102	153	258	268
13			25.0	22.2	38.0	30.7	38.5	50.2	68.0	45.7	120	121	117	215	620	350
7				33.8	49.7	48.4	46.2	61.1	100	88.0	149	148	136	184	439	420
6					42.1	42.8	44.8	64.5	64.3	100	129	105	140	218	383	413
3						70.2	65.5	76.2	104	101	164	151	219	263	544	565
12							66.0	86.4	103	58.5	140	220	167	186	627	565
2								94.4	124	143	217	210	239	338	595	723
4									131	125	201	220	237	405	984	968
9										181	320	280	270	328	656	696
15											258	148	125	405	892	620
10												363	393	446	968	1241
5													289	595	627	1002
14														449	1190	544
11															641	1098
8																1632

馬連ランク上位3頭へ、馬連⑮番－①⑬⑥番と馬連4位から8位までの馬へのワイド⑨⑮－⑦③⑫②④番のみの購入で、3連複を組み立てなかったのです（⑨番は「複勝6倍の壁」からの浮上馬で注目）。

レース結果は1着⑭番マイネルプロンプト、2着⑮番ケルンコンサート、3着⑫番ベンダバリラビアと入りました。コンピ指数最低ランクとコンピ指数11位から複勝、単勝へ上昇していた⑭番マイネルプロンプトと⑮番ケルンコンサートのワンツーフィニッシュという結果だったのです。

ワイドは⑫－⑭3790円、⑫－⑮2580円、馬連は⑭－⑮2万8170円、3連複は8万2840円という配当になったのです。

しかし、手元の的中馬券はワイドの⑫－⑭3790円と⑫－⑮2580円しかありません。

「コンピ指数」「馬連人気分布表」から浮上していた⑭番と⑮番の馬連でも2万8170円もついたのですから、ここまで穴馬を特定できていたにも関わらず、高配当を逃してしまったのです。

このレースは、コンピ指数と比較してアンバランスな馬には注意が必要であることはもちろん、馬券の組み立て方にも気配りしなければならないことも教えられたレースでもありました。

コンピ指数に比べ、大きく人気を下げている馬にも要注意！

コンピ指数ランクと単勝や複勝ランクを比較して、大きく上昇していた馬。すなわちアンバランスな馬は、高配当馬券を演出する可能性が高いことを紹介してきました。

ここではコンピ指数に比べて、大きく人気を下げている馬について解説していきたいと思います。

2023年7月15日、函館11R函館2歳Sです。

コンピ指数の1位は74P、46Pの馬は14位、1位と3位のポイント差は7Pです。馬連1番人気は13・5倍で単勝30倍未満の頭数は10頭ですから、「競馬予報」からは「大穴型レース」として判定されました。

馬連、単勝、複勝ランクを人気順に並び替え、ひとつにまとめたのが下の表5です。

馬連14位には「オッズの壁」があります。その前の2頭は⑮番と⑪番です。2頭のうち1頭、⑮番に注目してください。

この馬はコンピ指数では6位にランクされ、馬連13位に人気を落としているのです。つまり、⑮番はコンピ指数と馬連ランクとの間ではバランスを崩していることになります。

アンバランスの馬は注意しなければならないのが「オッズX方式」の基本です。おまけに⑮番は馬連14位の「オッズの壁」の前の1頭にもなっています。

馬券は「オッズの壁」の前の2頭から上位ランクの馬へのワイド、⑮⑪－②⑬⑥①⑦⑨⑫⑭⑤番を組み立ててみました。

レース結果は、コンピ指数6位から人気を下げていた⑮ゼルトザームが1着に飛び込んできました。2着は⑨ナナオ、3着は①スカイキャン

表5●2023年7月15日・函館11R函館２歳S

	1位	2位	3位	4位	5位	6位	7位	8位	9位	10位	11位	12位	13位	14位	15位
コンピ指数	13	1	6	2	5	15	7	14	9	12	11	4	3	10	8
馬連ランク	2	13	6	1	7	9	12	14	5	3	10	4	15	11	8
馬連オッズ		13.5	13.8	14.0	33.8	34.6	34.8	48.5	56.7	68.1	81.1	83.0	100	105	205
単勝ランク	2	13	6	1	7	12	9	5	14	10	15	4	3	11	8
単勝オッズ	4.1	5.4	6.5	6.9	13.4	14.2	16.3	17.7	20.7	26.5	34.6	39.1	39.8	50.8	56.5
複勝ランク	2	13	6	1	12	9	7	5	10	15	14	4	3	11	8
複勝オッズ	2.1	2.3	2.6	2.6	4.2	4.7	4.8	5.5	6.5	6.6	6.7	8.3	9.0	11.0	11.8

オッズの壁

●2023年7月15日・函館11R函館２歳S(ＧⅢ、芝1200m)

馬番	枠	父	馬名	母	毛色・斤量・性齢	騎手	厩舎	賞金	馬主	生産者	印	持ち時計	上がり・騎乗成績	レース診断 / 前々走	前走
1	白1	ファインニードル	スカイキャンバス	アポロフィオリーナ3勝	栗 55 牝2	横山武	美武井	400	MYレーシング	平野牧場	△◎・△△注	千57.5①	千3[illegible] 1[illegible]	レース診断 上昇度○ 好発を決めてハナへ。手応え十分に押し切る	1函 6月10日 ①芝1 新馬8ﾄ11頭 千57.5 55横山武 H①①① 422 人気1 逃切る 2½ 348内342 ドランクマン 579 0.4
2	黒2	ロードカナロア	ロータスワンド	ルシュクル3勝	鹿 55 牝2	藤岡佑	栗中竹	400	前田晋二	ノースヒルズ	▲○○◎○○ 西	函1102①	芝35.6① 1000	レース診断 上昇度○ 好発からスンナリと先手を取って押し切る。	1函 6月11日 ②芝1 新馬11ﾄ11頭 芝1102 55藤岡佑 M①①① 456 人気2 逃切る 1身 346内356 ベアゴーゴー 1103 0.1
3	黒2	キンシャサノキセキ	チークタイム	ウスベニノキミ1勝	鹿 55 牝2	和田竜	栗鈴木孝	400	岡浩二	サンデーヒルズ	・・△・・・ 西	阪1108①	芝35.2① 1000	レース診断 上昇度○ 2番手から抜け出して押し切る。センス十分	3阪 6月24日 ⑦芝1 新馬4ﾄ9頭 芝内1108 55和田竜 S②②② 448 人気4 先行抜出 1¼ 356中352 プエルタセクレ 1110 0.2
4	赤3	シャンハイボビー	タヤスロンドン	ラフメイカー未勝	鹿 55 牡2	丹内	美岩戸	400	横瀬兼二	山際牧場	注・・・△・	函1121①	芝37.0① 1000	レース診断 上昇度○ 最後気を抜かぬよう気合をつける。順当勝ち	1函 6月24日 ⑤芝1 新馬4ﾄ5頭 芝1121 55丹内 H③②① 496 人気1 楽抜出 ¾身 351外370 ネガイヲカナエ 1122 0.1
5	赤3	パイロ	ナスティウェザー	レッドフェザー1勝	青鹿 55 牝2	替 富田	美加藤征	400	ゴドルフィン	ダーレージャパンF	・・・・△△	ﾁﾀﾞ59.4❶	初芝 初騎乗	レース診断 上昇度◎ 加速ラップをラスト10秒9で圧倒。好素材。	2函 7月1日 ❶芝1 新馬3ﾄ6頭 ﾁﾀﾞ59.4 53佐々木 M①①① 446 人気3 逃楽勝 4身 369内347 パルミーウェザ 1001 0.7
6	青4	ルーラーシップ	バスターコール	デグラーティア4勝	鹿 55 牡2	替 ルメール	美田村	400	サンデーR	ノーザンF	○△◎▲▲▲	東1223①	芝36.0① 初騎乗	レース診断 上昇度◎ 厳しい形を凌ぎ、もうひと伸び。内容は濃い	3東 6月4日 ②芝1 新馬9ﾄ9頭 芝1223 55レーン M①①① 484 人気1 逃切る クビ 348中360 ビックアチェリ 1223 0.0
7	青4	アルアイン	クールベイビー	クールユリア1勝	鹿 55 牝2	佐々木	美矢野英	400	川上哲司	久井牧場	△△▲・・△	函1115①	芝35.2① 1000	レース診断 上昇度○ 好発を控えマッチレースを制す。センス十分	1函 6月25日 ⑥芝1 新馬1ﾄ6頭 芝1115 53佐々木 S③③③ 462 人気2 好位抜出 クビ 363内352 メイショウマサ 1115 0.0
8	黄5	カレンブラックヒル	カレンナオトメ	オルレアンノオトメ3勝	栗 55 牝2	替 黛	美小野次	0	ミルF	ミルF	・・・・・・	福1116③	芝35.2③ 初騎乗	レース診断 上昇度◎ 発馬一息。4角でも外に膨れたが良く伸びた	2福 7月1日 ①芝3 新馬1ﾄ13頭 芝1116 55杉原 S⑩⑪⑪ 414 人気1 後方伸 2身 364外352 シリウスコルト 1113 0.3
9	黄5	ロードカナロア	ナナオ	バイザディンプル2勝	鹿 55 牝2	替 西村淳	栗小栗	400	増田和啓	二風谷F	△・・・・・ 西	函1111②	[illegible]	1函 [illegible] ③芝2 未勝9ﾄ14頭 芝1111 53佐々木 M③④④ 408 人気5 好位伸 クビ 351中360 コルルディ 1110 0.1	2函 7月1日 ①芝1 未勝2ﾄ9頭 芝1111 53佐々木 M②②② 410 人気1 先行抜出 3身 354中357 ラヴオントップ 1116 0.5
10	緑6	エピファネイア	アガシ	メリートーン4勝	鹿 55 牝2	武豊	栗庄野	400	ケイズジャパン	笠松牧場	・・△・・・ 西	函1116① ﾁﾀﾞ1008④	芝36.0① 1001	1函 6月17日 ③芝4 新馬4ﾄ12頭 ﾁﾀﾞ1008 55武豊 M⑤⑤⑥ 480 人気2 一瞬鋭 5¾ 366外363 ゼルトザーム 599 0.9	2函 7月2日 ②芝1 未勝1ﾄ9頭 芝1116 55武豊 M⑨④② 478 人気2 直線差切 ½身 356中360 セントキルダ 1117 0.1
11	緑6	ダノンシャンティ	コルルディ	ハイヨーシルバー	芦 55 牝2	鮫島駿	栗高柳大	400	IZURUジャパン	U・M・A	・・・・・・ 西	函1110①	芝36.4① 1000	レース診断 上昇度○ 先行争いから抜け出し押し切る。気性が鍵に	1函 6月17日 ③芝1 未勝7ﾄ14頭 芝1110 55鮫島駿 M①①① 450 人気4 逃切る クビ 346内364 ナナオ 1111 0.1
12	橙7	サトノクラウン	レガテアドール	レゲルドール2勝	鹿 55 牡2	斎藤	栗吉田	400	ローレルR	グランデF	・注・注注△ 西	函1107① 千58.5⑥	千34.6⑥ 1001	1函 6月10日 ①芝6 新馬10ﾄ11頭 千58.5 55斎藤 H⑥⑥⑦ 432 人気3 中位まま 6¼ 357外346 スカイキャンバ 575 1.0	1函 6月24日 ⑤芝1 未勝6ﾄ10頭 芝1107 55斎藤 H④④② 424 人気6 内抜出 2身 343内364 ブシン 1110 0.3
13	橙7	ダノンレジェンド	ベルパッション	メイショウトモシビ未勝	鹿 55 牝2	松田	栗西園正	400	山崎太嗣	三嶋牧場	○▲注○◎◎ 西	函1106①	芝35.2① 1000	レース診断 上昇度○ 抜群の手応えで追走し直線一気に前を捉える	1函 6月18日 ④芝1 新馬7ﾄ11頭 芝1106 55松田 S⑤④④ 456 人気1 中位一気 ½身 354中352 ドレッド 1107 0.1
14	桃8	キズナ	ルージュレベッカ	シックスイス	鹿 55 牝2	横山和	美昆	400	東京HR	社台牧場	△・△△・△ 西	函1122①	芝36.0① 1000	レース診断 上昇度○ 時計2本だったが早々と大勢を決め押し切る	2函 7月1日 ①芝1 新馬3ﾄ6頭 芝1122 55横山和 S①①① 454 人気1 逃切る ¾身 362内360 サクセスカノン 1123 0.1
15	桃8	ヘニーヒューズ	ゼルトザーム	ロザリウム	栗 55 牡2	浜中	栗加用	400	宮川純造	宮田牧場	・△・△△△ 西	ﾁﾀﾞ59.9①	初芝 1[illegible]0	レース診断 上昇度○ 出遅れるロスも、最後は余裕を持って捕えた	1函 6月17日 ③芝1 新馬1ﾄ12頭 ﾁﾀﾞ59.9 55浜中 M⑤④④ 458 人気1 中位差切 1½ 362中356 ワイワイレジェ 1001 0.2

1着⑮ゼルトザーム（10番人気）	単⑮ 2980円　枠連5－8　5300円
2着⑨ナナオ（6番人気）	複⑮ 710円　⑨ 390円　① 250円
3着①スカイキャンバス（4番人気）	馬連⑨－⑮ 19620円　馬単⑮→⑨ 41890円
	ワイド⑨－⑮ 5330円　①－⑮ 3200円　①－⑨ 1490円
	3連複①⑨⑮ 39010円
	3連単⑮→⑨→① 347050円

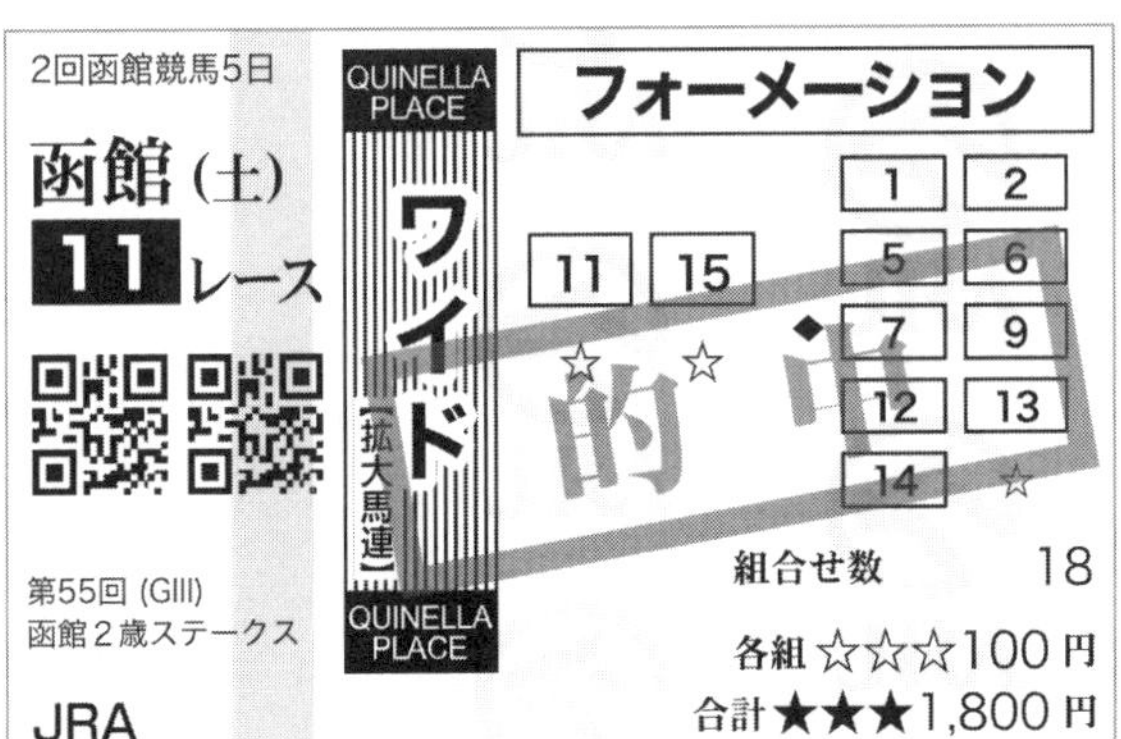

ワイド⑨－⑮5330円、①－⑮3200円的中！

バスで、ワイド⑨－⑮5330円、①－⑮3200円のゲットです。

コンピ指数下位ランクの馬が、単勝や複勝で人気になっている馬はもちろんですが、上位ランクの馬で、単勝や複勝で人気を大きく落としている馬にも注意が必要なのです。

第5章

実践また実践！効果的に高配当を獲るハイ・テクニック

上位ランクの馬から下位ランクの馬を狙い2万馬券的中！

この章では実際に「オッズX方式」で的中させたレースを使い、どのように穴馬を見つけ出し高配当馬券をGETしたのか、的中までの過程を紹介していきたいと思います。

まずは**2023年8月6日、新潟11RレパードS**です。

コンピ指数の判定は「大穴型レース」となっており、9時半のオッズからは馬連1番人気は10・0倍、単勝30倍未満の頭数が11頭。「競馬予報」からは「大穴型レース」判定となりました。

馬連、単勝、複勝ランクを人気順に並び替え、ひとつにまとめたのが下の表1です。

この表を見ると、馬連では4位と11位、単勝にも4位と11位に「オッズの壁」があります。馬連11位の「オッズの壁」の前の2頭⑮番と①番にまず注目、特に⑮番はコンピ指数12位から複勝6位へ上昇しているので注意が必要ですが、このレースの場合では馬連4位と単勝4位に「オッズの壁」があります。

これは上位4頭の馬の中から馬券に絡む馬がいる可能性が高いことを示しているため、この4頭の中から1頭、注目馬を見つけ出しました。

表1●2023年8月6日・新潟11RレパードS

	1位	2位	3位	4位	5位	6位	7位	8位	9位	10位	11位	12位	13位	14位	15位
コンピ指数	13	14	9	6	10	2	5	11	7	3	1	15	12	4	8
馬連ランク	9	13	6	14	5	11	2	3	10	15	1	4	7	12	8
馬連オッズ		10.0	11.0	11.4	30.1	34.0	35.4	39.1	40.8	45.7	52.8	128	140	268	291
単勝ランク	9	13	6	14	5	10	2	15	11	1	3	7	4	12	8
単勝オッズ	3.8	4.9	5.7	6.8	13.4	14.3	15.2	16.5	17.7	25.1	25.7	48.1	57.7	85.3	101
複勝ランク	6	9	13	14	5	15	11	2	3	10	1	7	4	12	8
複勝オッズ	1.7	2.3	2.6	2.7	4.8	5.5	5.6	5.8	6.0	6.9	8.7	12.4	12.9	23.7	24.6

（馬連・単勝とも4位と5位の間、11位と12位の間に「オッズの壁」）

●2023年8月6日・新潟11RレパードS(GⅢ、ダ1800m)

15 桃8	14	13 橙7	12	11 緑6	10	9 黄5	8	7 青4	6	5 赤3	4	3 黒2	2	白1 1
ダンカーク(中) ハッスルダンク カジノスマイル1勝(短)	ドレフォン(短) クールミラボー サンソヴール3勝(中)	ヘニーヒューズ(短) エクロジャイト オージャイト3勝(中)	リアルスティール マテンロウガイ エアベルヘザー(公)(短)	エピファネイア ルクスフロンティア サトノアイリ1勝(短)	ヴィクトワールピサ パクスオトマニカ ディープラヴ未勝(中)	(外)アロゲート(中) ミスティッククロア フォークロア(米)(マ)	アジアエクスプレス ベンダバリラビア エーシンラクーン未勝(マ)	ホッコータルマエ(中) ツウカイリアル テアトロレアル未勝(マ)	ロゴタイプ オメガギネス スタートアップ未勝(中)	シニスターミニスター ライオットガール マリアビスティー2勝(中)	ゴールドアクター マオノアラシ マオノココロ未勝(マ)	ラニ クレメダンジュ シエルエメール2勝(短)	ホッコータルマエ(中) ソッコータルマカ ブライダルブーケ未勝(短)	レッドファルクス(マ) リバートゥルー フルオブグレース未勝(マ)
鹿 56 牡3	鹿 56 牡3	鹿 56 牡3	鹿 56 牡3	黒鹿 56 牡3	鹿 56 牡3	芦 56 牡3	栗 56 牡3	鹿 56 牡3	栗 56 牡3	黒鹿 54 牝3	栗 56 牡3	芦 54 牝3	鹿 56 牡3	芦 54 牝3
杉原	(替)松山	北村友	角田和	秋山真	田辺	川田	(替)石橋脩	幸	戸崎圭	(替)岩田望	(替)菱田	和田竜	(替)坂井	吉田豊
(美)中川	(栗)寺島	(栗)安田隆	(栗)角田	(栗)松永幹	(美)久保田	(栗)矢作	(栗)寺島	(栗)庄野	(美)大和田	(栗)中村	(美)加藤士	(栗)鈴木孝	(栗)四位	(美)久保田
900	900	2100	900	900	2100	900	900	900	900	1500	900	1510	900	900
高橋憲一	GIレーシング	サンデーR	寺田千代乃	ルクス	窪田芳郎	DMMドリームC	幅田昌伸	木村直樹	原禮子	ヒダカファーム	湯浅健司	ノースヒルズ	スリーエイチR	佐々木幸弘
橋本牧場	ノーザンF	ノーザンF	稲原牧場	千代田牧場	ノーザンF	アメリカ	中前牧場	増本牧場	社台F	ヒダカF	ダイヤモンドF	ノースヒルズ	下河辺牧場	白老F
△ … △ … … …	◎ ◎ ▲ ▲ △ ◎ 西	注 B 注 ○ ○ 注 ○ 西	… … … … △ … 西	△ … △ △ △ △ 西	… … △ … … …	○ ○ ◎ ◎ … 注 西	… 初 … B … △ … … 西	… △ … … ▲ △ 西	▲ ▲ 注 注 ◎ ▲	△ … … … … … 西	… … △ … … …	△ △ △ △ ○ △ 西	△ B △ … △ △ △ 西	… △ … … △ △
東ダ1388⑤ 中ダ1522❶	ミダ2103① 阪ダ1515②	東ダ1380③ 京ダ1536①	大ダ2028① 阪ダ1537①	大ダ15[illegible] [illegible]	芝2000⑥ 中芝1481①	阪ダ1525①	中ダ1530⑦	東ダ1383⑧ 京ダ1544⑦	[illegible]	大ダ145[illegible]⑩ 京ダ[illegible]	ミダ2103② 中ダ1530❸	ミダ2206② 京ダ1535①	大ダ2022① 阪ダ1535❺	東ダ1365❶ 函ダ1234⑤
大ダ36.1⑤ 2001	ミダ35.8① 初騎乗	ミダ36.6③ 1010	大ダ37.5⑥ 2002	ミダ[illegible]	初ダート 1002	大ダ36.2❶ 2000	大ダ36.8② 初騎乗	大ダ36.9⑧ 2102	[illegible]	大ダ3[illegible]④ 初騎乗	ミダ36.1② 初騎乗	大ダ37.6❷ 2201	ミダ36.8❹ 0002	大ダ33.9❶ 2101
3中4月15日 ⑦芽1 1勝5ト13頭 ダ1522 56杉原 S④④④ 438 人気4 好位差切 4身 375内371 ワンライトスタ 1528 0.6	2東5月13日 ⑦芽1 1勝4ト15頭 ミダ2103 56レーン S⑫⑫⑩ 476 人気1 直線一気 アタマ 383外358 ルクスフロンテ 2103 0.0	1東2月19日 ⑧ヒヤシンS 3 L 12ト14頭 ダ1380 56坂井 M⑩①① 504B☆9 粘強い 5身 349内380 ペリエール 1372 0.8	2阪4月1日 ③芽1 1勝8ト9頭 ダ1537 55角田和 M⑤②② 512 人気3 好位抜出 ½身 380中392 ブラーヴィ 1538 0.1	2東5月13日 ⑦芽2 1勝6ト15頭 ミダ2103 56ルメール S①①① 486 人気4 逃惜敗 アタマ 364内370 クールミラボー 2103 0.0	2東5月6日 ⑤プリンシS 1 L 3ト7頭 芝2012 56田辺 S①①① 476 人気2 逃切る 1身 374内336 アヴニールドブ 2013 0.1	1阪3月18日 ⓫芽1 未勝2ト11頭 ダ1528 56川田 S⑦⑥③ 508 人気1 G前差す クビ 393外362 ラップスター 1529 0.1	1京5月21日 ⑩鳳雛S 9 L 1ト11頭 ダ1548 56岩田望 S⑨⑨⑨ 522 人気1 後方まま 6¾ 389中376 エクロジャイト 1536 1.2	1東2月19日 ⑧ヒヤシンS 8 L 1ト14頭 ダ1383 56Mデムーロ M⑨⑪⑪ 478 人気6 出遅る 7¾ 363内369 ペリエール 1372 1.1	①芽1 1勝7ト12頭 ダ1532 56戸崎圭 S⑦⑤⑤ 494 人気4 G前差す クビ 389中377 プレミアペガサ 1532 0.0	3阪6月10日 ③三才上1 牝上2勝6ト11頭 ダ1531 53松山 S③③③ 472 人気1 好位差切 ¾身 380外364 リースタル 1532 0.1	3東6月10日 ③三才上2 1勝16ト16頭 ミダ2103 55戸崎圭 M⑪⑭⑭ 490 人気1 後方伸 1身 382外361 ソムリエ 2101 0.2	1京5月28日 ⑫芽1 1勝2ト15頭 ダ1535 54和田竜 M⑨⑥⑤ 452 人気5 G前差す ハナ 374中380 メイショウモズ 1535 0.0	2中京3月11日 ①芽1 1勝6ト13頭 ダ1536 56岩田望 S③④④ 506B☆3 好位差切 クビ 378中370 メイショウボベ 1536 0.0	2東5月13日 ⑦芽5 牝上1勝14ト16頭 函ダ1234 54吉田豊 S⑥⑥⑥ 456 人気4 中位伸も 3¾ 357外359 レディフォース 1228 0.6
2福7月9日 ④天の川賞6 2勝10ト15頭 ダ1470 55杉原 H⑦⑥④ 446 人気1 中位まま 6½ 368中390 アシタガアルサ 1459 1.1	3阪6月4日 ②習2 2勝1ト13頭 ダ1515 55幸 S⑩⑦⑤ 474 人気3 漸進伸 ¾身 382外360 ラインオブソウ 1514 0.1	1京5月21日 ⑩鳳雛S 1 L 8ト11頭 ダ1536 56北村友 S①①① 506B☆4 逃切る 1¼ 372内371 ゼットリアン 1538 0.2	1京5月21日 ⑩鳳雛S 6 L 7ト11頭 ダ1544 56角田和 S⑦⑤⑥ 514 人気11 追上一杯 4½ 385外375 エクロジャイト 1536 0.8	3中京7月1日 ❶三才上1 1勝9ト16頭 ダ1582 55秋山真 M③③③ 480 人気4 好位抜出 ½身 368中375 ロードトラスト 1583 0.1	2東5月28日 ⑫ダービー13 GI 16ト18頭 芝2260 57田辺 S①①① 476 人気17 離逃げ 5¾ 353内361 タスティエーラ 2252 0.8	3阪6月24日 ⑦三才上1 1勝7ト14頭 ダ1525 55川田 M⑤⑦④ 520 人気1 楽抜出 3身 374外375 ダンテバローズ 1530 0.5	3阪6月18日 ⑥三才上10 2勝12ト16頭 ダ1544 52今村 S⑮⑮⑮ 522 人気2 後追だけ 13½ 393外378 テーオーリカー 1523 2.1	1京5月21日 ⑩鳳雛S 7 L 11ト11頭 ダ1544 56幸 S⑥⑧⑤ 478 人気7 追上一杯 4¾ 383中374 エクロジャイト 1536 0.8	5ヵ月余 挫跖放牧 乗込み3週間 仕上り○ 連対体重 494キロ 3ヵ月以上休 ①②③外 1000	3中京7月8日 ③マレーシC 4 3勝13ト16頭 ダ1534 51田中健 S⑧⑧⑧ 466 人気6 中位伸も 1¾ 388外363 サンマルレジェ 1531 0.3	3東6月25日 ⑧三才上1 1勝10ト16頭 ミダ2121 55田辺 S⑧⑦⑤ 492 人気1 中位抜出 ½身 392内364 ベルウッドグラ 2122 0.1	川崎6月14日 ③関東オークス2 交牝GII 3ト13頭 ミダ2206 54和田竜 H⑤③④ 454 人気5 好位伸 1身 388内408 パライバトルマ 2204 0.2	3東6月11日 ❹全4 2勝8ト16頭 ミダ2086 55横山和 M②②② 494B☆5 先行一息 4¼ 366中368 セラフィックコ 2079 0.7	3東6月11日 ❹三才上1 牝上1勝4ト16頭 ダ1365 53吉田豊 S⑩⑬⑬ 456 人気6 後方一気 ½身 380中339 ビターゼノビア 1365 0.0

1着⑤ライオットガール （5番人気）	単⑤ 1190円　枠連3－4　3610円 複⑤ 330円　⑥ 230円　⑪ 500円
2着⑥オメガギネス （3番人気）	馬連⑤－⑥ 3790円　馬単⑤→⑥ 8350円 ワイド⑤－⑥ 1250円　⑤－⑪ 2480円　⑥－⑪ 1960円
3着⑪ルクスフロンティア （8番人気）	3連複⑤⑥⑪ 20790円 3連単⑤→⑥→⑪ 124360円

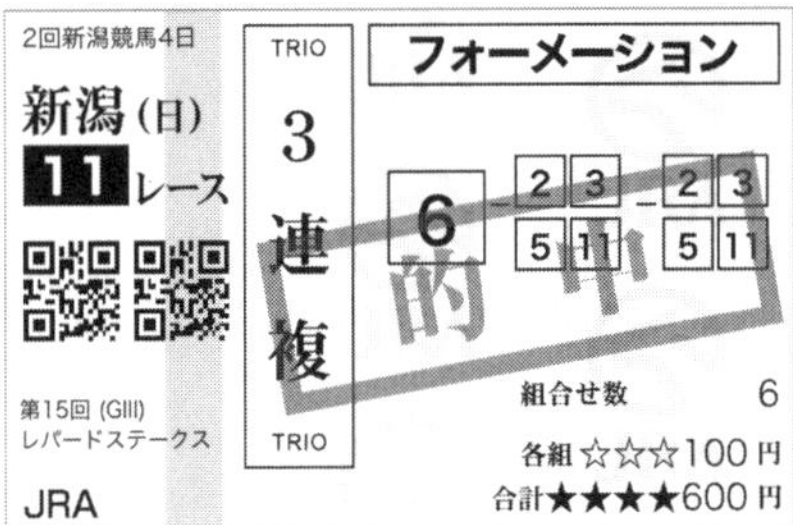

3連複⑤⑥⑪2万790円的中！

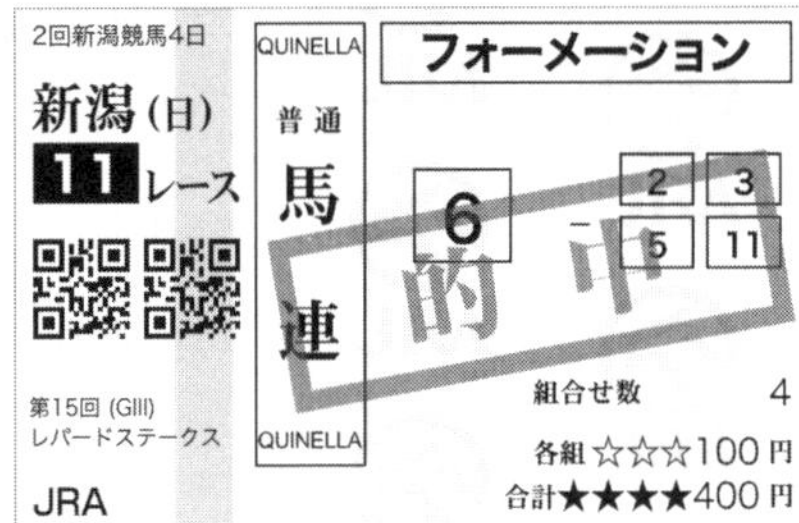

馬連⑤－⑥3790円的中！

注目したのは、コンピ指数4位から複勝1位へ上昇していた⑥番です。前述のように「競馬予報」では「大穴型レース」と判定。高配当になる可能性が高く、馬連5位以下の馬が馬券に絡む可能性は非常に高いといえます。

私は⑥番から、馬連4位の「オッズの壁」の直後の馬⑤⑪②③番への馬連⑥番－⑤⑪②③番（4点）と、3連複フォーメーション⑥番－⑤⑪②③番－⑤⑪②③番（12点）と組み立ててみました。もちろん、馬連11位の「オッズの壁」の前の2頭からの馬券も押さえで購入します。

レース結果は、1着⑤ライオットガール、2着⑥オメガギネス、3着⑪ルクスフロンティアと入線。上位4頭から狙った⑥番は2着、相手馬に馬連4位の「オッズの壁」の直後の馬が2頭とも絡み、馬連、3連複の的中です。

配当は馬連⑤－⑥3790円、3連複⑤⑥⑪2万7990円と大台に。「競馬予報」通りの結構な配当となりました。

馬連9位の「オッズの壁」から28点買いで2万馬券！

馬連9位に「オッズの壁」が出現したケースでの、代表的な馬券の買い方を紹介しましょう。

2023年12月3日、阪神10R元町Sです。

コンピ指数からは「大穴型レース」判定で、9時半のオッズでも馬連1番人気は15・1倍、単勝30倍未満の頭数は12頭ですから「競馬予報」からは「大穴型レース」と判定されました。

●2023年12月3日・阪神10R元町S（3歳上3勝クラス、芝1800m）

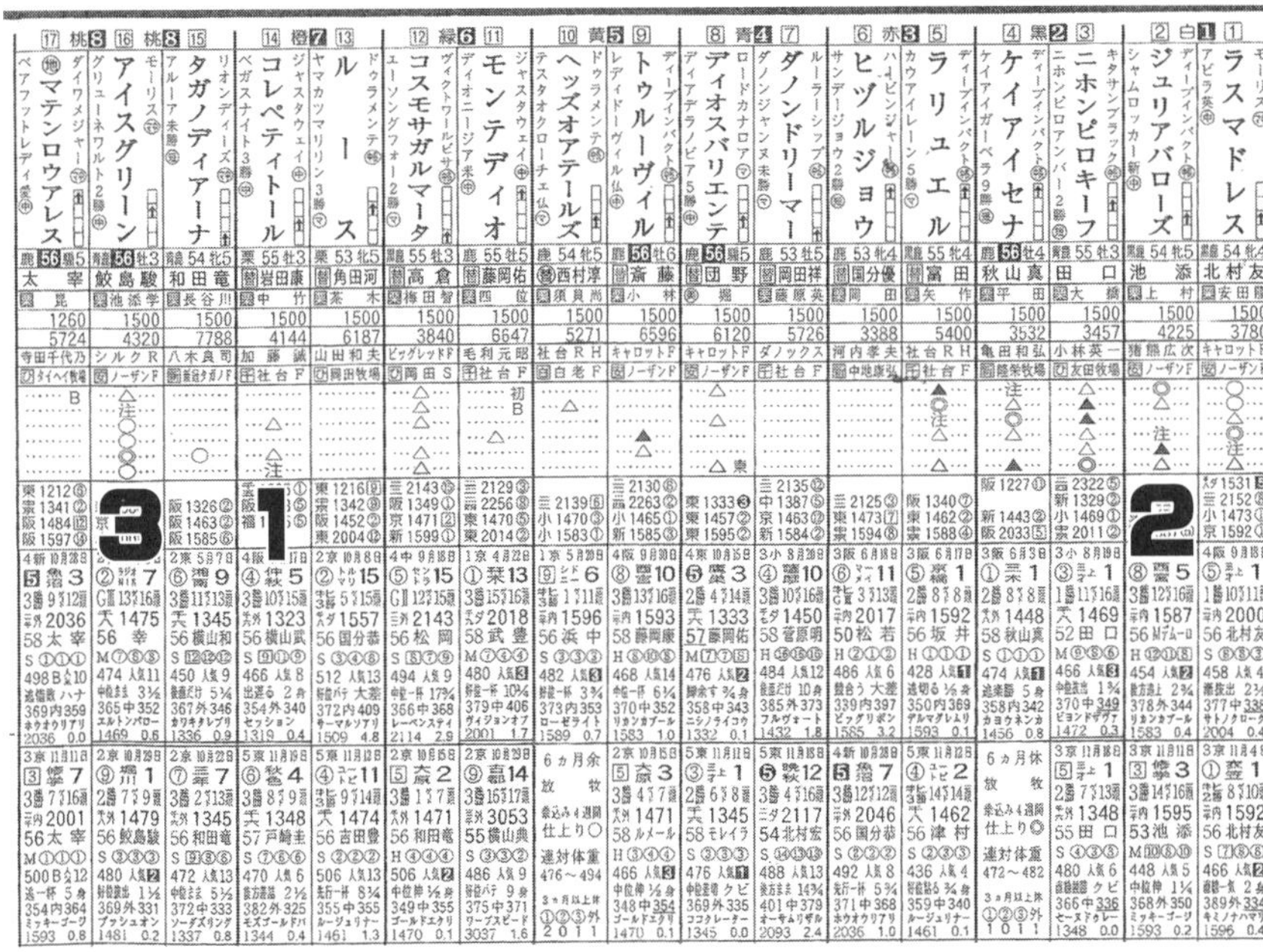

馬番	枠	馬名	父	母	斤量・性齢	騎手	調教師	賞金	総賞金	馬主	生産者
1	白1	ラスマドレス	モーリス	アビラ（英）	54 牝4	北村友	安田隆	1500	3780	キャロットF	ノーザンF
2	白1	ジュリアバローズ	ディープインパクト	シャムロッカー（新）	54 牝5	池添	上村	1500	4225	猪熊広次	ノーザンF
3	黒2	ニホンピロキーフ	キタサンブラック	ニホンピロアンバー（2勝）	55 牡3	田口	大橋	1500	3457	小林英一	友田牧場
4	黒2	ケイアイセナ	ディープインパクト	ケイアイガーベラ（9勝）	56 牡4	秋山真	平田	1500	3532	亀田和弘	隆栄牧場
5	赤3	ラリュエル	ディープインパクト	カウアイレーン（5勝）	55 牝4	富田	矢作	1500	5400	社台RH	社台F
6	赤3	ヒヅルジョウ	ハービンジャー	サンデージョウ（2勝）	53 牝4	国分優	岡田	1500	3388	河内孝夫	中地康弘
7	青4	ダノンドリーマー	ルーラーシップ	ダノンジャンヌ（未勝）	53 牡5	岡田祥	藤原英	1500	5726	ダノックス	社台F
8	青4	ディオスバリエンテ	ロードカナロア	ディアデラノビア（5勝）	56 騸5	団野	堀	1500	6120	キャロットF	ノーザンF
9	黄5	トゥルーヴィル	ディープインパクト	レディドーヴィル（仏）	56 牡6	斎藤	小林	1500	6596	キャロットF	ノーザンF
10	黄5	ヘッズオアテールズ	ドゥラメンテ	テスタオクローチェ（仏）	54 牝5	西村淳	須貝尚	1500	5271	社台RH	白老F
11	緑6	モンテディオ	ジャスタウェイ	ディオニージア（米）	55 牡5	藤岡佑	西位	1500	6647	毛利元昭	社台F
12	緑6	コスモサガルマータ	ヴィクトワールピサ	エーソングフォー（2勝）	55 牡3	高倉	梅田智	1500	3840	ビッグレッドF	岡田S
13	橙7	ルース	ドゥラメンテ	ヤマカツマリリン（3勝）	53 牝5	角田河	茶木	1500	6187	山田和夫	岡田牧場
14	橙7	コレペティトール	ジャスタウェイ	ペガスナイト（3勝）	55 牡3	岩田康	中竹	1500	4144	加藤誠	社台F
15	桃8	タガノディアーナ	リオンディーズ	アルーア（未勝）	54 牝5	和田竜	長谷川	1500	7788	八木良司	新冠タガノF
16	桃8	アイスグリーン	モーリス	グリューネワルト（2勝）	56 牡3	鮫島駿	池添学	1500	4320	シルクR	ノーザンF
17	桃8	マテンロウアレス	ダイワメジャー	ベアフットレディ（愛）	56 騸5	太宰	昆	1260	5724	寺田千代乃	タイヘイ牧場

1着⑭コレペティトール	単⑭ 2050円　枠連1－7　3350円
（9番人気）	複⑭ 520円　② 300円　⑯ 350円
2着②ジュリアスバローズ	馬連②－⑭ 9220円　馬単②→⑭ 26760円
（4番人気）	ワイド②－⑭ 3010円　⑭－⑯ 2160円　②－⑯ 1660円
3着⑯アイスグリーン	3連複②⑭⑯ 22610円
（6番人気）	3連単⑭→②→⑯ 168730円

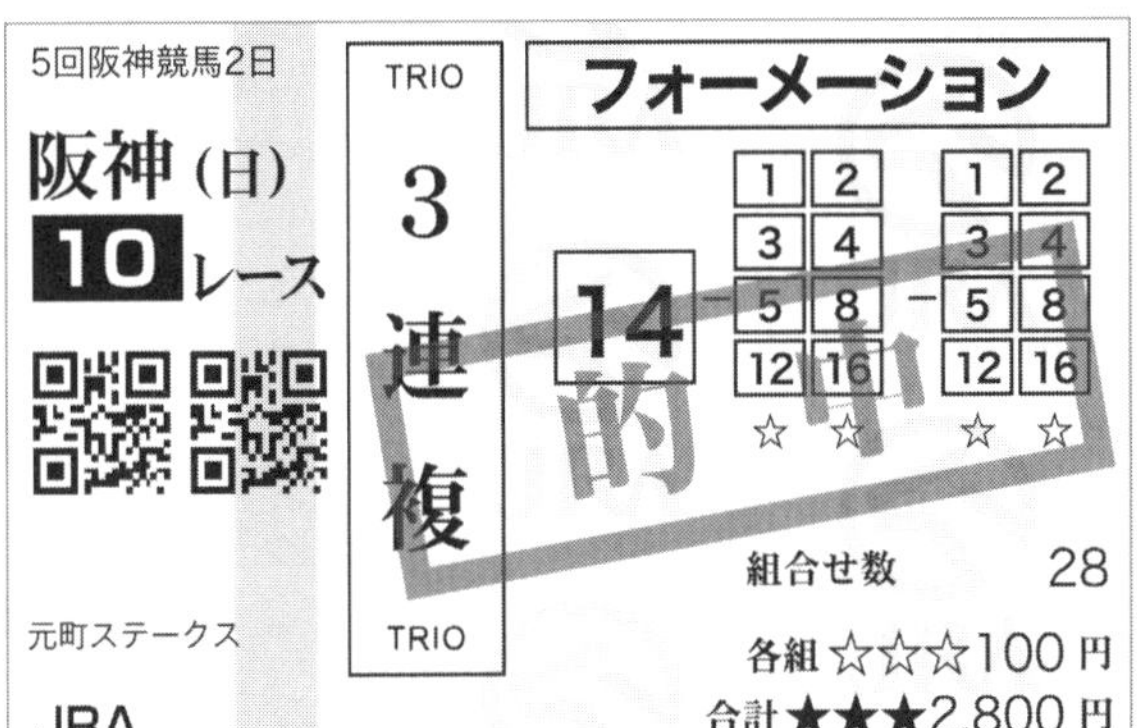

3連複②⑭⑯
2万2610円的中！

馬連、単勝、複勝オッズを人気順に並び替え、ひとつにまとめたのが下の表2です。

この表をチェックすると、馬連9位に乖離差2・0倍の「オッズの壁」が出現していることがわかります。

その前の2頭を穴馬候補として浮上させるのが「オッズX方式」ですが、⑫番は馬連ランク8位なので「穴馬候補は馬連9位以下の馬」というルールから（P45参照）、穴馬候補としてはカットします。つまり、この「オッズの壁」からは⑭番のみが穴馬候補として浮上しました。

馬券ですが、このレースのコンピ指数、馬連、単勝、複勝ランクを線で結んで比較すると、激しく移動していることがわかりますが、その移動は上位8頭の中で起きていることがわかります。

つまり、どの馬にも馬券に絡むチャンスがあることを示しています。

そこで馬券は「オッズの壁」から浮上した穴馬候補の⑭番から上位8頭への3連複フォーメーションを組むことにしました。

3連複⑭番の軸1頭流し、⑭番－④⑤①⑧⑯③②⑫番への28点買いです。

表2●2023年12月3日・阪神10R元町S

	1位	2位	3位	4位	5位	6位	7位	8位	9位	10位	11位	12位	13位	14位	15位	16位	17位
コンピ指数	1	5	12	3	16	8	2	4	15	14	9	6	11	10	17	13	7
馬連ランク	4	5	1	8	16	3	2	12	14	9	10	15	11	6	17	7	13
馬連オッズ		15.1	15.6	21.1	30.1	31.7	34.9	38.6	48.8	98.0	99.3	135	212	238	261	427	446
単勝ランク	4	1	16	5	8	12	3	2	14	10	15	11	9	6	17	7	13
単勝オッズ	4.9	6.0	6.8	7.4	8.4	12.0	13.9	15.5	17.7	20.5	24.9	26.4	33.8	69.3	71.0	82.0	126
複勝ランク	4	8	5	1	16	12	2	3	14	10	11	15	9	17	6	7	13
複勝オッズ	2.6	2.9	3.4	3.7	4.0	4.0	4.5	4.6	4.7	5.2	5.2	6.3	7.4	10.4	14.5	15.0	17.3

レース結果は、4コーナーでは後方に待機していた穴馬候補の⑭コレペティトールが追い込みを決め、1着でゴール板を駆け抜けました。2着は②ジュリアバローズ。3着は⑯アイスグリーンと入線。配当は3連複②⑭⑯で2万2610円で、回収率約8倍です。馬連は購入しませんでしたが、馬連②－⑭は9220円だったので、こちらは上位8頭への馬券なら回収率は約11・5倍、3連複以上のリターンとなりました。

馬券は朝10時半の馬連ランクを使って組み立てていく

次に「複勝6倍の壁」と単勝の「オッズの壁」を使って3連複万馬券を的中した例を紹介しながら、穴馬からの馬券の基本的な組み立て方を紹介しましょう。

2023年3月5日、阪神11R大阪城Sです。

コンピ指数は「大穴型レース」、9時半のオッズでは馬連1番人気は13・7倍、単勝30倍未満の頭数は10頭なので、「競馬予報」からは「大穴型レース」として判定されました。このレースはハンデ戦でもあり、穴馬がより馬券に絡む追い風が吹いています。

馬連、単勝、複勝オッズを人気順に並び替えていきます。完成したのがP107の表3です。馬連6位に「オッズの壁」があるものの、それ以降には1箇所もありません。つまり「オッズの壁」からは、穴馬を浮上させることができないことがわかります。

馬連ランクと単勝、複勝ランクを比較し、「突入&移動馬」がいないかチェックしても、5ランク以

●2023年3月5日・阪神11R大阪城S（L、芝1800m）

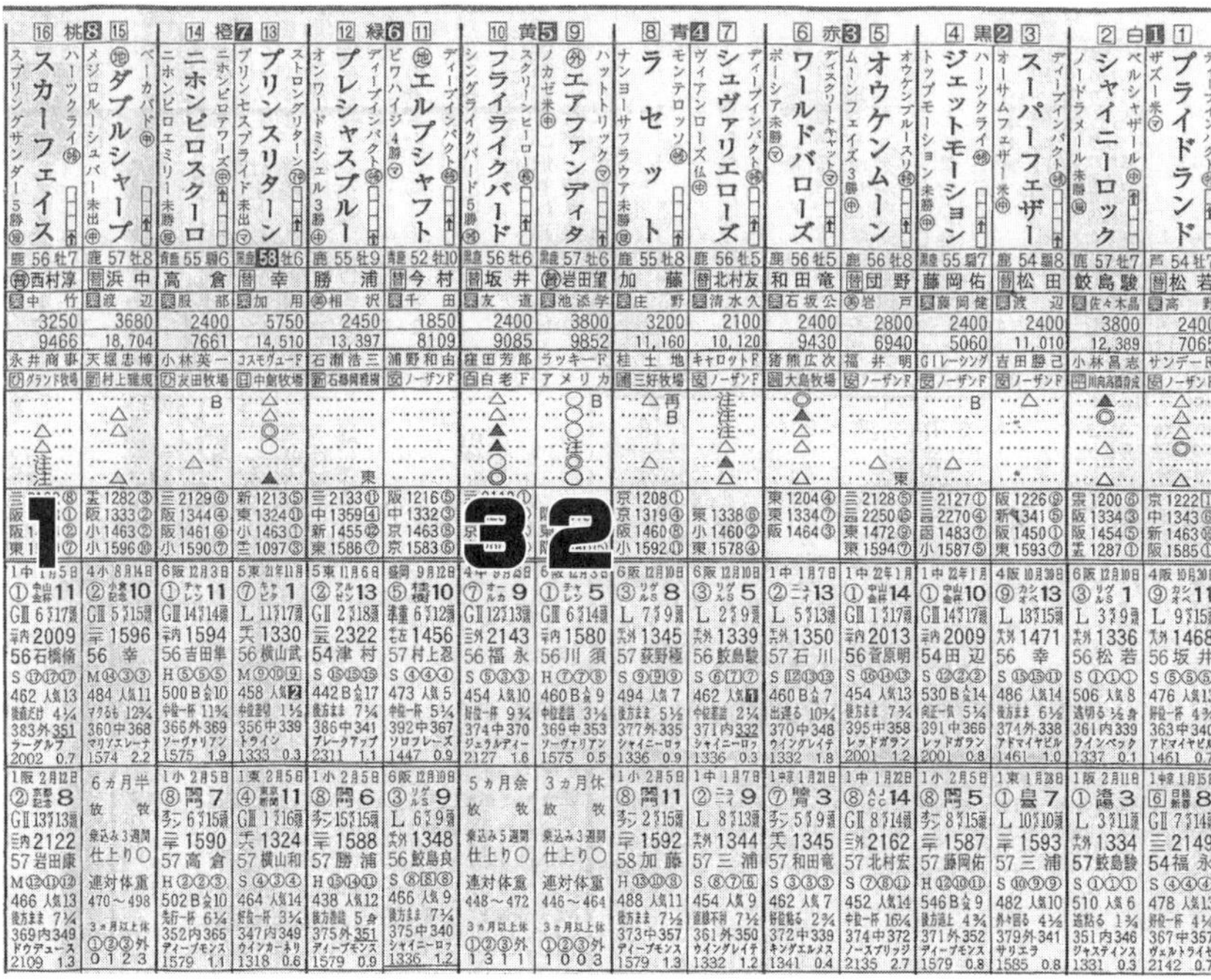

馬番	枠	馬名	父	母	毛色・斤量・性齢	騎手	調教師	賞金	総賞金	馬主	生産者
16	桃8	スカーフェイス	ハーツクライ	スプリングサンダー 5勝	鹿 56 牡7	西村淳	中竹	3250	9466	永井商事	グランド牧場
15	桃8	ダブルシャープ	ベーカバド	メジロルーシュバー 未出	鹿 57 牡8	浜中	渡辺	3680	18,704	天堀忠博	村上雅規
14	橙7	ニホンピロスクーロ	ニホンピロアワーズ	ニホンピロエミリー 1未勝	青鹿 55 騸6	高倉	服部	2400	7661	小林英一	友田牧場
13	橙7	プリンスリターン	ストロングリターン	プリンセスプライド 未出	58 牡6	幸	加用	5750	14,510	コスモヴューF	中館牧場
12	緑6	プレシャスブルー	ディープインパクト	オンワードミシェル 3勝	鹿 55 牡9	勝浦	相沢	2450	13,397	石瀬浩三	石郷岡雅樹
11	緑6	エルプシャフト	ディープインパクト	ビワハイジ 4勝	青鹿 52 牡10	今村	千田	1850	8109	浦野和由	ノーザンF
10	黄5	フライライクバード	スクリーンヒーロー	シングライクバード 5勝	黒鹿 56 牡6	坂井	友道	2400	9085	窪田芳郎	白老F
9	黄5	エアファンディタ	ハットトリック	ノカゼ 米	黒鹿 57 牡6	岩田望	池添学	3800	9852	ラッキーF	アメリカ
8	青4	ラセット	モンテロッソ	ナンヨーサフラウア 未勝	鹿 55 牡8	加藤	庄野	3200	11,160	桂土地	三好牧場
7	青4	シュヴァリエローズ	ディープインパクト	ヴィアンローズ 仏	鹿 56 牡5	北村友	清水久	2100	10,120	キャロットF	ノーザンF
6	赤3	ワールドバローズ	ディスクリートキャット	ボーシア 未勝	鹿 56 牡5	和田竜	石坂公	2400	9430	猪熊広次	大島牧場
5	赤3	オウケンムーン	オウケンブルースリ	ムーンフェイズ 3勝	鹿 56 牡8	団野	岩戸	2800	6940	福井明	ノーザンF
4	黒2	ジェットモーション	ハーツクライ	トップモーション 未勝	黒鹿 55 騸7	藤岡佑	藤岡健	2400	5060	GIレーシング	ノーザンF
3	黒2	スーパーフェザー	ディープインパクト	オーサムフェザー 米	鹿 54 騸8	松田	渡辺	2400	11,010	吉田勝己	ノーザンF
2	白1	シャイニーロック	ベルシャザール	ノードラメール 未勝	鹿 57 牡7	鮫島駿	佐々木晶	3800	12,389	小林昌志	川向高橋育成
1	白1	プライドランド	ディープインパクト	ザズー 米	芦 54 牡7	松若	高野	2400	7065	サンデーR	ノーザンF

1着⑯スカーフェイス	単⑯ 1840 円　枠連5－8　2100 円
（8番人気）	複⑯ 390 円　⑨ 170 円　⑩ 230 円
2着⑨エアファンディタ	馬連⑨－⑯ 4800 円　馬単⑯→⑨ 13120 円
（1番人気）	ワイド⑨－⑯ 1470 円　⑩－⑯ 2300 円　⑨－⑩ 640 円
3着⑩フライライクバード	3連複⑨⑩⑯ 11090 円
（3番人気）	3連単⑯→⑨→⑩ 102060 円

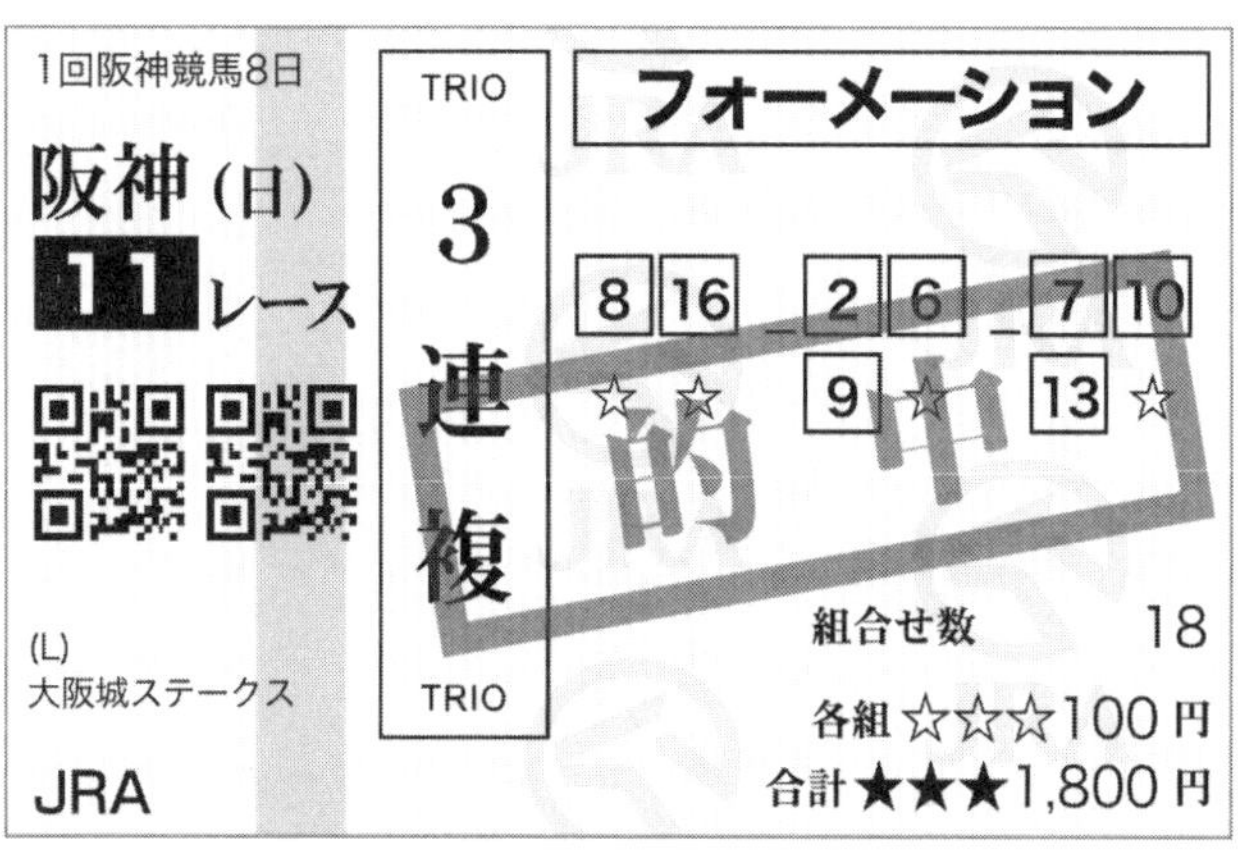

1回阪神競馬8日
阪神（日）
11 レース
(L)
大阪城ステークス
JRA
TRIO
3
連
複
TRIO
フォーメーション
8 16 _ 2 6 _ 7 10
9 13
☆☆ ☆ ☆
的中
組合せ数 18
各組 ☆☆☆100円
合計 ★★★1,800円

3連複⑨⑩⑯
1万1090円的中！

上上昇という「突入&移動馬」の条件をクリアした馬は1頭もいません。

次なる手段「複勝6倍の壁」に注目しました。

「複勝6倍の壁」からは④番と⑯番が浮上しています。しかし④番は馬連8位なので、穴馬候補としては疑問が残ります。

このレースを馬連ランクと単勝、複勝ランクを比較してみると、上位6頭の中でランク間の移動が起きており、馬連7位から10位の4頭の間で移動が起きていることがわかります。つまり上位6頭《⑨⑥⑬②⑦⑩番》と、次の4頭《①④⑯⑧番》の2つのグループに分かれているのです。

穴馬は①④⑯⑧番の中に潜んでいる可能性が高いと判断。基本的に穴馬候補は馬連ランク9位以下に潜んでいます。馬連9位は⑯番、馬連10位は⑧番であり、先ほどの「複勝6倍の壁」からの浮上馬の⑯番に加え、⑧番を2頭目の穴馬候補として浮上させました。

穴馬は⑯番と⑧番で決定です。

さて3連複フォーメーションの組み立て方ですが、「オッズX方式」では10時半の馬連ランクを使って決めていきます。10

表3●2023年3月5日・阪神11R　大阪城S

	1位	2位	3位	4位	5位	6位	7位	8位	9位	10位	11位	12位	13位	14位	15位	16位
コンピ指数	9	6	10	13	2	7	16	4	1	8	15	14	3	5	12	11
馬連ランク	9	6	13	2	7	10	1	4	16	8	3	12	14	15	11	5
馬連オッズ		13.7	17.6	17.8	18.2	20.8	42.6	52.3	63.6	84.1	133	181	184	201	295	387
単勝ランク	13	9	7	6	10	2	1	16	4	8	11	15	14	12	3	5
単勝オッズ	4.5	4.9	6.6	7.3	7.8	8.1	13.9	21.8	23.6	27.1	56.6	56.7	57.0	67.5	67.7	88.6
複勝ランク	9	7	6	10	2	13	1	8	4	16	15	11	14	12	3	5
複勝オッズ	2.2	2.7	2.7	3.2	3.4	3.7	4.1	5.0	5.5	5.9	9.7	10.0	11.4	11.9	11.9	15.0

オッズの壁（馬連6位と7位の間）

Aグループ（1位〜6位）　Bグループ（7位〜10位）

時半の上位10頭の馬連ランクは、

⑨⑥②⑬⑦⑩■①④⑯⑧（■＝オッズの壁）

となっています。

上位6頭の後に「オッズの壁」があることから、⑨⑥②⑬⑦⑩を、「⑨⑥②」と「⑬⑦⑩」というように3頭ずつに分けて穴馬から3連複フォーメーションを組み立てていきます。つまり、⑯⑧番－⑨⑥②番－⑬⑦⑩番（18点）となります。

押さえで、上位3頭を注視した⑯⑧番－⑨⑥②番－⑨⑥②番（6点）も購入します。

序章から第4章まで的中例を紹介してきましたが、的中馬券はすべて10時半の馬連ランクを使って購入したものです。

今回のケースのように、9時半の馬連ランクと10時半の馬連ランクが異なるケースがあります。そのときには10時半の馬連ランクを採用します。

レース結果ですが、1着には穴馬候補として注目した⑯スカーフェイスが入りました。2着⑨エアファンディタ、3着⑩フライライクバードと続き、3連複⑨⑩⑯1万1090円の的中となりました。

10時半の馬連ランクで穴馬候補に磨きをかける

10時半の馬連ランクを調べることによって、9時半のオッズで注目した穴馬候補が、ハッキリとした穴馬候補として現れた例を紹介してみましょう。

2023年1月9日、中山8Rです。コンピ指数は「大穴型レース」判定で、9時半のオッズでは馬連1番人気が12・7倍、単勝30倍未満の頭数が10頭なので、「競馬予報」からは「大穴型レース」として浮上しました。

馬連、単勝、複勝オッズを人気順に並び替えたのが表4です。

馬連13位には「オッズの壁」があるのですが、その前の2頭の馬連オッズが200倍を超えていたら、穴馬候補として簡単に浮上させるわけにはいきません。

馬連ランクと比較しても単勝や複勝が売れていた、いわゆる「突入&移動馬」をチェックしても1頭もいません。

そこで「複勝6倍の壁」に注目してみることにします。「複勝6倍の壁」の前の2頭は③番と⑤番です。馬連ランクでは9位と10位ですから穴馬候補としては資格があります。

また馬連10位の乖離差は1・76倍で、あと0・4倍で「オッズの壁」になる乖離差があります。馬連10位は「準オッズの壁」といってもいいでしょう。

馬券を組み立てるために10時半の馬連ランクを調べてみました。

馬連ランクは、

表4●2023年1月9日・中山8R

	1位	2位	3位	4位	5位	6位	7位	8位	9位	10位	11位	12位	13位	14位	15位
コンピ指数	6	1	9	12	4	10	15	5	14	3	7	2	8	11	13
馬連ランク	6	9	1	12	10	15	4	14	3	5	2	13	7	8	11
馬連オッズ		12.7	13.9	19.5	20.5	28.8	42.3	45.3	67.7	91.3	161	223	226	436	581
単勝ランク	12	10	15	6	9	1	14	5	4	3	13	2	8	11	7
単勝オッズ	4.7	5.0	6.4	7.0	7.8	9.5	12.9	16.7	20.0	25.1	37.9	49.6	72.6	81.0	85.6
複勝ランク	10	12	1	6	9	14	15	3	5	4	13	2	8	7	11
複勝オッズ	2.2	2.6	2.7	2.7	3.4	3.5	3.9	5.0	5.5	6.2	10.9	12.5	15.0	15.2	27.3

準オッズの壁（馬連10位と11位の間）
オッズの壁（馬連13位と14位の間）
複勝6倍の壁（複勝9位と10位の間）

●2023年1月9日・中山8R（4歳上2勝クラス、ダ1200m）

枠	馬番	父	馬名	母	毛色・斤量・性齢	騎手	厩舎	賞金	総賞金	馬主	生産者	印	持ち時計	前々走	前走
白1	1	スペイツタウン	ニルカンタテソーロ	ヴェイパー英	栗 56 牡6	△原	小手川	900	4133	了徳寺健二HD	桑田牧場	○B ◎ ◎ ○ △ ○	[illegible]	6中京 12月4日 ② [illegible] 2 2勝12ﾄ16頭 ﾀﾞ1127 57原 H⑪⑩⑩ 448B人気12 中位伸 4身 357外370 ファーンヒル 1120 0.7	5中 12月25日 ⑧ [illegible] 2 2勝15ﾄ16頭 ﾀﾞ1111 57原 H④⑥④ 450B人気7 好位伸 ¾身 337外374 マイステージ 1110 0.1
黒2	2	スウェプトオーヴァーボード	ブーケオブアイリス	クイーンアイリス2勝	黒鹿 58 騸5	木幡巧	杉浦	900	2755	小林善一	社台F	連△ 闘	函ダ59.8② 中ダ1114② 東ダ1248❼ ダ1190①	4東 10月29日 ⑧3歳上 9 2勝15ﾄ16頭 ﾀﾞ1260 57大野 M⑧⑥⑥ 492人気12 中位まま 10身 360中376 ヴァルツァーシ 1243 1.7	5中 12月28日 ⑨ベストウ 7 2勝11ﾄ16頭 ﾀﾞ1121 57木幡巧 M⑫⑪⑪ 500人気10 後方差詰 5身 355外366 ホワイトガーベ 1113 0.8
黒2	3	カレンブラックヒル	ネイチャーカレン	オープニングベル未勝	黒鹿 58 牡6	野中	根本	900	2638	サザンHD	高橋修	△ △ △	[illegible]	5阪 11月27日 ⑧3歳上 3 2勝13ﾄ16頭 ﾀﾞ1245 57野中 H⑮⑮⑮ 454人気7 後方伸 3¼ 361内367 プライムライン 1240 0.5	5中 12月25日 ⑧ [illegible] 9 2勝9ﾄ16頭 ﾀﾞ1118 57野中 H⑫⑫⑫ 470人気4 後直だけ 5身 347中371 マイステージ 1110 0.8
赤3	4	ゴールデンセンツ	外ジェットマックス	ソングンダンス米	鹿 58 牡6	松山	森秀	900	4500	大野照旺	アメリカ	△ ▲ △ △ 注 △西	小ダ58.8❼ 中ダ1103⑤ ダ1084④ 東ダ1393①	4中京 6月12日 ④ [illegible] 12 2勝4ﾄ16頭 ﾀﾞ1130 57松本 M⑩⑬⑬ 514人気8 後方まま 13¼ 353内377 ペプチドヤマト 1108 2.2	5中 12月25日 ⑧ [illegible] 4 2勝11ﾄ16頭 ﾀﾞ1116 57武豊 H⑩⑩⑩ 530人気10 中位差詰 3¾ 343中373 マイステージ 1110 0.6
赤3	5	スクリーンヒーロー	アップリバー	クイーンビーII仏	青鹿 56 牝5	津村	牧	900	3880	平田修	ノーザンF	B △ 連△ 闘△	芝1096④ 中ダ1109❶ 東芝1214⑧ 東芝1347②	5中 12月3日 ① [illegible] 5 2勝10ﾄ16頭 ﾀﾞ1116 55木幡巧 M②②② 494B人気4 先行一息 5¾ 340中376 パウオレ 1106 1.0	5中 12月28日 ⑨ベストウ 15 2勝12ﾄ16頭 ﾀﾞ1127 55津村 M④⑥⑥ 496B人気6 好位一杯 8½ 349中378 ホワイトガーベ 1113 1.4
青4	6	カレンブラックヒル	キタノブレイド	シャフィガ米	黒鹿 58 牡4	菅原明	萱野	900	2709	北所直人	長浜忠	注 ○ ▲ ▲ ▲ ◎	ダ14[illegible]④ 中ダ[illegible]② 東ダ12[illegible]② ダ14[illegible]⑪	4中 9月18日 4 [illegible] 2 2勝7ﾄ15頭 ﾀﾞ1107 55菅原明 M⑫⑩⑨ 456人気7 後方伸 1身 346外361 エリモグリッタ 1105 0.2	4東 10月15日 ④3歳上 4 2勝2ﾄ16頭 ﾀﾞ1176 55菅原明 M⑪⑫⑫ 462人気2 中位伸も 2¼ 364内358 レーヴリアン 1172 0.4
青4	7	ストロングリターン	グランドストローク	アイランズギフト1勝	黒鹿 58 牡6	武藤	水野	900	4131	コスモヴューF	藤春修二	△ △ 連 闘	ダ1081❾ 新ダ1102❷ ダ1185⑬ 東芝1371⑪	5中 12月3日 ① [illegible] 13 2勝3ﾄ16頭 ﾀﾞ1120 57武藤 M⑧⑦⑨ 488人気8 中位一杯 7¾ 346中374 パウオレ 1106 1.4	5中 12月28日 ⑨ベストウ 8 2勝2ﾄ16頭 ﾀﾞ1121 57丹内 M⑦⑦⑥ 486人気9 好位一杯 5¼ 350中371 ホワイトガーベ 1113 0.8
黄5	8	ヘニーヒューズ	オンワードセルフ	オンワードマルタ3勝	鹿 57 牡7	☆永野	村山	900	1608	樫山章子	高橋忍	B 連 闘西	ダ1434❹ 大ダ1142① 阪ダ1260⑧ 船ダ1429❷	5阪 11月13日 ❹3歳上 13 2勝6ﾄ14頭 芝内2185 54大久保 H⑫⑫⑬ 482B人気14 後方まま 大差 365中393 ミクソロジー 2150 3.5	6阪 12月28日 ⑨ [illegible] 15 2勝5ﾄ16頭 ﾀﾞ1266 57小崎 H⑯⑯⑯ 484B人気16 後方まま 13身 369中375 イフティファー 1245 2.1
黄5	9	アウトストリップ	外アウトパフォーム	トリプルシー愛	芦 58 牡4	戸崎圭	栗田徹	900	1657	ゴドルフィン	イギリス	▲ 注 ○ △ ○ ▲	函ダ59.2⑤ 中ダ1102❶ ダ1090⑦ ダ1178⑥	4東 10月15日 ④3歳上 6 2勝16ﾄ16頭 ﾀﾞ1178 55横山武 M⑩⑩⑪ 452人気6 中位差詰 3½ 359外362 レーヴリアン 1172 0.6	5中 12月18日 ⑥舞浜 4 2勝5ﾄ16頭 ﾀﾞ1113 56戸崎圭 H⑥⑥⑥ 452人気5 好位伸も 2¼ 336中377 ナックドロップ 1109 0.4
緑6	10	ディープブリランテ	トップヴィヴィット	レッドマロン1勝	栗 58 牡5	宮崎	中川	900	2433	紅露純	細川農場	◎ △ 注 ◎ 連◎ 闘△	ダ1082❼ 中ダ1112❶ 東ダ1254⑤	5中 12月3日 ① [illegible] 14 2勝9ﾄ16頭 ﾀﾞ1120 57宮崎 M①①① 530人気5 逃一杯 7¾ 339内381 パウオレ 1106 1.4	5中 12月28日 ⑨ベストウ 2 2勝8ﾄ16頭 ﾀﾞ1114 57宮崎 M①①① 538人気7 逃粘る ½身 345内369 ホワイトガーベ 1113 0.1
緑6	11	キンシャサノキセキ	ネオトゥルー	アイアムトゥルー未勝	鹿 56 牡6	△横山琉	鈴木伸	900	2799	西田俊二	荒井F	連 闘	ダ1183② 中ダ1119② 東ダ1257④ 東ダ1401④	4阪 10月22日 ⑥3歳上 10 2勝14ﾄ14頭 ﾀﾞ1126 57幸 M⑩⑩⑩ 484人気13 4角不利 11½ 356中370 サンライズアム 1107 1.9	5中 12月28日 ⑨ベストウ 12 2勝14ﾄ16頭 ﾀﾞ1123 57横山武 M⑨⑦⑧ 498人気12 中位一杯 6½ 350中373 ホワイトガーベ 1113 1.0
橙7	12	プリサイスエンド	タヤスゴールド	ラブレインボー公	栗 58 牡4	江田照	岩戸	900	2310	横瀬兼二	上山牧場	△ △ △ 注 △ △	ダ1076② 中ダ1110① 東ダ1262⑪ 芝1088⑥	4中 10月1日 ⑧3歳上 7 2勝3ﾄ16頭 ﾀﾞ1118 55江田照 H⑨⑨⑦ 504人気1 引掛る 6身 341外377 ケイサンフリー 1107 1.1	5中 12月18日 ⑥舞浜 7 2勝16ﾄ16頭 ﾀﾞ1116 56江田照 H⑤②② 512人気2 先行一杯 3¾ 328中388 ナックドロップ 1109 0.7
橙7	13	プリサイスエンド	クリノイコライザー	ドナメジャー未勝	栗 58 騸6	松岡	中尾秀	900	1356	栗本博晴	日西牧場	西	ダ1448❹ 中ダ1115⑦ 阪ダ1258⓫ 大ダ1537①	4中 9月11日 ②3歳上 14 2勝10ﾄ15頭 ﾀﾞ1118 57鮫島駿 H⑮⑫⑫ 452人気5 出遅る 5¼ 349外369 プレフェリータ 1108 1.0	5阪 11月6日 ②3歳上 10 2勝10ﾄ16頭 ﾀﾞ1125 57高倉 M⑨⑪⑪ 460人気14 中位まま 3¼ 356外369 ニューフロンテ 1119 0.6
桃8	14	リオンディーズ	プランセスカグヤ	エレガンテヴィータ未勝	鹿 54 牝4	△小林脩	武藤	900	1617	岡田牧雄	岡田S	△ △ △ 注	ダ1091⓭ 中ダ1109② 芝1123⑪ 新芝1351⑦	4中 10月1日 ⑧3歳上 1 1勝4ﾄ16頭 ﾀﾞ1110 51小林脩 H①①① 460人気4 逃切る 2身 337内373 ルブランドル 1113 0.3	5中 12月18日 ⑥舞浜 14 2勝11ﾄ16頭 ﾀﾞ1127 54小林脩 H⑫⑬⑮ 470人気7 S後退 10¾ 345中382 ナックドロップ 1109 1.8
桃8	15	カレンブラックヒル	ロードミッドナイト	コンフォータブル未勝	黒鹿 58 牡5	バシュロ	田中博	900	2292	ロードHC	樋渡志尚	△	ダ1177❻ 中ダ1113④ 東ダ1247❷ 大ダ1595⑧	4中 10月1日 ⑧3歳上 5 2勝13ﾄ16頭 ﾀﾞ1115 57内田博 H⑧⑤⑤ 522人気6 G前伸欠 4¾ 337外378 ケイサンフリー 1107 0.8	4東 10月15日 ④3歳上 9 2勝8ﾄ16頭 ﾀﾞ1185 57内田博 M④③④ 520人気14 好位一杯 7½ 352中375 レーヴリアン 1172 1.3

1着⑥キタノブレイド
（4番人気）
2着①ニルカンタテソーロ
（5番人気）
3着③ネイチャーカレン
（9番人気）

単⑥ 590円　枠連1－4　1490円
複⑥ 220円　① 210円　③ 520円
馬連①－⑥ 1590円　馬単⑥→① 3140円
ワイド①－⑥ 630円　③－⑥ 1840円　①－③ 2140円
3連複①③⑥ 10180円
3連単⑥→①→③ 44270円

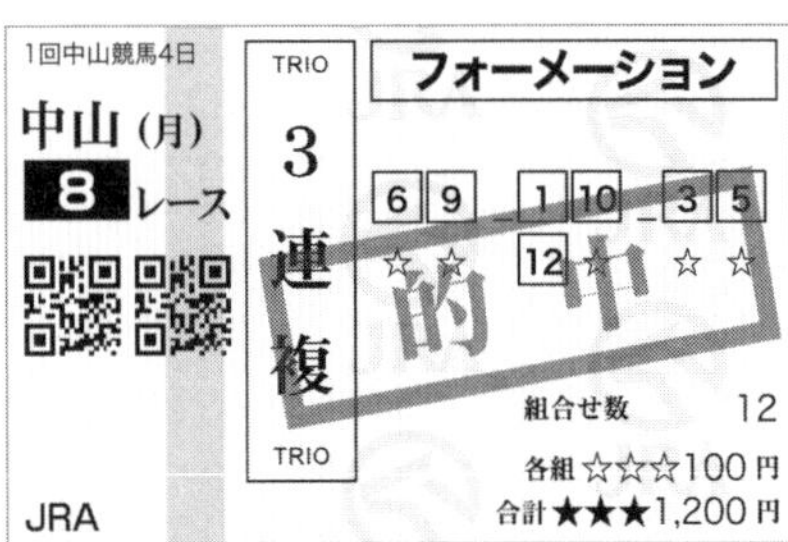

3連複①③⑥1万180円的中！

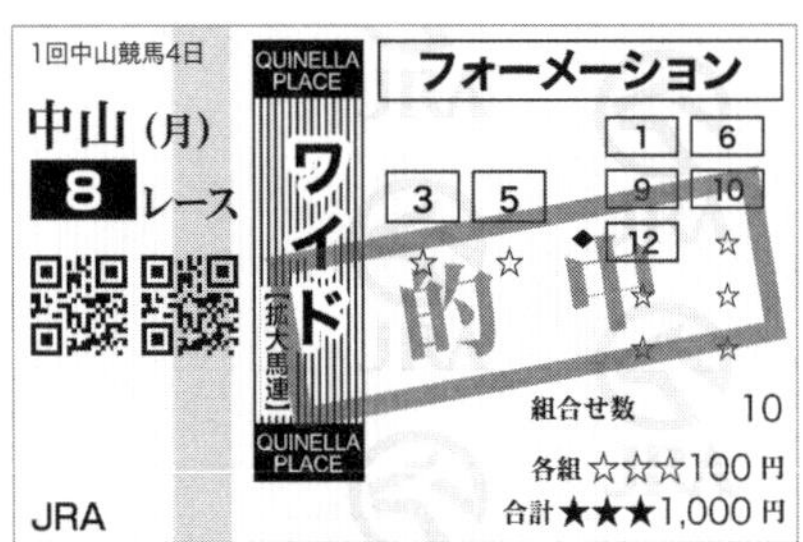

ワイド③－⑥1840円、
①－③2140円的中！

⑨⑥①⑫⑩⑮④⑭■③⑤■⑦②⑬⑪⑧（■＝オッズの壁）

です。馬連8位と10位に「オッズの壁」が出現し、9時半のオッズで浮上した穴馬候補の③番と⑤番を囲んでいました。すなわち③番と⑤番は「囲い穴」状態になっていたのです。

このレースの穴馬候補はハッキリと、③番と⑤番で決定です。

10時半のオッズでは、馬連5位に約1・6倍の乖離差があったので、上位5頭を「⑨⑥」「①⑫⑩」の2つに分け、3連複フォーメーションは、⑨⑥番－①⑫⑩番－③⑤番と組みました。そして押さえはワイドでこの5頭への10点買い、③⑤番－⑨⑥①⑫⑩番です。

レース結果は1着⑥キタノブレイド、2着①ニルカンタテソーロ、3着③ネイチャーカレンと入り、狙った穴馬候補の1頭、③番が3着と馬券に絡んで、3連複、ワイド2点の的中となりました。

3連複①③⑥は1万180円、ワイド③－⑥1840円、①－③2140円です。

「馬連1番人気が15倍以上」のときの馬券購入法

馬連1番人気のオッズが高ければ波乱度も高くなるわけではありません。「オッズX方式」では馬連1番人気が15倍を超えるレースは、馬券を購入する際、10時半の馬連ランクで1位から4位の馬に注意するようにしています。

実際のレースを見ていきましょう。**2023年3月18日、中山11RフラワーC**です。

コンピ指数判定は「大穴型レース」。馬連1番人気は18・0倍、単勝30倍未満の頭数は11頭と、「競馬予報」からは「大穴型レース」と判定されました。

馬連、単勝、複勝ランクを人気順に並び替えたが、下の表5です。

表を見ると、馬連10位と11位に「オッズの壁」があることがわかります。

馬連10位の「オッズの壁」からは⑬番と⑯番が浮上、馬連11位の「オッズの壁」からは⑯番と⑭番が浮上しています。この2つの「オッズの壁」からは、ダブルで⑯番が浮上していることがわかります。

このように連続する「オッズの壁」からダブルで浮上した穴馬のことを、先に紹介した「囲い穴」と並んで**「ダブり馬」**と呼び、「オッズの壁」から浮上した穴馬の中では強い穴馬候補となります。

さて「オッズの壁」からは⑬番と⑭番も浮上しています。

この2頭を比較すると、コンピ指数で⑬番は13位、⑭番は12位です。しかし⑬番は⑭番より馬連、単勝、複勝ランクで上位にランクされており、「複勝6倍の壁」からも浮上していました。

穴馬候補は⑯番と⑬番で決定です。

馬券の組み立て方ですが、このレースも10時半の馬連ランクを使って組み立てていきます。10時半の馬連ランクは、次のようになっていました。

表5●2023年3月18日・中山11Rフラワーc

	1位	2位	3位	4位	5位	6位	7位	8位	9位	10位	11位	12位	13位	14位	15位	16位
コンピ指数	6	1	15	2	16	9	12	4	8	3	10	14	13	11	5	7
馬連ランク	8	2	15	12	4	1	6	9	13	16	14	5	11	3	7	10
馬連オッズ		18.0	26.1	26.2	27.6	29.2	36.0	51.0	52.9	58.8	121	277	280	296	477	620
単勝ランク	4	1	8	15	6	9	2	12	16	13	14	7	11	3	5	10
単勝オッズ	4.3	5.0	5.7	9.1	9.2	9.7	10.5	14.9	18.8	21.9	27.0	122	129	159	208	218
複勝ランク	8	6	4	9	15	1	12	16	13	2	14	11	3	7	5	10
複勝オッズ	2.2	2.5	3.0	3.3	3.4	4.1	4.1	4.4	4.5	5.0	8.4	18.1	22.0	22.5	30.1	37.3

オッズの壁（馬連10位と11位の間）

オッズの壁（馬連11位と12位の間）

複勝6倍の壁（複勝10位と11位の間）

●2023年3月18日・中山11Rフラワーカップ（GⅢ、芝1800m）

馬番	枠	馬名	父	母	斤量	騎手	調教師	賞金	馬主	生産者
1	白1	ドナウパール	エピファネイア	ドナウブルー	鹿 54 牝3	戸崎圭	斉藤崇	400 / 660	サンデーR	ノーザンF
2	白1	パルティキュリエ	キタサンブラック	エクセレンスII	鹿 54 牝3	横山武	田中博	400 / 800	サンデーR	ノーザンF
3	黒2	マルカシャルマン	ノヴェリスト	ナチュラルスタンス	鹿 54 牝3	石川	浜田	400 / 700	日下部猛	社台F
4	黒2	エミュー	ハービンジャー	スーリール	鹿 54 牝3	Mデムーロ	和田郎	900 / 1752	ノースヒルズ	ノースヒルズ
5	赤3	ディヴァージオン	サトノダイヤモンド	スコアズビー	鹿 54 牝3	内田博	藤岡健	400 / 700	幅田昌伸	須崎牧場
6	赤3	パルクリチュード	ガンランナー	グローバルビューティ	栗 54 牝3	西村淳	松永幹	400 / 1000	キャロットF	ノーザンF
7	青4	ミカッテヨンデイイ	イスラボニータ	ボルティモア	黒鹿 54 牝3	松岡	堀内	600 / 1910	ニューマレコード	社台F
8	青4	マテンロウアルテ	ルーラーシップ	スキーホリデー	黒鹿 54 牝3	横山典	坂口智	400 / 950	寺田千代乃	下河辺牧場
9	黄5	セリオーソ	ディープブリランテ	エバーグレーズ	鹿 54 牝3	三浦	高柳瑞	400 / 700	Viridian KC	清水牧場
10	黄5	クリニクラウン	トビーズコーナー	ルナフォース	栗 54 牝3	原	小手川	400 / 620	新木鈴子	ヒダカF
11	緑6	フラッシングレート	ミッキーロケット	スピードリッパー	鹿 54 牝3	石橋脩	音無	400 / 1207	吉田勝己	ノーザンF
12	緑6	ゴールデンハインド	ゴールドシップ	オレゴンレディ	芦 54 牝3	丹内	武市	400 / 1920	ラフィアン	ビッグレッドF
13	橙7	ニシノコウフク	サトノクラウン	ニシノマメフク	黒鹿 54 牝3	田辺	伊藤大	400 / 1503	西山茂行	中山高鹿康
14	橙7	エメリヨン	ドゥラメンテ	レディフォグホーン	栗 54 牝3	横山和	加藤士	400 / 700	社台RH	社台F
15	桃8	ココクレーター	エピファネイア	ブルメリアスター	青鹿 54 牝3	ルメール	木村	400 / 830	キャロットF	ノーザンF
16	桃8	ヒップホップソウル	キタサンブラック	ダンスファンタジア	鹿 54 牝3	津村	木村	400 / 1110	社台RH	社台F

1着④エミュー（2番人気）
2着⑯ヒップホップソウル（8番人気）
3着⑥パルクリチュード（3番人気）

単④ 640円　枠連2－8　1640円
複④ 260円　⑯ 360円　⑥ 230円
馬連④－⑯ 4980円　馬単④→⑯ 8720円
ワイド④－⑯ 1770円　④－⑥ 1180円　⑥－⑯ 1620円
3連複④⑥⑯ 12100円
3連単④→⑯→⑥ 79490円

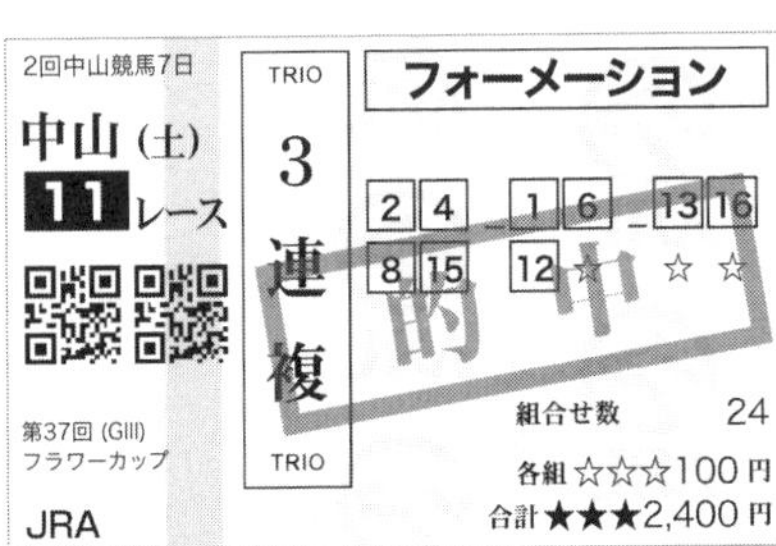

3連複④⑥⑯1万2100円的中！

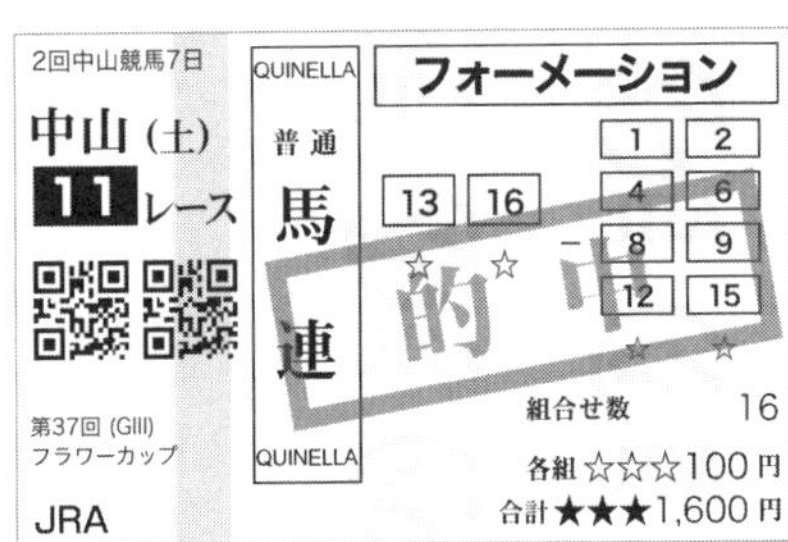

馬連④－⑯4980円的中！

⑧②⑮④⑫①⑥⑨⑯⑬■⑭■⑪③⑤⑦■⑩（■＝オッズの壁）

表5からわかるように、馬連7位の⑥番が複勝2位へ上昇していることがわかります。ということは10時半の馬連ランクでは、⑥番まで気をつけなければなりません。

また馬連1番人気が15倍を超えているレースでは、馬連4位までの馬が馬券に絡む傾向が強いため、馬券は上位4頭（⑧②⑤④）と⑥番までの3頭（⑫①⑥）を上位人気の馬とし、穴馬候補2頭との3連複フォーメーション、すなわち、⑧②⑮④番－⑫①⑥番－⑯⑬番の24点買いを購入しました。

さらに馬連は、穴馬候補から上位人気8頭への⑯⑬番－⑧②⑮④⑫①⑥⑨番でGOです。

レース結果は1着④番エミュー、2着⑯番ヒップホップソウル、3着⑥番パルクリチュードで決まり、「オッズの壁」の「ダブり馬」として浮上の⑯番は2着と馬券に絡み、馬連&3連複のダブルゲットです。

馬連④－⑯4980円、3連複④⑥⑯1万2100円でした。

馬連ランク4位、7位との組み合わせで馬連も3連複もそれほど高配当にならなかったのは、馬連1番人気が15倍を超え、人気が割れすぎていたからでしょう。

少頭数レースで3連複の高配当をつかむ！

少頭数レースでも、買い方次第では高配当をゲットすることができた例を2つ紹介してみましょう。

ひとつ目は2023年5月14日、新潟11R弥彦S（13頭立て）です。

馬連、単勝、複勝オッズを人気順に並び替えたのが左の表6です。

少頭数レースの「競馬予報」では、複勝6倍未満の頭数が基本となります。拙著『とことん回収率を上げる！ 大谷式穴馬券の買い方』（秀和システム）でも紹介しましたが、少頭数レースでの穴型レースの条件は「複勝6倍未満の頭数が、出走頭数の半数＋2以上」になっているかどうかです。

表6を見ると、複勝6倍未満の頭数は11頭です。13頭立ての半数は6・5ですから、6・5＋2＝8・5、つまり複勝6倍未満の頭数が9頭以上いれば「大穴型レース」と判定されます。

このレースは複勝6倍未満の頭数が11頭ですから、「競馬予報」からは「大穴型レース」となります。馬連1番人気が9・4倍、単勝30倍未満の頭数も12頭なので、ますます穴馬が馬券に絡む可能性がアップし、期待がふくらみます。

穴馬として注目したのが、コンピ指数11位から単勝5位、複勝5位に上昇していた①番です。

①番は馬連ランク9位・33倍で穴馬としての条件、40倍以上を満たしていませんが、馬連1位を見てください。そこには「オッズの壁」があります。

壁の乖離差は、馬連2位と3位のオッズを馬連3位のオッズで割れば求めることができるので、馬連2位⑫番と馬連3位の⑪番、⑪－⑫のオッズを調べると29・7倍でした。馬連3位のオッズは11・6倍なので、29・7

表6●2023年5月14日・新潟11R弥彦S

	1位	2位	3位	4位	5位	6位	7位	8位	9位	10位	11位	12位	13位
コンピ指数	6	11	2	12	13	10	9	3	7	8	1	5	4
馬連ランク	6	12	11	2	8	9	13	3	1	7	10	4	5
馬連オッズ		9.4	11.6	12.0	13.0	13.7	16.2	22.9	33.5	38.3	39.9	69.2	173
単勝ランク	6	12	2	9	1	8	13	11	3	7	10	4	5
単勝オッズ	3.3	3.8	9.8	9.9	11.8	12.5	13.6	14.4	16.8	26.0	28.7	29.5	66.5
複勝ランク	6	12	2	3	1	8	11	10	13	9	7	4	5
複勝オッズ	1.7	2.4	2.9	3.3	4.4	4.4	4.4	4.8	5.2	5.3	5.5	6.9	14.6

●2023年5月14日・新潟11R弥彦S(4歳上3勝クラス、芝1800m)

馬番	枠	馬名	父	母(母の成績)	毛色 斤量 性齢	騎手	厩舎	賞金	総賞金	馬主	生産者	印	距離別成績	前走	前々走
13	桃8	オヌール	ディープインパクト㊕	アヴニールセルタン仏㊥	黒鹿 56 牝5	替杉原	美友道	1500	3980	社台RH	千社台F	◎ 注 △ … … △ 西	三2130② 阪1471① 東2002⑧	6阪 21年12月 ① [illegible] 1 2勝 7ト9頭 天外1471 53川田 S⑥⑥⑥ 414 人気1 中位抜出 2身 373外334 アウスヴァール 1474 0.3	17ヵ月余 爪不安放牧 乗込み5週間 仕上り○ 連対体重 412～418 3ヵ月以上休 ①②③外 2001
12	桃8	スパイラルノヴァ	キズナ㊕	アップワードスパイラル英㋮	黒鹿 58 牡5	替角田和	栗藤岡健	1500	6350	フクキタル	新パカパカF	△ … … … △ △ 西	三2134⑥ 阪1340⑧ 東1459① 中2008⑥	2中 3月19日 ⑧ スピカS 3 3勝 12ト16頭 天内1490 58Mデムーロ H④④④ 488 人気3 好位伸 2¼ 371中364 ノースザワール 1486 0.4	3中 4月2日 ④ 美浦 6 3勝 12ト12頭 二内2008 58Mデムーロ S⑧⑥⑥ 486 人気3 中位まま 6身 388外342 テーオーシリウ 1597 1.1
11	橙7	フィールシンパシー	ベーカバド㊥	スマートシンパシー未勝㊥	鹿 56 牝4	横山琉	美小島茂	1500	4911	岡田牧雄	ひ岡田S	△ … △ ○ ◎ ○	中[illegible] 新[illegible]	2中 2月25日 ① 幕張S 2 3勝 9ト16頭 天外1334 56横山琉 M⑫⑪⑨ 442 人気9 G前鋭い 1½ 365外344 ジネストラ 1332 0.2	3中 3月26日 2 [illegible] 5 3勝 13ト16頭 天外1378 55横山琉 M⑤⑧⑧ 446 人気3 中位差詰 6½ 366中373 サーマルウイン 1367 1.1
10	橙7	ハーランズハーツ	ハーツクライ㊕	ハーランズロマン1勝㊥	黒鹿 58 牡6	替富田	栗橋口慎	1500	6410	林正道	ひ服部牧場	… △ … △ … ▲ 西	三2136⑨ 阪1362⑦ 京1459⑥ 宗1585④	2小 2月26日 ⑥ 八代 1 2勝 10ト18頭 三2015 58菱田 S⑮⑪⑨ 444 人気3 後方一気 1身 375外355 ストップザタイ 2016 0.1	1京 4月23日 ② センテニ 6 3勝 10ト14頭 天外1459 55北村友 M⑪⑪⑫ 440 人気9 後方差詰 2¾ 363中341 エンペザー 1454 0.5
9	緑6	グランスラムアスク	ディープインパクト㊕	ジェニサ米㋮	鹿 56 牝4	替丸山	栗矢作	1500	4980	廣崎利洋HD	日下河辺牧場	△B ◎ ○ △ △ 注 西	阪[illegible]7⑥ 新1[illegible]3① 阪2[illegible]2②	3中 4月16日 ⑧ 野島崎 6 牝ヒ2勝 10ト15頭 二内2017 56横山武 H⑤⑤③ 450B 人気6 好位一息 6¾ 363中372 モカフラワー 2006 1.1	1新 4月29日 ① 胎内 1 2勝 10ト12頭 天外1466 56古川奈 M①①① 448B 人気4 離逃げ 4身 354内351 タガノチュール 1473 0.7
8	緑6	クライミングリリー	ディープインパクト㊕	コンテスティッド米㋮	鹿 56 牝5	替丹内	美国枝	1500	4581	社台RH	千社台F	… ▲ … … △ …	東1390⑧ 東1468⑤ 中2018⑦	1中 1月21日 ⑦ 初富士 7 3勝 4ト14頭 二内2018 54戸崎圭 S⑪⑬⑬ 472 人気7 後直だけ 5¼ 385内355 スルーセブンシ 2010 0.8	2中 3月19日 ⑧ スピカS 2 3勝 9ト16頭 天内1488 56田辺 H⑩⑦⑥ 470 人気7 漸進伸 1身 379外359 ノースザワール 1486 0.2
7	黄5	エリオトローピオ	ゴールドシップ㊕	マイネジャーダ3勝㊥	栗 56 牝4	替柴田大	美深山	1500	4982	ラフィアン	新ビッグレッドF	… △ △ 注 △ …	三2153⑪ 中1337④ 福1470① 宗2008⑤	2中 3月19日 ⑧ スピカS 11 3勝 5ト16頭 天内1502 56丹内 H⑦⑨⑨ 406 人気10 中位一杯 9身 377中372 ノースザワール 1486 1.6	1福 4月16日 ④ 福島民報 2 L 3ト14頭 三2018 50横山琉 M④⑥⑤ 404 人気5 好位伸 1¼ 360内357 カレンルシェル 2016 0.2
6	黄5	トゥデイイズザデイ	ディープインパクト㊕	キトゥンズクイーン米㊥	鹿 58 牡4	替荻野極	栗池江寿	1500	3750	前田葉子	新ノースヒルズ	注 ○ ◎ ▲ ○ ◎ 西	三2157② 中1350❶ 新1444③ 阪2041⑥	5阪 11月5日 ① 三才上 1 1勝 11ト12頭 天外1456 55福永 M⑤④② 468 人気1 好位抜出 ½身 361中341 エバーシャドネ 1457 0.1	2中 3月19日 ⑧ 四才上 1 2勝 10ト13頭 天外1350 58横山武 S⑫⑪⑩ 460 人気1 直線一気 1身 368外348 コミカライズ 1352 0.2
5	青4	アンダープロット	ハーツクライ㊕	マチカネタマカズラ2勝㋮	黒鹿 58 騸5	替齋藤	美加藤征	1500	4443	シルクR	安ノーザンF	… … … … … …	芝ダ1452③ 東ダ1390⑯ 中1467② 東1597③	5東 11月27日 ⑧ ウェルカ 16 3勝 1ト16頭 三2025 57浜中 M⑧⑧⑧ 498B 人気10 鼻出血 大差 365中385 バトルボーン 1578 4.7	5ヵ月半 去勢・鼻出血 乗込み3週間 仕上り○ 連対体重 490～502 3ヵ月以上休 ①②③外 1030
4	青4	ソウルトレイン	レッドスパーダ㋮	チラリ未勝㋮	芦 58 牡6	替勝浦	美昆	1500	8402	安原浩司	ひフジワラF	… … … … … … 西	東1201③ 阪1324④ 阪1451④ 宗2010⑩	2中 3月18日 7 韓国馬事 7 3勝 12ト16頭 天ダ1507 58大野 S③③③ 496 人気7 好位一息 3身 372中381 パワーブローキ 1502 0.5	1京 4月23日 ② センテニ 13 3勝 14ト14頭 天外1465 57横山典 M②②② 484 人気4 先行一杯 6½ 352中356 エンペザー 1454 1.1
3	赤3	地サジェス	オルフェーヴル㊕	エメラルドスター英㋮	鹿 58 牡5	替石橋脩	栗中尾秀	1220	4050	清宮義男	千社台F	△ △ ▲ △ 注 △ 西	阪1223⑩ 新1406⑰ 小1473❶ 新2018③	5阪 11月20日 ⑥ [illegible] 8 2勝 2ト11頭 天外1483 55岩田望 S⑨⑧⑨ 450 人気5 後直だけ 4¾ 374内341 フィデル 1475 0.8	1京 4月23日 ② [illegible] 1 2勝 9ト10頭 三外2138 58団野 S⑦⑥⑤ 454 人気5 中位差切 クビ 387外338 ジェンヌ 2138 0.0
2	黒2	ホウオウスカーズ	ディープインパクト㊕	ビーコンターン英㊥	黒鹿 56 牝5	替佐々木	美高木	1500	4385	小笹芳央	ひ岡田S	○ … 注 ◎ ▲ △	新1323① 京1456③ 中1589⑦	3中 4月2日 ④ 美浦 5 3勝 9ト12頭 二内2007 56大野 S⑧⑨⑧ 452 人気7 後方追上 5½ 389中340 テーオーシリウ 1597 1.0	1京 4月23日 ② センテニ 3 3勝 12ト14頭 天外1456 53西村淳 M④⑥⑤ 450 人気5 好位伸 1身 354中343 エンペザー 1454 0.2
1	白1	ルドヴィクス	モーリス㊕	ビーチプローフィズ1勝㋮	青 58 牡6	替菱田	美久保田	1500	4537	村木克子	安ノーザンF	▲ … … … … △	天ダ[illegible]① 三[illegible] 東[illegible] 阪[illegible]	2中 3月19日 ⑧ スピカS 8 3勝 8ト16頭 天内1495 58菅原明 H⑬⑬⑫ 526 人気4 出遅る 5¼ 387中356 ノースザワール 1486 0.9	2阪 4月9日 ⑥ [illegible] 10 3勝 6ト16頭 三内1595 57吉田隼 S⑯⑮⑮ 520 人気9 後方差詰 3¾ 385外343 セイウンハーデ 1589 0.6

1着⑨グランスラムアスク
(4番人気)
2着①ルドヴィクス
(5番人気)
3着⑪フィールシンパシー
(3番人気)

単⑨ 1110円 枠連1－6 4260円
複⑨ 310円 ① 370円 ⑪ 280円
馬連①－⑨ 8230円 馬単⑨→① 15880円
ワイド①－⑨ 1960円 ⑨－⑪ 1600円 ①－⑪ 1600円
3連複①⑨⑪ 20470円
3連単⑨→①→⑪ 151350円

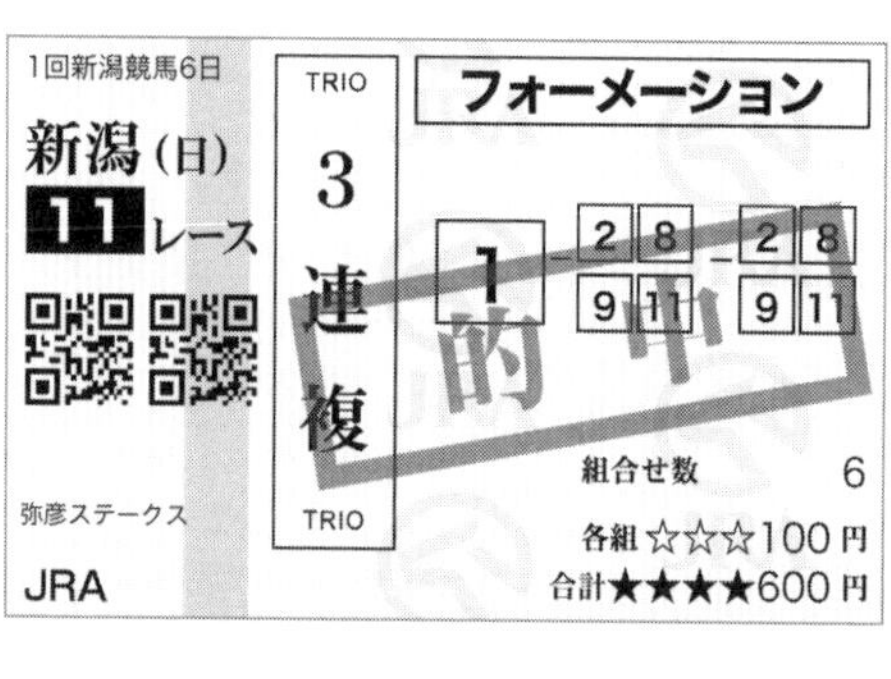

1回新潟競馬6日
新潟(日)
11レース
弥彦ステークス
JRA
TRIO
3連複
TRIO
フォーメーション
1
2 8
9 11
2 8
9 11
組合せ数 6
各組☆☆☆100円
合計★★★★600円
的中

3連複①⑨⑪2万470円的中！

÷11・6＝2・56、馬連1位の「オッズの壁」の大きさは2・56倍であることがわかります。

この数値は馬連1位の⑥番の人気のカブリ方を示しており、もしこの馬が馬券から消えると馬連オッズは⑥番絡みのオッズの約2・56倍になることを表しています。①番は33・5倍なので、33・5×2・56＝85・76となります。

このレースは「大穴型レース」で、波乱になる可能性が高いのです。となれば上位人気の馬が馬券から消える可能性が高いわけですから、①番からの馬券でも⑥番が消えれば高配当が期待できるというわけです。

馬券は単勝2位に「オッズの壁」があったため、①番からは馬連ランク3位から6位への4頭⑪②⑧⑨番への3連複フォーメーションを組み立てました。

すなわち①番－⑪②⑧⑨番－⑪②⑧⑨番です。

レース結果は、少頭数レースの「競馬予報」の判定の通り、1番人気の⑥番は5着。2番人気の⑫番も8着と馬券には絡みませんでした。

1着⑨グランスラムアスク、2着①ルドヴィクス、3着⑪フィールシンパシーで決まり、狙った穴馬候補の①番は2着に入りました。相手馬もフォーメーションの相手馬で決まり、3連複①⑨⑪2万470円の的中です。

少頭数レースの「競馬予報」から穴型レースとして浮上したレースは、上位人気をカットしただけで、高配当をゲットすることができるのです。

２つ目の例は2023年8月13日、小倉10R博多S（10頭立て）です。馬連、単勝、複勝オッズを人気順に並び替えたのが、下の表7です。

このレースは13頭立てで、複勝6倍未満の頭数は10頭です。少頭数レースの「競馬予報」では、「出走頭数の半数＋２頭」以上というのが「大穴型レース」の条件で、基準値の９頭をクリアしています。「競馬予報」からは「大穴型レース」と判定されました。

さらに、このレースはハンデ戦なので、「大穴型レース」としてはプラス材料もあります。

表7を見ると、馬連11位に「オッズの壁」があるのですが、その前の２頭が馬連オッズ41倍、44倍に対して単勝が29倍、38倍では、単勝が売れてなくてバランスが悪い。穴馬としてはあまり信用できません。

そこで「複勝6倍の壁」に注目しました。「複勝6倍の壁」からは⑨番と②番が浮上しますが、②番は先ほどの馬連オッズに対し単勝が売れていなかったのでカットします。

つまり、穴馬候補は⑨番１頭に決定です。

さて馬券ですが、馬連1位と単勝1位には「オッズの壁」があります。これは⑥番から馬券が売れていることを表しています。

表7●2023年8月13日・小倉10R博多S

	1位	2位	3位	4位	5位	6位	7位	8位	9位	10位	11位	12位	13位
コンピ指数	6	13	5	4	12	10	9	3	2	11	1	8	7
馬連ランク	6	13	5	4	10	12	11	3	9	7	2	1	8
馬連オッズ		8.8	9.3	11.0	15.2	15.5	26.2	29.4	39.0	41.5	44.7	91.0	123
単勝ランク	6	13	5	4	10	12	11	3	9	7	8	2	1
単勝オッズ	2.1	6.1	8.2	9.7	10.3	15.5	21.2	21.9	23.4	29.4	38.1	38.7	51.2
複勝ランク	6	5	12	13	10	4	11	3	9	2	7	1	8
複勝オッズ	1.6	2.8	3.2	3.3	3.3	4.0	4.1	4.7	5.5	5.8	6.7	8.3	11.1

オッズの壁（馬連1位と2位の間）
オッズの壁（馬連11位と12位の間）
複勝6倍の壁（複勝10位と11位の間）

●2023年8月13日・小倉10R博多S（3歳上3勝クラス、芝1800m）

	桃8 ⑬	桃8 ⑫	橙7 ⑪	橙7 ⑩	緑6 ⑨	緑6 ⑧	黄5 ⑦	黄5 ⑥	青4 ⑤	青4 ④	赤3	黒2	白1
父	ドゥラメンテ	キングカメハメハ	ハーツクライ	キタサンブラック	キングカメハメハ	キズナ	キズナ	エピファネイア	エピファネイア	ルーラーシップ	キズナ	ハーツクライ	トゥザグローリー
馬名	セントカメリア	タガノパッション	ハーランズハーツ	ブラックシールド	ダンテスヴュー	オールザワールド	アサケレディ	チャンスザローゼス	ウインリブルマン	トウシンモンブラン	イリマ	ハートオブアシティ	エターナルヴィテス
母	アドマイヤテレサ 5勝	アドマイヤシルク 未勝	ハーランズロマン 1勝	ゴールドエッセンス 3勝	クロウキャニオン 1勝	エピックラヴ 愛	メルセンヌナンバー 未出	ヴィンテージローズ 2勝	ウインリバティ 5勝	トウシンハンター 1勝	ヴェントス 1勝	トレラピッド 愛	テツムーン 未勝
毛色・斤量・性齢	鹿 54 牝4	鹿 55 牝5	黒鹿 55 牡6	鹿 56 牡4	鹿 57 牡4	鹿 55 牡6	黒鹿 54 牝5	鹿 55 牡3	栗 56 牡5	鹿 54 牝5	鹿 53 牝5	青鹿 55 牡5	鹿 52 牡7
騎手	替西村淳	替秋山真	替団野	替藤岡康	替坂井	替角田河	替田口	川田	替松若	替松山	替和田竜	替岩田望	替酒井
厩舎	栗高野	栗武幸	栗橋口慎	栗武幸	栗友道	栗中竹	栗大橋	栗中内田	栗飯田雄	栗杉山晴	栗高橋亮	栗森田	美松山将
賞金	1500	1600	1500	1500	1200	1500	1500	1200	1500	1500	1500	1500	1500
総賞金	4017	8304	6410	4741	3700	9630	6119	2500	5950	5484	4106	5823	5395
馬主	シルクR	八木良司	林正道	吉田勝己	金子真人HD	前田晋二	大橋公莞	藤田晋	ウイン	サトー	前田幸治	吉田千津	永井廣司
生産者	安ノーザンF	新タガノF	ひ服部牧場	安ノーザンF	安ノーザンF	安ノーザンF	新ムラカミF	安ノーザンF	新コスモヴューF	ひ千代田牧場	新ノースヒルズ	千社台F	浦櫛桁牧場
印	◎ △ … 注 △ △	▲ ▲ ◎ △ … ○	… △ 注 … … △	△ … △ △ ○ △	△ … △ … 注 △	注 … … … … …	… △ … △ △ …	○ ○ ○ ○ ◎ ◎	△ 注 △ ◎ ▲ 注	△ ◎ ▲ △ △ ▲	… … △ ▲ … △	… △ … … … …	… … … … △ 東
持ち時計	宗1353② 新1586②	**3** …④ … 阪… 小…③	三2136⑨ 阪1362⑦ 京1459⑥ 宗1585④	三2145⑨ 三2276③ 阪1503③ 阪1593①	**1** ダ…6⑬ 東…5⑫ 東1…2④ 宗2…5②	ダ2002⑯ 三2119② 東1464② 小1576④	1129⑧ 京1373⑥ 阪1465③ 阪1584⑤	東1475① 宗2014①	**2** 新…⑥ … …② …⑦	ダ1546③ 阪1362③ 京1454② 中1587⑤	阪1371③ 福1472① 小1575①	三2126⑥ 阪1337⑤ 小1464④ 阪1591②	三2121⑫ 宗1336⑨ 京1467⑭ 新1598①
前走	2東 4月29日 ③ 6 3勝 5ﾄ 11頭 1586 56 横山武 S ⑦⑦⑦ 452 人気5 中位まま 5身 369中339 レインフロムヘ 1578 0.8	2中京 3月18日 ③ 11 3勝 11ﾄ 12頭 1382 56 武豊 S ⑪⑩⑩ 478 人気3 後方まま 6½ 383外352 アヴェラーレ 1372 1.0	1京 4月23日 ② センテニ 6 3勝 10ﾄ 14頭 外1459 55 北村友 M ⑪⑪⑫ 440 人気9 後方差詰 2¾ 363中341 エンベザー 1454 0.5	2阪 4月9日 ⑥ 12 3勝 9ﾄ 16頭 内1597 56 戸崎圭 S ⑧⑥⑦ 452 人気1 中位一杯 4¾ 378中351 セイウンハーデ 1589 0.8	2阪 4月9日 ⑥ 13 3勝 8ﾄ 15頭 ダ1546 58 岩田望 S ⑧④④ 466 人気3 追上一杯 14身 376中393 テイエムベンチ 1521 2.5	2中京 3月25日 ⑤ 16 3勝 10ﾄ 16頭 ダ2002 56 荻野極 S ⑨⑦⑦ 476 人気12 中位一杯 17身 381中382 マリオロード 1574 2.8	1京 5月20日 ⑨ シドニー 3勝 11ﾄ 11頭 内 中止 56 武豊 S ⑤⑥⑪ 500 人気5 直線にて疾病発症 ローゼライト 1589	4東 10月22日 ⑥ アイビー 1 L 2ﾄ 8頭 1475 55 川田 S ①①① 478 人気1 逃切る 2身 355内346 シャンドゥレー 1478 0.3	5中京 9月10日 ① ムーンラ 3勝 4ﾄ 11頭 取消 55 松若 左前肢跛行のため レインカルナテ 2119	1京 4月23日 ② センテニ 2 3勝 11ﾄ 14頭 外1454 54 松山 M ④③③ 494 人気8 漸進伸 アタマ 354中344 エンベザー 1454 0.0	1京 5月20日 ⑨ シドニー 5 3勝 5ﾄ 11頭 内1594 56 鮫島駿 S ⑨⑨⑧ 464 人気7 後方差詰 2¾ 381外346 ローゼライト 1589 0.5	2東 4月29日 ③ 11 3勝 8ﾄ 11頭 2001 58 坂井 S ③③③ 430 人気10 先行一杯 13¾ 366中359 レインフロムヘ 1578 2.3	1京 4月23日 ② センテニ 14 3勝 4ﾄ 14頭 外1467 52 水口 M ⑬⑬⑭ 476 人気14 後方まま 7½ 365外347 エンベザー 1454 1.3
近走	3ヵ月余 放牧 乗込み2週間 仕上り○ 連対体重 432～444 3ヵ月以上休 ①②③外 0 1 0 1	5ヵ月休 放牧 乗込み4週間 仕上り○ 連対体重 450～474 3ヵ月以上休 ①②③外 0 0 1 1	1新 5月14日 ⑥ 12 3勝 10ﾄ 13頭 外1470 58 富田 M ⑬⑫⑫ 440 人気12 後方まま 6¼ 368内346 グランスラムア 1459 1.1	4ヵ月休 放牧 乗込み4週間 仕上り○ 連対体重 446～458 3ヵ月以上休 ①②③外 0 0 1 0	3中京 7月1日 ⑪ 白川郷S 12 3勝 7ﾄ 13頭 1354 57 岩田望 S ③⑦⑤ 474 人気8 中位一杯 7¾ 356中362 アスクコンナモ 1341 1.3	3中京 7月15日 ⑤ 関ケ原S 9 3勝 4ﾄ 11頭 2022 58 幸 S ⑧⑦⑦ 468 人気9 中位まま 4¾ 384内339 ファユエン 2014 0.8	3阪 6月4日 ② 8 3勝 3ﾄ 11頭 内1596 56 菱田 S ⑤⑤⑤ 494 人気5 中位一杯 2¼ 372中343 テーオーソラネ 1593 0.3	9ヵ月半 脚部不安放牧 乗込み5週間 仕上り○ 連対体重 478～484 3ヵ月以上休 ①②③外 0 1 0 0	3東 6月24日 ⑦ 江の島S 6 3勝 9ﾄ 14頭 2003 58 松岡 S ①①① 506 人気12 逃一息 1¼ 370中341 ドゥラドーレス 2001 0.2	1京 5月20日 ⑨ シドニー 9 3勝 8ﾄ 11頭 内2002 56 岩田望 S ③③③ 500 人気1 好位一杯 7¾ 373外359 ローゼライト 1589 1.3	2福 7月8日 ③ 阿武 9 3勝 7ﾄ 11頭 1492 53 三浦 M ⑪⑩⑩ 458 人気2 4角不利 7身 380外359 シンボ 1480 1.2	3ヵ月余 放牧 乗込み4週間 仕上り○ 連対体重 430～442 3ヵ月以上休 ①②③外 0 3 0 0	2福 7月8日 ③ 阿武 4 3勝 5ﾄ 11頭 1483 52 田中勝 M ②②① 472 人気9 4角先頭 1¾ 358中367 シンボ 1480 0.3

1着⑨ダンテスヴュー
（7番人気）
2着⑤ウインリブルマン
（4番人気）
3着⑫タガノパッション
（5番人気）

単⑨ 2600円　枠連4－6　4360円
複⑨ 620円　⑤ 240円　⑫ 380円
馬連⑤－⑨ 8570円　馬単⑨→⑤ 18900円
ワイド⑤－⑨ 2730円　⑨－⑫ 3090円　⑤－⑫ 1450円
3連複⑤⑨⑫ 30450円
3連単⑨→⑤→⑫ 195710円

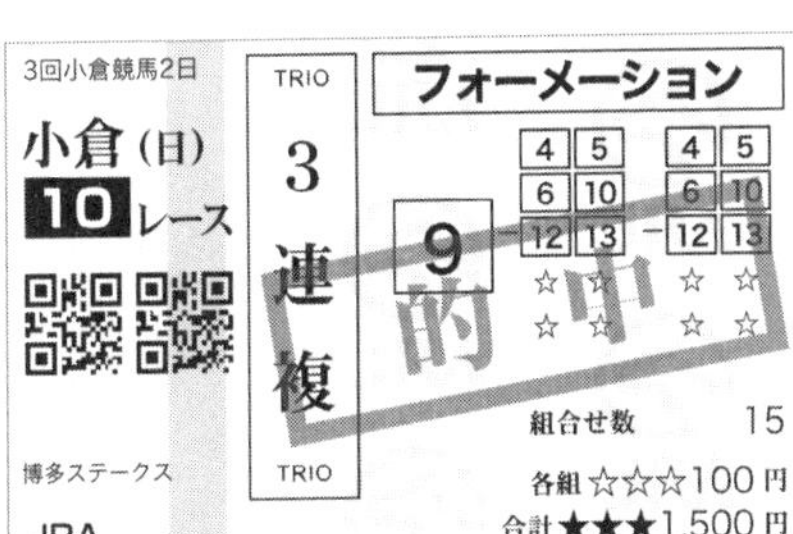

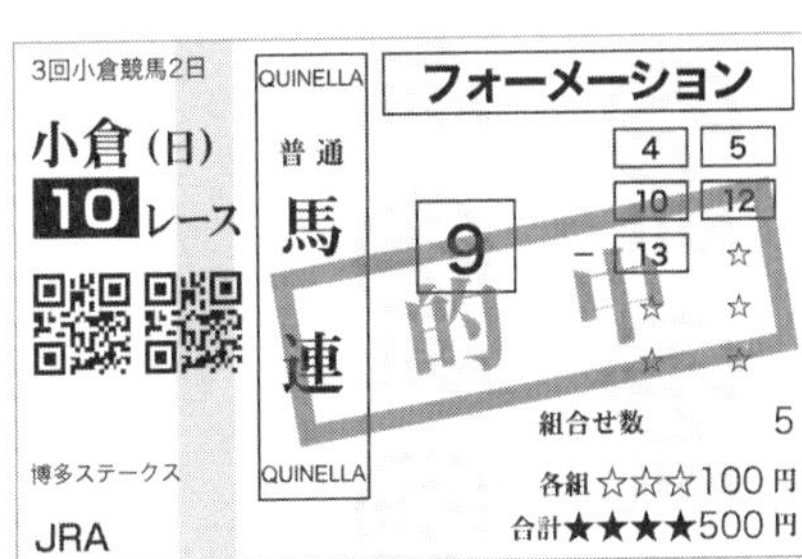

3連複⑤⑨⑫3万450円的中！

馬連⑤－⑨8570円的中！

しかしこのレースは「競馬予報」からは「大穴型レース」判定が下されています。上位人気の馬が馬券対象から消える可能性も否定できません。

そこで、馬連は馬連1位の⑥番をカットした、馬連ランク2位から6位までの5頭⑬⑤④⑩⑫番を穴馬候補の相手馬とし、3連複はその5頭に念のため⑥番を加えた馬券を組み立てました。

⑬⑤④⑩⑫番を選んだ理由は、10時半の馬連ランクを調べてみると、⑥⑬⑤④⑩⑫⑪……となっており、馬連6位⑫番と7位⑪番との間に乖離差1・74倍があり、ここにひとつの境界線があると判断したからです。

すなわち、3連複フォーメーション（1頭軸流し）は⑨番－⑥⑬⑤④⑩⑫番の15点買いです。そして馬連は⑨番－⑥⑬⑤④⑩⑫番となります。

レース結果ですが、1着には狙った穴馬、⑨ダンテスヴューが入りました。2着は⑤ウインリブルマン、3着⑫タガノパッションで、3連複、馬連馬券ダブル的中です。

1番人気の⑥チャンスザローゼスですが、先行策を取るも、最後の直線では失速し9着です。3連複⑤⑨⑫は3万4500円、馬連⑤－⑨は8570円といった配当でした。

コンピ指数と9時半のオッズのアンバランスから高配当をゲット！

最後にコンピ指数の判定を信頼して高配当を的中した例を紹介しましょう。

2023年2月26日、中山11R中山記念です。このレースのコンピ指数の判定は、1位のポイントが79

Pでしたが、46Pの馬が10位、1位と3位のポイント差が16Pと、中穴判定に近い「準大穴レース」判定でした。

馬連、単勝、複勝ランクを人気順に並び替えたのがP123の表8です。この表によると、馬連と単勝ランク1位には「オッズの壁」があります。

馬連1番人気は8・5倍、単勝30倍未満の頭数が8頭と穴レースの条件はクリアしていませんが、私が注目したのは馬連1位と単勝1位に出現した「オッズの壁」です。馬連、単勝ともに1位に「オッズの壁」が出現するような馬は、コンピ指数でも人気を集めていなければなりません。

しかし馬連1位のコンピ指数のポイントは79Pで、とてもダントツの人気を集めるようなポイントではなかったのです。

これは、事前の「予想人気」と実際のオッズとのバランスを欠いていることを示しています。

⑥番が消えるとなれば、表8から馬連1位と8位、さらには単勝1位と8位にも「オッズの壁」があることから、このレースは馬連2位から8位の中で決まる可能性が高いと判断しました。

馬連2位から8位の中で注目したのは馬連8位の「オッズの壁」、さらには「複勝6倍の壁」から浮上の⑬番です。穴馬候補は⑬番と決定しました。

さて馬券の組み立て方ですが、コンピ指数からは「準大穴型レース」判定となっていたため、上位人気の2頭⑥番と①番はカットし、3連複は穴馬候補から馬連3位から8位の5頭、馬連も相手馬5頭へ流しました。

すなわち3連複フォーメーション（軸1頭流し）⑬番-⑪⑫⑤③④番への10点買い、馬連も⑬番-⑪

●2023年2月26日・中山11R中山記念（GⅡ、芝1800m）

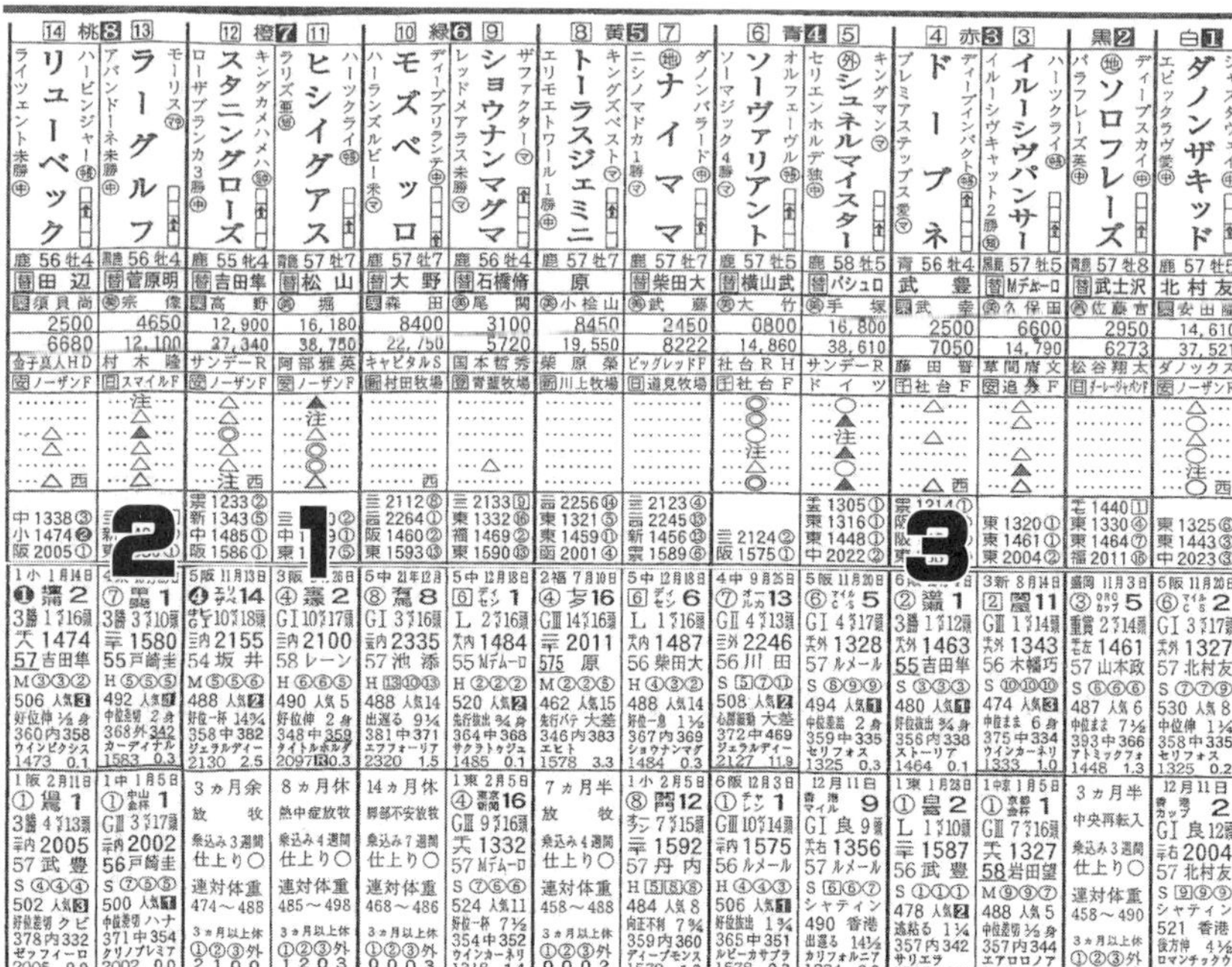

馬番	枠	馬名	父	母	性齢・斤量	騎手	厩舎	馬主	生産
1	白1	ダノンザキッド	ジャスタウェイ	エピックラヴ	鹿 57 牡5	北村友	安田隆	ダノックス	ノーザンF
2	黒2	ソロフレーズ	ディープスカイ	パラフレーズ	青鹿 57 牡8	武士沢	佐藤吉	松谷翔太	ダーレーJF
3	赤3	イルーシヴパンサー	ハーツクライ	イルーシヴキャット	黒鹿 57 牡5	Mデムーロ	久保田	草間庸文	追分F
4	赤3	ドーブネ	ディープインパクト	プレミアステップス	青 56 牡4	武豊	武幸	藤田晋	社台F
5	青4	シュネルマイスター	キングマン	セリエンホルデ	鹿 58 牡5	バシュロ	手塚	サンデーR	ドイツ
6	青4	ソーヴァリアント	オルフェーヴル	ソーマジック	鹿 57 牡5	横山武	大竹	社台RH	社台F
7	黄5	ナイママ	ダノンバラード	ニシノマドカ	鹿 57 牡7	柴田大	武藤	ビッグレッドF	道見牧場
8	黄5	トーラスジェミニ	キングズベスト	エリモエトワール	鹿 57 牡7	原	小桧山	柴原榮	川上牧場
9	緑6	ショウナンマグマ	ザファクター	レッドメアラス	鹿 56 牡4	石橋脩	尾関	国本哲秀	[illegible]
10	緑6	モズベッロ	ディープブリランテ	ハーランズルビー	鹿 57 牡7	大野	森田	キャピタルS	村田牧場
11	橙7	ヒシイグアス	ハーツクライ	ラリズ	青鹿 57 牡7	松山	堀	阿部雅英	ノーザンF
12	橙7	スタニングローズ	キングカメハメハ	ローザブランカ	鹿 55 牝4	吉田隼	高野	サンデーR	ノーザンF
13	桃8	ラーグルフ	モーリス	アバンドーネ	黒鹿 56 牡4	菅原明	宗像	村木隆	スマイルF
14	桃8	リューベック	ハービンジャー	ライツェント	鹿 56 牡4	田辺	須貝尚	金子真人HD	ノーザンF

1着⑪ヒシイグアス（5番人気）
2着⑬ラーグルフ（8番人気）
3着④ドーブネ（7番人気）

単⑪ 920円　枠連7－8　1810円
複⑪ 290円　⑬ 430円　④ 430円
馬連⑪－⑬ 5340円　馬単⑪→⑬ 10280円
ワイド⑪－⑬ 1520円　④－⑪ 2000円　④－⑬ 2280円
3連複④⑪⑬ 20170円
3連単⑪→⑬→④ 129610円

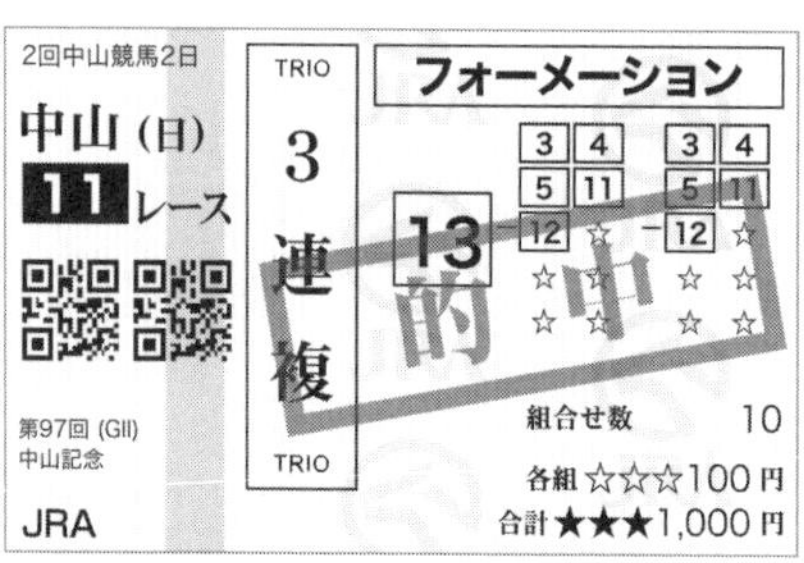

3連複④⑪⑬2万170円的中！

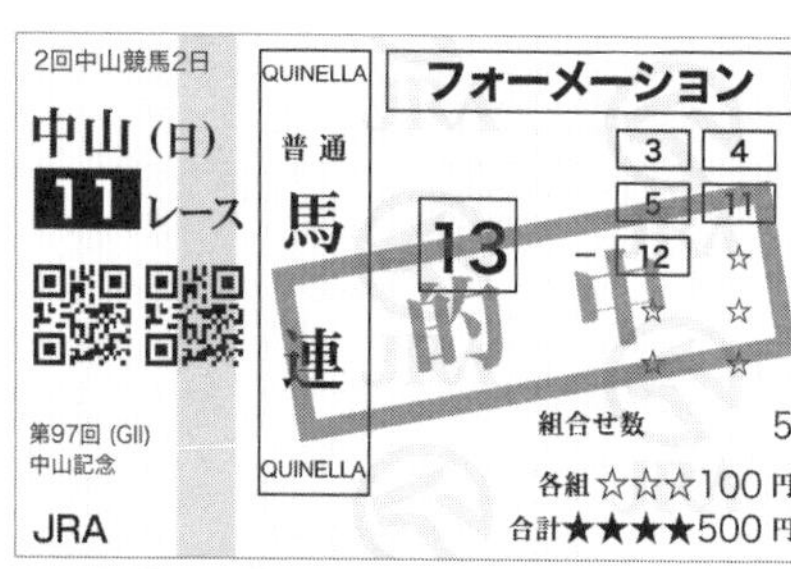

馬連⑪－⑬5340円的中！

⑫⑤③④番への５点買いでＧＯです。
レース結果は、１着は⑪ヒシイグアス、２着⑬ラーグルフ、３着④ドーブネと入り、注目の穴馬候補⑬番は２着で、３連複と馬連のダブル的中となりました。

配当は３連複④⑪⑬で２万１７０円、馬連⑪－⑬は５３４０円です。

１番人気の⑥ソーヴァリアントは８着、上位人気でカットした①ダノンザキッドは11着と、コンピ指数の「準大穴型レース」判定が示していた通りの結果となりました。

コンピ指数や９時半のオッズからの「競馬予報」が重要であることを、改めて実感したレースでした。


表8●2023年2月26日・中山11R中山記念

	1位	2位	3位	4位	5位	6位	7位	8位	9位	10位	11位	12位	13位	14位
コンピ指数	6	1	5	12	13	11	3	4	14	8	10	9	7	2

馬連ランク	6	1	11	12	5	3	13	4	9	14	10	8	2	7
馬連オッズ		8.5	9.1	9.9	12.8	15.7	16.3	19.1	74.5	84.2	557	595	639	792

オッズの壁（1位と2位の間）　オッズの壁（8位と9位の間）

単勝ランク	6	1	12	5	11	3	4	13	9	14	10	8	2	7
単勝オッズ	2.3	5.7	7.2	8.7	9.0	11.2	12.3	16.2	45.1	51.2	167	216	267	271

オッズの壁（1位と2位の間）

複勝ランク	6	1	12	11	5	4	3	13	9	14	10	8	2	7
複勝オッズ	1.6	2.2	2.7	3.1	3.6	3.9	4.1	4.1	8.4	8.7	29.1	42.5	53.1	58.4

複勝6倍の壁（8位と9位の間）

コラム4 出目も立派な馬券必勝法？

出目で馬券を購入されている方もいらっしゃるかと思います。

枠連が馬券の中心だった昭和の競馬では、競馬場や場外馬券場（ＷＩＮＳ）で、怪しい出目本が発売され、結構な価格にも関わらず売れていたシーンを今でもハッキリ覚えています。

七夕賞の馬券で７－７の枠連がよく売れたり、母の日に８－８の枠連が人気を集めるのも、出目で馬券を買っている人が多い証拠ではないでしょうか。

出目馬券は馬の成績などまったく関係ないので、うまくハマれば大きな配当を得ることができますが、中山のダート1200ｍはしばらく芝の上を走る７、８枠を買えとか、新潟の直線1000ｍは外枠の馬を買えというのであれば、それなりの根拠がありますが、七夕賞の７－７や、母の日の８－８には根拠がありません。

七夕賞は1986年7月6日、第22回の七夕賞、１着サクラトウコウ、２着ダイヤモンドラーンで決まった枠連７－７以来、７－７は飛び出していません。

母の日馬券に関しては、2002年5月12日、東京競馬場で行なわれた京王杯スプリングＣ以来、出ていません（メインレースに限る）。

その02年の京王杯スプリングＣでは、１着８枠⑱番ゴッドオブチャンス（11番人気）、２着８枠⑯番グラスワールド（６番人気）、３着８枠⑰番ビリーヴ（７番人気）で、１着から３着まで８枠の馬が独占しました。枠連８－８の配当は2570円でしたが、馬連⑯－⑱は１万270円の万馬券。当時はまだ３連系の馬券は発売されていませんが、もし３連単があったら100万馬券だったかもしれませんね。

2023年のＧⅠレースでは、一度も⑧番のゼッケンが３着まで絡んでいません。となれば「2024年はゼッケン⑧に注意！」と読み解くのも、出目馬券なのでしょうか。

第6章

コレでつかむ！最終レースの一発大逆転

行動経済学でいう「限定」の意味がある最終レース

人間の脳は「限定」という文言に反応し、スーパーなどで「本日限り」などという貼り紙などを見ると、「買っておかないと損かな」という心理が働いてしまい、衝動買いをしてしまうものです。

これは馬券の世界でも通じることではないでしょうか。

最終レースは文字通り、その日の最後のレースです。つまり「本日限り」と同じ貼り紙効果が出ているレースだと考えています。

「今日、最後のレース！」という「限定効果」が、多くの競馬ファンを、通常とは異なる馬券購入行動へ導く傾向があるのではないでしょうか。

最終レースになると、それまでに馬券収支がマイナスな人はマイナス分を取り戻そうとします。

予算が1000円で元々予想していた馬券の配当が5倍だったとしましょう。それまでに1万円を負けていたらどうでしょうか。

1000円で5倍ですから、リターンは5000円です。1万円のマイナス分を埋めることはできません。そこで1万円以上見込める馬券を購入してしまい、さらにマイナスを大きくしてしまうことになります。

心理学者のイアン・ジーマン博士は、衝動買いをしてしまう人は、不幸（ストレス）を感じている人が多いという研究結果を発表しました。まさにその通りです。

最終レースでは「衝動買い」をしまう人、すなわち馬券で負けている人は「不幸（ストレス）」を感じているに違いありません。

私は、最終レースは穴党にとって、高配当をゲットする可能性が高いレースだと思っています。

先日、行動経済学を解説している本を見たら、「最終レースは本命馬を買え！」という記述があり、思わず飲んでいたお茶を吹き出しそうになってしまいました。

その本の記述を読むと、負けを取り戻そうと多くの人たちは穴馬に馬券を投票するので、本命馬に賭けたほうが有利だというのです。

これって、本命馬が最終レースでは馬券に絡みやすいといっていることになります。負けを取り戻そうと穴馬に賭ける可能性があるという主張には賛成できますが、本命馬に賭けたほうがいいというのは賛成しかねます。

さらにこの本では、穴馬を狙うのであれば前半のレースのほうがいいとも書かれていました。競馬のことを知らない人が書いたのではないでしょうか。

話題を元に戻しましょう。

最終レースは穴馬が馬券に絡む可能性が高いがゆえ、「競馬予報」の判定も、通常のレースとは少し異なる方法で判定します。穴レースの条件を多少クリアしていなくても、穴馬を見つけ出し馬券を組み立てていきます。

実際のレースを例に、最終レースの馬券の組み立て方を紹介していきましょう。まずは2023年12月2日、中山12Rです。

●2023年12月2日・中山12R（3歳上2勝クラス、芝1200m）

枠	馬番	父	馬名	母	毛色・斤量・性齢	騎手	調教師	賞金	総賞金	馬主	生産者
白1	1	シルバーステート	エッセレンチ	メイショウスイヅキ3勝	鹿 55 牝3	田辺	蛯名正	900	2900	三嶋牧場	三嶋牧場
白1	2	トーセンラー	ジャガード	オーガンディー2勝	芦 58 牡5	吉田豊	和田雄	900	2336	築坂景	岡田S
黒2	3	ブラックタイド	ナバロン	シシャモチャン3勝	鹿 56 牡4	◇藤田菜	杉山佳	900	2512	大島牧場	大島牧場
黒2	4	シルバーステート	リトス	カルディア未勝	鹿 56 牝4	野中	高橋裕	900	3406	ディアレストC	築紫洋
赤3	5	ストロングリターン	ダレモトメラレナイ	ネーラベルレ1勝	鹿 56 牝4	津村	竹内	900	3339	OBTNEXT	須崎牧場
赤3	6	エピファネイア	ブルトンクール	ファビュラスセンス1勝	栗 56 牝4	大野	新開	900	2137	金田智史	社台F
青4	7	ロードカナロア	ショウナンアメリア	ランスタン未勝	黒鹿 56 牝4	戸崎圭	奥村武	900	2760	国本哲秀	天羽牧場
青4	8	ビッグアーサー	ケイアイオメガ	ケイアイエーデル4勝	鹿 58 牡4	ビュイック	梅田智	900	1870	ケイアイS	佐竹学
黄5	9	ロードカナロア	ステラダイヤ	クァンタムミス米	鹿 56 牝5	菅原明	高柳瑞	900	2871	Viridian KC	田端牧場
黄5	10	ワールドエース	ココリホウオウ	フレイムミーティア未勝	鹿 58 牡5	北村宏	古賀慎	900	5217	美﨑光二郎	高橋F
緑6	11	トゥザグローリー	ルルローズ	オードリーローズ	栗 56 牝5	木幡巧	伊藤大	570	3256	的場徹	浦河小林牧場
緑6	12	キンシャサノキセキ	フリートオブフット	シーイズトウショウ7勝	鹿 56 牝4	横山武	奥村武	900	2545	シルクR	ノーザンF
橙7	13	エイシンヒカリ	ハピネスアゲン	エイシンスイーツ未勝	芦 56 牝4	江田照	萱野	900	4479	浅川皓司	富田牧場
橙7	14	マクフィ	ピンクマクフィー	シュンドルボン6勝	鹿 56 牝4	三浦	四位	900	2600	スリーエイチR	下河辺牧場
桃8	15	レッドスパーダ	ブロンズレッド	ヘリテージゴールド未勝	栗 58 牡5	マーカンド	牧浦	900	2520	下河辺隆行	下河辺牧場
桃8	16	エイシンヒカリ	エイシンケプラー	エイシンコクーン	青鹿 57 牡3	荻野極	田中剛	690	1018	栄進堂	栄進牧場

1着⑭ピンクマクフィー（3番人気）	単⑭ 660円　枠連2－7　3480円
2着④リトス（10番人気）	複⑭ 270円　④ 710円　⑬ 260円
3着⑬ハピネスアゲン（4番人気）	馬連④－⑭ 9640円　馬単⑭→④ 15000円
	ワイド④－⑭ 3040円　⑬－⑭ 1130円　④－⑬ 3920円
	3連複④⑬⑭ 27490円
	3連単⑭→④→⑬ 116710円

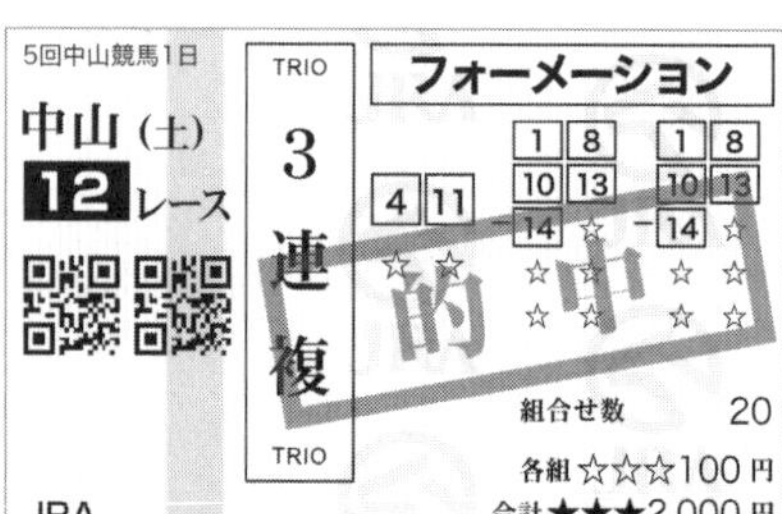

3連複④⑬⑭2万7490円的中！

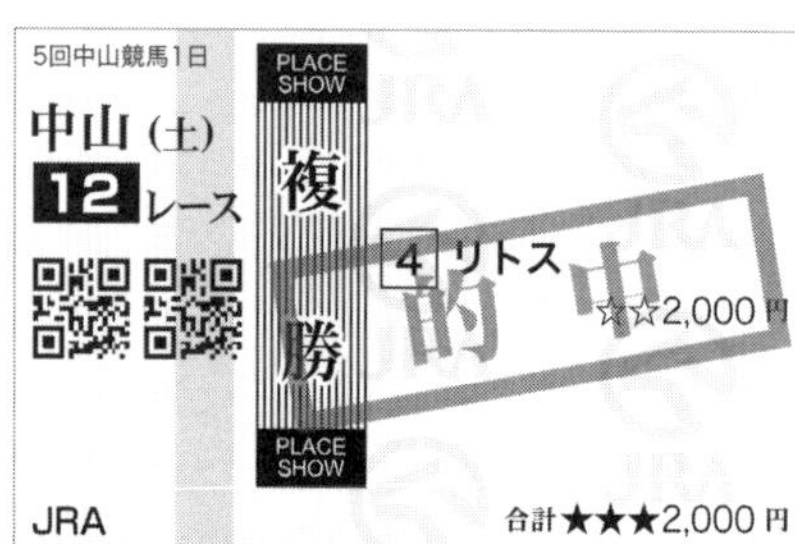

複勝④710円的中！

このレースはコンピ指数では1位の①番が88Pでしたから、穴レースというより①番中心の競馬であるというのが、コンピ指数からの見解でした。しかし9時半のオッズをチェックしたら、驚くようなオッズだったのです。

馬券の中心になると思われた①番は単勝4・4倍、複勝2・1倍と88Pの馬とは思えないオッズを示していたのです。

コンピ指数で88Pを背負うような馬は、ほとんどの競馬新聞では◎印が並んでいると考えられます。当日9時半のオッズでは2倍を切るようなオッズになっても不思議がありません。しかし実際のオッズで4・4倍とは、①番のことをよく知っている馬主などからは馬券が買われていない証拠でもあります。

単勝オッズを見ると、30倍未満の頭数は14頭と多く、馬連1番人気は13・4倍と穴レースの条件をクリアしています。

最終レースということもあり、馬連、単勝、複勝オッズを人気順に並び替えてみました。完成したのが下の表1です。

馬連1位には「オッズの壁」がありますが、それ以外にはひとつも「オッズの壁」がありません。

その中でまず注目したのが馬連10位の④番です。

表1●2023年12月2日・中山12R

	1位	2位	3位	4位	5位	6位	7位	8位	9位	10位	11位	12位	13位	14位	15位	16位
コンピ指数	1	8	13	14	7	10	15	11	5	12	4	9	16	2	3	6
馬連ランク	1	8	13	14	10	15	5	7	12	4	9	11	2	3	16	6
馬連オッズ		13.4	13.7	16.7	19.4	26.3	27.9	31.6	39.4	41.3	53.0	57.9	74.1	98.7	121	190
単勝ランク	1	8	14	13	10	5	7	12	11	15	9	4	2	3	16	6
単勝オッズ	4.4	6.2	8.3	9.2	11.2	12.8	13.2	15.0	16.2	16.4	19.7	20.8	28.5	29.1	51.3	56.1
複勝ランク	1	13	14	8	5	11	10	3	15	12	4	7	9	2	16	6
複勝オッズ	2.1	2.8	3.3	3.5	4.5	4.7	4.8	5.0	5.2	5.4	5.5	6.4	7.0	8.5	10.9	18.2

※馬連ランクのn太い罫線はオッズの壁

複勝6倍の壁

④番は「複勝6倍の壁」から浮上していたのですが、④番の単勝と複勝オッズを9時半と10時半の段階で比較すると、次のようなものでした。

9時半のオッズ＝単勝20・8倍　複勝5・5倍
10時半のオッズ＝単勝20・4倍　複勝4・3倍

単勝はわずかに売れた程度でしたが、複勝が5・5倍から4・3倍売れ、複勝11位から5位へ上昇していたのです。

もう1頭、気になったのは馬連12位の⑪番です。こちらの馬は、馬連12位から複勝6位へ6ランク上昇し、「突入&移動馬」のルールをクリアしています。

穴馬候補は④番と⑪番で決定です。

馬券は馬連と単勝ランクの上位5頭がほぼ揃っていたので、穴馬候補2頭から上位5頭への3連複フォーメーションを組みました。④⑪番－①⑧⑬⑭⑩番－①⑧⑬⑭⑩番です。それから押さえで複勝④番と⑪番を購入しました。

レース結果は1着⑭ピンクマクフィー、2着④リトス、3着⑬ハピネスアゲンと入り、狙った穴馬候補の1頭、④リトスが馬券に絡み、3連複と複勝を的中しました。

コンピ指数1位の①エッセレンチですが、5着に敗退。コンピ指数と9時半の単勝、複勝オッズから危険な1番人気と暗示していた通りの結果となってしまいました。

3連複の配当は①番が馬券から消えたため、1、3着が3、4番人気にも関わらず、④⑬⑭で2万7490円、複勝は710円という好配当でした。

コンピ指数からは「大穴型レース」としては浮上していませんでしたが、9時半のオッズでは穴レースの条件をクリアし、さらにはコンピ指数1位の馬を軽視できたことにより、少点数で高配当馬券を的中させることができました。

穴レースの条件をクリアせずも「複勝15倍の壁」の穴馬が激走！

次のレースは2023年5月27日、東京12Rです。

コンピ指数判定は、1位が72P、46Pの馬が14位、1位と3位とのポイント差が8Pですから「大穴型レース」として浮上しています。一方、9時半のオッズでは馬連1番人気が8・5倍、単勝30倍未満の頭数が9頭と穴レースの条件をクリアしていません。

しかしオッズをさらに調べてみると、単勝10位は30・5倍で基準値をわずかに上回っているだけです。さらに馬連1番人気も8・5倍で、こちらも基準値の9倍をわずかに下回った程度なので、ここは最終レースということもあり、馬連、単勝、複勝オッズを人気順に並び替えて穴馬を探すことにしました。

並び替えたのがP133の表2です。

この表を見るとわかる通り、馬連と単勝4位には「オッズの壁」があり、コンピ指数、馬連、単勝、複勝上位4頭は、⑤⑯⑮⑫番で占められています。

つまり上位人気の馬、4頭中心のレースということがわかります。

しかし、このレースはコンピ指数からは「大穴型レース」として浮上しているレースです。下位ラン

●2023年5月27日・東京12R（4歳上2勝クラス、ダ1600m）

	16 桃8	15 桃8	14 橙7	13 橙7	12 緑6	11 緑6	10 黄5	9 黄5
馬名	ビーアイオラクル	サクセスローレル	㊞ロードリッチ	アラゴナイト	㊞マプストーク	サイモンルモンド	㊞ナンヨーヴィヨレ	㊞インペラートル
父	エスポワールシチー	マスタリー	ロードカナロア	モンテロッソ	シルポート	ダノンシャンティ	ルーラーシップ	ヘニーヒューズ
母	ビットアリエス1勝	コーテサン米	オークヒルパーク2勝	ドレスアップ公	ヒシアニマ未勝	プレゼンスウーマン2勝	アースビーガ未勝	ブルザンインディゴ1勝
毛色・斤量・性齢	鹿 58 牡4	鹿 58 牡4	鹿 58 騸7	黒鹿 56 牝5	鹿 58 牡5	栗 56 騸6	鹿 58 牡5	鹿 58 牡4
騎手	替津村	替亀田	替野中	大野	替石橋脩	替△原	田中勝	替内田博
調教師	牧田	北出	久保田	加藤和	牧	小桧山	宗像	金成
賞金	900	900	580	900	700	900	570	660
総賞金	3360	2940	1681	3931	3214	3396	1293	1356
馬主	礒川正明	タカシマ	宇田豊	重松國建	マプレーシング	澤田昭紀	中村徳也	藤沼利夫
生産者	前田牧場	大島牧場	ノーザンF	横井哲	中村雅明	ヤナガワ牧場	習志野牧場	青藍牧場
予想	○○○○△◎ 西	△注△注▲○ 西		△△△△	▲◎注▲○▲	◎		注△
着順	3	1						
持ち時計	[illegible]	[illegible] 3① 4②	1368② 1289① 1366① 1540⑨	1457❶ 1237② 1360⑤ 1533⑧	1112③ 1237❶ 1352❸ 1561⑨	1427❼ 2019④ 1366⑪ 1524❹	1448❶ 1293① 1375⑫ 1542⑥	1382① 1322① 1384④ 1551②
前々走	6阪 12月25日 ⑧ 3 2勝 9ト15頭 ダ1540 56鮫島駿 M⑥⑦⑦ 492 人気4 中位伸 6身 375中390 サンマルレジェ 1530 1.0	1阪 3月5日 ⑧ 2 2勝 6ト16頭 ダ1249 58池添 M①①① 512 人気1 逃粘る ハナ 352内373 スプラウティン 1249 0.0	2東 5月28日 ⑪ 7 2勝 3ト11頭 ダ1379 57吉田豊 S⑤④④ 506 人気6 好位一杯 7½ 367内368 ジョディーズマ 1367 1.2	3中 3月25日 ❶ 8 2勝 15ト15頭 ダ1533 56大野 S③③③ 462 人気3 好位一杯 4¾ 387外379 サトノスライヴ 1525 0.8	2中 2月26日 ② 9 2勝 10ト16頭 ダ1561 58木幡巧 S⑮⑮⑪ 486 人気7 出遅る 11¼ 404中396 ブレイクフォー 1542 1.9	1福 4月22日 ⑤ 10 2勝 13ト15頭 ダ1472 55原 M⑭⑮⑭ 454 人気14 出遅る 8¼ 379中382 ヴィブラフォン 1458 1.4	3中 4月9日 ⑥ 9 2勝 15ト16頭 ダ2351 54三浦 M⑪⑪⑨ 466 人気15 S後不利 9½ 403中396 インディゴブラ 2334 1.7	川崎 1月30日 ① 1 B3 3ト9頭 ダ1322 56森泰 H④⑤⑥ 516 人気2 G鋭差す クビ 386外411 モンバイト 1323 0.1
前走	2東 5月7日 ⑥ 2 2勝 6ト10頭 ダ1372 58鮫島駿 S③③② 488 人気2 好位伸 クビ 370中351 サトノルフィア 1372 0.0	2阪 4月2日 ④ 6 2勝 7ト11頭 ダ1265 58池添 H③②② 516 人気2 好位一杯 10身 346中400 ウラヤ 1248 1.7	12ヵ月休 脚部不安放牧 乗込み4週間 仕上り△ 連対体重 508～539 3ヵ月以上休 ①②③外 0 1 1 3	2東 4月30日 ④ 7 2勝 2ト15頭 ダ1253 56大野 S⑫⑪⑪ 470 人気4 後方差詰 6¼ 371中360 ハイアムズビー 1243 1.0	2東 5月13日 ⑦ 3 2勝 9ト16頭 ダ1361 58木幡巧 S⑥⑧⑧ 484 人気2 中位伸 ½身 364外353 ギャラクシーナ 1361 0.0	2東 5月7日 ⑥ 10 2勝 9ト10頭 ダ1379 58幸 S⑩⑧⑨ 452 人気8 後方まま 4身 378中353 サトノルフィア 1372 0.7	2東 5月7日 ⑥ 9 2勝 2ト10頭 ダ1377 58田中勝 S⑩⑦⑦ 464 人気10 出遅る 3身 376内352 サトノルフィア 1372 0.5	川崎 2月28日 ② 1 B2 14ト13頭 ダ1382 55森泰 M⑤⑤④ 517 人気1 好位抜出 2身 386外400 ビービーリバイ 1386 0.4

	8 青4	7 青4	6 赤3	5 赤3	4 黒2	3 黒2	2 白1	1 白1
馬名	トーホウボルツ	㊞トロワシャルム	シャーマンズケイブ	ライラスター	ロードレイライン	サノノヒーロー	タイセイドリーマー	ホウオウセレシオン
父	ワールドエース	キングカメハメハ	ハーツクライ	ロードカナロア	ストロングリターン	スクリーンヒーロー	ハーツクライ	キングカメハメハ
母	レディークライスト公	チューニー3勝	アナアメリカーナ仏	ハーブスター5勝	キモンオレンジ未勝	ホウヨウターゲット公	ドリームライター米	ミスセレンディピティ亜
毛色・斤量・性齢	黒鹿 58 牡5	青鹿 58 騸6	鹿 58 牡4	鹿 58 牡4	鹿 57 牡5	青 58 騸5	栗 58 牡5	黒鹿 58 騸6
騎手	替北村宏	三浦	替丸山	レーン	替☆永野	替伴	替菅原明	替戸崎圭
調教師	斎藤	鹿戸雄	尾関	木村	稲垣	尾形和	小栗	奥村武
賞金	900	750	900	900	900	900	900	900
総賞金	2663	2164	1510	2570	2400	2841	3283	1661
馬主	東豊物産	村野康司	サンデーR	キャロットF	ロードHC	佐野信幸	田中成奉	小笹芳央
生産者	王蔵牧場	社台F	ノーザンF	ノーザンF	へいはた牧場	豊洋牧場	グランド牧場	ノーザンF
予想	△B △△注△	△△△	△◎△	◎▲▲○△注	△	B	△ 西	△△△
着順					2			
持ち時計	1345⑥ 1436⑨ 1361❸ 1524❺	1191① 1241❻ 1376⑥ 1545⑩	1486⑦ 2013① 1384① 2018⑫	1334② 1359④ 1481⑥	[illegible]	1120⑧ 1243❸ 1390❻ 1543❿	1463④ 1226⑫ 1478⑤ 1552⑮	1474④ 1368① 1536①
前々走	1新 4月30日 ② 4 2勝 6ト15頭 ダ1534 58石橋脩 S⑫⑧⑨ 482B 人気6 中位差詰 7¾ 384中372 ワールドタキオ 1522 1.2	2中 3月4日 ③ 16 2勝 6ト16頭 ダ1566 55西塚 S②②⑤ 470 人気13 S後退く 大差 373中417 パワーブローキ 1532 3.4	2中 2月25日 ① 7 2勝 6ト10頭 芝内1486 57内田博 S⑧⑧⑧ 534 人気7 後方まま 4½ 380中352 デコラシオン 1478 0.8	1東 2月11日 ⑤ 4 2勝 12ト16頭 ダ1359 58バシュロ S⑧⑥⑦ 486 人気2 中位伸も 3½ 363中355 サトノアポロン 1354 0.5	1中京 1月9日 ④ 12 2勝 3ト14頭 ダ1277 58和田竜 H③②② 476 人気10 直線不利 大差 345中415 フォーチュンテ 1245 3.2	1福 4月16日 ④ 1 1勝 3ト16頭 1097 55土田 M⑤④③ 468B 人気9 先行競勝 ¾身 351内378 ダレモトメラレ 1098 0.1	2中京 3月25日 ❺ 11 2勝 7ト13頭 2172 58斎藤 S⑧②② 512 人気11 直上一杯 12身 386中374 レッドバリエン 2152 2.0	1東 22年2月 ❺ 11 2勝 1ト16頭 ダ1375 57ルメール M④③③ 510 人気3 先行一杯 10½ 349内379 ヤマメ 1358 1.7
前走	1新 5月14日 ⑥ 4 2勝 4ト15頭 ダ1530 55斎藤 S⑤⑥⑥ 476B 人気9 中位差詰 3身 378中377 アルムブラーヴ 1525 0.5	2東 5月7日 ⑥ 6 2勝 10ト10頭 ダ1376 58三浦 S⑦⑩⑩ 462 人気9 後直だけ 2¾ 379外348 サトノルフィア 1372 0.4	3ヵ月休 放牧 乗込み3週間 仕上り○ 連対体重 524～528 3ヵ月以上休 ①②③外 1 0 0 1	2東 5月7日 ⑥ 4 2勝 8ト10頭 ダ1375 58レーン S⑥⑧⑦ 492 人気1 中位差詰 2身 378外350 サトノルフィア 1372 0.3	2東 5月7日 ⑥ 8 2勝 1ト10頭 ダ1377 58吉田隼 S①①① 466 人気7 逃一杯 3身 366内358 サトノルフィア 1372 0.5	2東 5月7日 ⑥ 15 2勝 3ト16頭 ダ1210 55土田 M②⑤⑤ 476B 人気13 好位バテ 大差 356中395 サザンエルフ 1175 3.5	2阪 4月15日 ❼ 12 2勝 8ト13頭 芝内1226 58藤岡康 S⑥⑥⑥ 518 人気11 中位一杯 8¾ 352外358 メイショウドウ 1212 1.4	15ヵ月半 去勢放牧 乗込み5週間 仕上り○ 連対体重 492～514 3ヵ月以上休 ①②③外 0 0 0 2

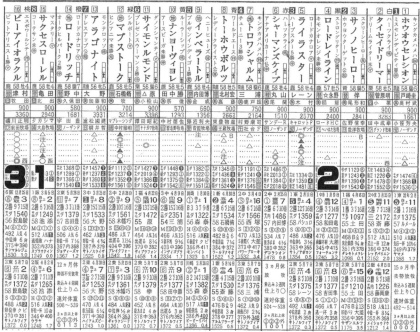

1着⑮サクセスローレル
（3番人気）
2着④ロードレイライン
（11 番人気）
3着⑯ビーアイオラクル
（1番人気）

単⑮ 480 円　枠連2－8　5340 円
複⑮ 210 円　④ 670 円　⑯ 160 円
馬連④－⑮ 15250 円　馬単⑮→④ 24570 円
ワイド④－⑮ 3730 円　⑮－⑯ 360 円　④－⑯ 2010 円
3連複④⑮⑯ 12400 円
3連単⑮→④→⑯ 94160 円

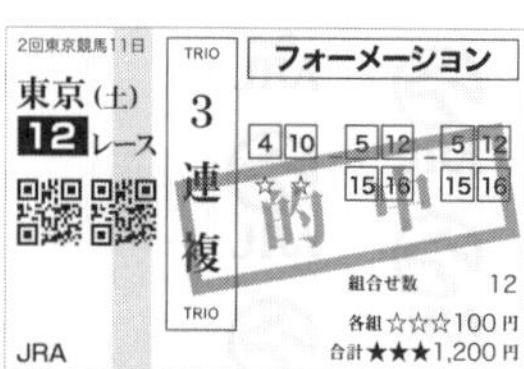

3連複④⑮⑯
1万2400円的中！

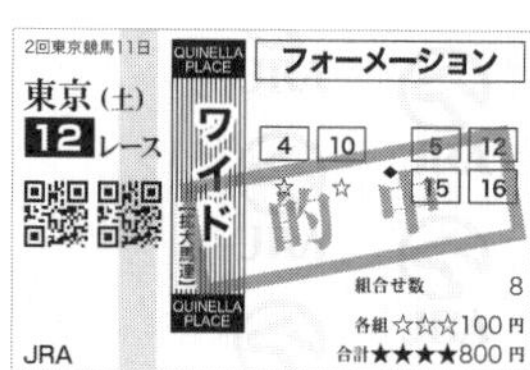

ワイド④－⑮3730円、
④－⑯2010円的中！

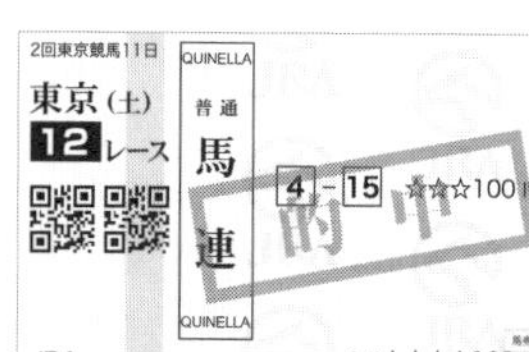

馬連④－⑮
1万5250円的中！

クの馬が馬券に絡む可能性を秘めています。そこで穴馬を探すことにしました。

「オッズの壁」は4位以外にはなく、「突入&移動馬」を探してみても該当馬がいません。「複勝6倍の壁」の前の2頭も⑧番、⑦番では、馬連5位と7位になっており、こちらも穴馬候補として浮上させることができません。

そこで「複勝15倍の壁」のルールを使い、「複勝15倍の壁」の前の2頭、④番と⑩番を穴馬候補として注目することにしました。

馬券は穴馬候補2頭、④番と⑩番から馬連、単勝4位に「オッズの壁」があり、上位4頭から馬券が売れていたため4頭への3連複フォーメーションと馬連、そして押さえに同じ4頭へのワイド馬券を購入しました。

3連複④⑩番－⑯⑤⑫⑮番－⑯⑤⑫⑮番（12点）、馬連④⑩番－⑯⑤⑫⑮番（8点）、ワイド④⑩番－⑯⑤⑫⑮番（8点）です。

レース結果は、1着に上位4頭の中の⑮サクセスローレルが入ったのですが、2着には「複勝15倍の壁」から浮上した④ロードレイラインです。3着には上位4頭の馬、⑯ビーアイオラクルと続き、3連複及び馬連、ワイド馬券の的中となりました（掲載さ

表2●2023年5月27日・東京12R

	1位	2位	3位	4位	5位	6位	7位	8位	9位	10位	11位	12位	13位	14位	15位	16位
コンピ指数	5	16	15	12	8	7	1	6	11	13	10	9	2	4	14	3

馬連ランク	5	16	12	15	8	1	7	13	9	6	4	2	10	11	14	3
馬連オッズ		8.5	11.0	15.6	30.6	35.1	36.1	49.3	68.1	68.9	79.9	109	121	152	193	264

オッズの壁（4位と5位の間）

単勝ランク	15	5	16	12	7	8	1	6	9	13	2	4	10	14	11	3
単勝オッズ	3.8	4.8	5.8	6.4	13.4	13.5	15.9	22.7	27.2	30.5	32.7	40.3	41.3	45.6	59.8	74.1

オッズの壁（4位と5位の間）

複勝ランク	16	5	12	15	8	7	9	6	1	13	14	2	4	10	11	3
複勝オッズ	1.9	2.0	2.3	3.6	4.3	4.7	6.4	6.8	7.0	7.5	10.3	10.4	10.6	11.2	15.8	23.4

複勝6倍の壁（6位と7位の間）　複勝15倍の壁（14位と15位の間）

れている馬連は1点買いになっていますが、実際には8点購入しております)。

3連複④⑮⑯1万2400円、馬連④-⑮1万5250円、ワイド④-⑮3730円、④-⑯2010円といった配当でした。

9時半のオッズでは、わずかに穴レースの条件をクリアしていませんでしたが、最終レースということで、コンピ指数では「大穴型レース」判定を期待し穴馬から馬券を組み立てたことが、高配当的中につながりました。

馬連、単勝、複勝ランクの壁から高配当を狙い撃ち!

次は2023年5月21日、東京12R丹沢Sです。

コンピ指数は1位が84Pでしたので「大穴型レース」としては浮上していません。しかし46Pの馬は14位と下位ランクにあり、9時半のオッズで馬連1番人気は6・3倍ながら、単勝30倍未満の頭数は11頭いました。

このレースは最終レースでもあり、さらにはハンデ戦でもあったため、馬連、単勝、複勝ランクを人気順に並び替え、穴馬を探すことにしました。

馬連、単勝、複勝ランクを人気順に並び替えたのがP136の表3です。

馬連1位には「オッズの壁」がありますが、下位ランク馬連15位、単勝15位に揃って「オッズの壁」があることがわかります。「複勝15倍の壁」も馬連、単勝ランク15位の箇所にあり、私はこのあたりに

●2023年5月21日・東京12R丹沢S（4歳上3勝クラス、ダ2100m）

馬番	枠	馬名	父	母	毛色・斤量・性齢	騎手	調教師	賞金	総賞金	馬主	生産者
1	白1	スペシャルドラマ	エピファネイア	アドマイヤキュート 3勝	鹿 55 牡5	替 坂井	栗 宮田	1500	3211	大塚亮一	ノーザンF
2	白1	(地)コパノリッチマン	ヘニーヒューズ	ホーマンピクシー 未勝	栃 55 牡6	替 石川	栗 村山	1550	5269	小林祥晃	前谷武志
3	黒2	ウィンドリッパー	ルーラーシップ	スピードリッパー 1勝	鹿 55 牡5	替 内田博	栗 清水久	1500	4397	シルクR	ノーザンF
4	黒2	ラヴォラーレ	オールステイ	ピアノコンクール 未勝	鹿 56 牡5	原	美 武市	1500	4954	ローレルR	津島優治
5	赤3	(地)フジマサインパクト	ディープインパクト	ベイトゥベイ 米	鹿 55 牡5	田中勝	美 菊川	1330	4198	藤原正一	社台F
6	赤3	レプンカムイ	キズナ	ローレルアンジュ 5勝	黒鹿 56 牡5	替 田辺	栗 橋口慎	1500	6674	前田葉子	村上幹夫
7	青4	トップスティール	カレンブラックヒル	モアスマイル 1勝	鹿 55 牡4	丸田	美 深山	1500	3283	井山登	千代田牧場
8	青4	レッドファーロ	ハーツクライ	ブラヤデシエルタ 亜	鹿 56 牡4	横山典	栗 松永幹	1500	3360	東京HR	社台牧場
9	黄5	アイブランコ	ケープブランコ	クリスコンフリクト 未出	栗 54 牡6	替 柴田善	美 中野栄	1500	6652	ライフENT	JRA日高育成牧場
10	黄5	ナリタフォルテ	ベルシャザール	オースミリンド 4勝	鹿 55 牡5	替 三浦	栗 木原	1500	4070	オースミ	白井牧場
11	緑6	セイルオンセイラー	ドレフォン	クリムゾンブーケ 1勝	黒鹿 56 騸4	戸崎圭	美 田中博	1500	3940	橋元勇氣	ノーザンF
12	緑6	ウォーロード	ヴァンセンヌ	アールヌーヴォー 2勝	黒鹿 56 牡5	大野	美 和田勇	1500	4425	プレミアムRH	マルゼン橋本牧場
13	橙7	(外)ジャスパーグレイト	アロゲート	ショップアゲイン 米	芦 57 牡4	川田	栗 森秀	1600	5710	加藤和夫	アメリカ
14	橙7	ペガサス	キモンノカシワ	ベルモントアイリス 未勝	青鹿 54 牡7	替 Mデムーロ	美 上原佑	1500	6926	中辻明	織田正敏
15	桃8	ロジティナ	ロジユニヴァース	コヴェンティナ 未勝	黒鹿 52 牡8	替 北村宏	美 新開	1500	4975	久米田正明	新冠橋本牧場
16	桃8	ウォルフズハウル	ハーツクライ	アークティックシルク 英	黒鹿 55 牡7	替 横山和	美 栗田徹	1500	5461	ゴドルフィン	ダーレージャパンF

1着⑧レッドファーロ（2番人気）
2着⑬ジャスパーグレイト（1番人気）
3着⑨アイブランコ（13番人気）

単⑧ 520円　枠連4－7　460円
複⑧ 190円　⑬ 130円　⑨ 1110円
馬連⑧－⑬ 530円　馬単⑧→⑬ 1310円
ワイド⑧－⑬ 290円　⑧－⑨ 8510円　⑨－⑬ 3540円
3連複⑧⑨⑬ 17390円
3連単⑧→⑬→⑨ 71730円

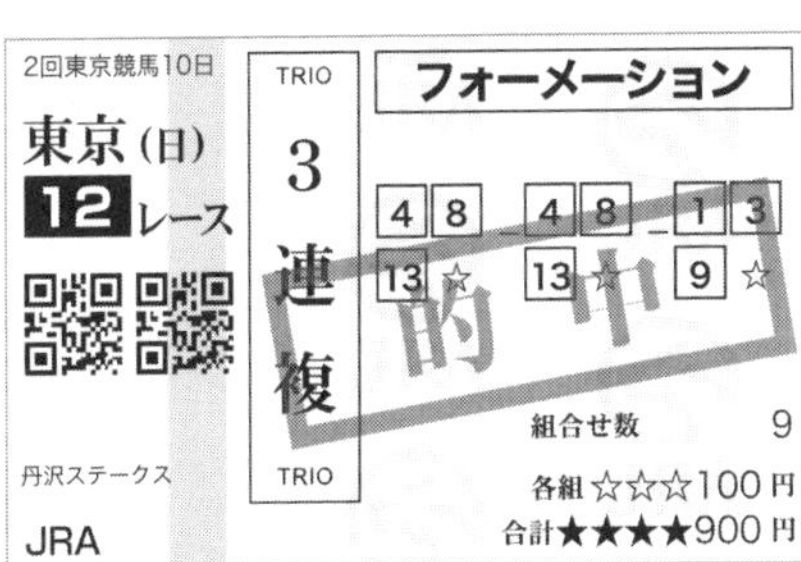

3連複⑧⑨⑬1万7390円的中！

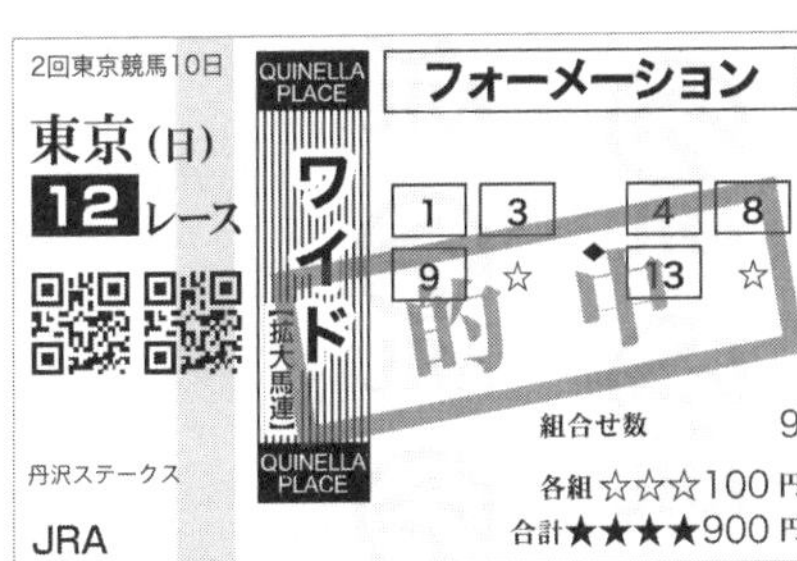

ワイド⑧－⑨8510円、⑨－⑬3540円的中！

穴馬が潜んでいると判断しました。

馬連の「オッズの壁」、単勝の「オッズの壁」、そして「複勝15倍の壁」からの浮上馬をまとめると、

馬連の「オッズの壁」＝⑨・③番

単勝の「オッズの壁」＝③・⑨番

「複勝15倍の壁」＝③・①番

このように①・③・⑨番がそれぞれの壁から浮上していることがわかります。①・③・⑨番は甲乙をつけがたく、穴馬候補としては3頭ともに浮上させました。

このレースの上位ランクをチェックすると、上位3頭、⑬⑧④番がコンピ指数、馬連、単勝、複勝ランクできれいに揃っていました。

そこで馬券は、3連複は穴馬候補3頭から上位ランク3頭へのフォーメーション、さらにはワイド穴馬候補から上位3頭への組み合わせ、すなわち3連複①③⑨番－④⑧⑬番－④⑧⑬番（9点）、ワイド①③⑨番－④⑧⑬番（9点）を購入しました。

レース結果ですが、1、2着は上位ランク3頭の中から、1着⑧レッドファーロ、2着⑬ジャスパーグレイトが入り、3着には

表3●2023年5月21日・東京12R丹沢S

	1位	2位	3位	4位	5位	6位	7位	8位	9位	10位	11位	12位	13位	14位	15位	16位
コンピ指数	13	8	4	11	6	5	16	12	10	7	2	14	1	9	3	15

馬連ランク	13	8	4	6	11	12	5	7	10	2	16	14	1	9	3	15
馬連オッズ		6.3	7.6	10.2	17.4	26.1	26.5	39.2	39.6	54.2	65.6	79.8	87.0	110	130	281

オッズの壁　オッズの壁

単勝ランク	13	8	4	6	10	11	5	7	2	12	16	14	1	3	9	15
単勝オッズ	2.5	6.4	7.3	7.7	9.5	22.3	23.2	24.7	27.2	29.1	29.6	38.0	41.1	43.2	61.7	123

オッズの壁

複勝ランク	13	8	4	6	5	11	10	2	16	7	12	14	9	3	1	15
複勝オッズ	1.7	2.4	3.0	3.7	4.8	5.0	5.2	5.2	6.1	7.2	7.5	7.6	9.0	10.1	10.5	21.0

複勝15倍の壁

狙った下位ランクの穴馬候補の１頭、⑨アイブランコが続きました。３連複、ワイド２点のトリプル的中です。

配当は３連複⑧⑨⑬１万７３９０円、ワイド⑧－⑨８５１０円、⑨－⑬３５４０円です。３連複の回収率は約20倍、ワイドは約14倍ですから悪くない配当です。

コンピ指数下位ランクの馬が高配当を演出！

コンピ指数や９時半の穴馬判定から、穴レースの条件をクリアしていなかったにも関わらず、最終レースということでオッズチェックをしたところ、おかしな動きをしている馬を発見し、効率よく券を的中した例を紹介してみましょう。

2023年9月23日、阪神12Rです。コンピ指数からは１位は86Ｐですから「大穴型レース」としては失格です。９時半のオッズは馬連１番人気が６・０倍、単勝30倍未満の頭数は９頭ですから、こちらも「大穴型レース」としては失格です。

見送りレースとして判定を下そうと思ったとき、おかしな動きをしている馬が１頭いました。９時半のオッズを使い、馬連、単勝、複勝オッズを

表4●2023年9月23日・阪神12R

	1位	2位	3位	4位	5位	6位	7位	8位	9位	10位	11位	12位	13位	14位	15位	16位
コンピ指数	9	6	4	5	3	10	7	16	8	1	14	13	12	11	2	15
馬連ランク	9	6	4	5	10	3	1	7	12	13	16	8	2	14	15	11
馬連オッズ		6.0	8.3	13.1	14.2	17.0	22.7	23.1	27.3	27.5	32.6	43.9	59.7	75.9	89.8	120
単勝ランク	9	6	4	5	8	12	10	3	1	16	7	13	2	15	14	11
単勝オッズ	1.8	7.5	8.3	15.7	15.8	19.1	23.2	23.6	26.3	31.0	35.4	44.0	51.7	59.8	61.6	74.7
複勝ランク	9	6	4	5	12	10	7	16	3	1	8	14	2	15	13	11
複勝オッズ	1.2	2.0	4.1	5.2	5.3	7.3	7.4	8.2	8.3	8.8	10.2	10.8	12.9	13.0	14.4	17.8

※馬連、単勝ランクの太い罫線はオッズの壁

●2023年9月23日・阪神12R（3歳上2勝クラス、ダ1800m）

馬番	枠	馬名	父	母	毛色・斤量・性齢	騎手	調教師	本賞金	収得賞金	馬主	生産者
1	白1	タガノアレハンドラ	ホッコータルマエ	ミトス 未勝	鹿 53 牝3	国分恭	西園翔	900	2362	八木良司	新冠タガノF
2	白1	マテンロウルビー	ロードカナロア	ラシンティランテ 3勝	鹿 53 牝5	▲西塚	野中	900	2668	寺田千代乃	ノーザンF
3	黒2	キョウエイゲイル	マクフィ	キョウエイルフィー 1勝	鹿 55 牡3	高倉	田中克	900	1872	田中晴夫	藤沢牧場
4	黒2	タイセイウォリアー	マジェスティックウォリアー	レゲウーマン 公	鹿 52 牡3	▲田口	大橋	900	2380	田中成奉	グランド牧場
5	赤3	サイモンザナドゥ	アジアエクスプレス	トゥルーロマンス 未勝	栗 52 牡3	▲永島	小林	900	1818	澤田昭紀	千代田牧場
6	赤3	ショドモン	マインドユアビスケッツ	エポキシ 未勝	鹿 55 牡3	松山	橋口慎	900	3530	林瑛子	ノーザンF
7	青4	メイショウマントル	メイショウボーラー	ピンクトルマリン 未勝	鹿 58 牡5	国分優	安達	900	3693	松本和子	日西牧場
8	青4	(外)モズブーナー	ストリートセンス	エンドレスチャッター 米	鹿 56 牡4	松若	音無	900	970	キャピタルS	アメリカ
9	黄5	(外)オーサムリザルト	ジャスティファイ	ブラッサムド 米	鹿 53 牝3	武豊	池江寿	900	1500	インゼルR	アメリカ
10	黄5	テーオーレガシー	ダンカーク	ココモオレンジ 未勝	芦 52 牡3	▲鷲頭	宮	900	1845	小笹公也	大島牧場
11	緑6	ペイシャオウユー	アイルハヴアナザー	リアルアーネスト 未勝	栗 56 牝5	古川吉	石栗	900	2474	北所直人	グランド牧場
12	緑6	ワンダフルトゥデイ	マジェスティックウォリアー	エリモトゥデイ 未勝	黒鹿 58 牡4	水口	中尾秀	900	2772	京都ホースR	前谷武志
13	橙7	トゥルブレンシア	フリオーソ	エルシエロアスール 1勝	栗 57 騸6	☆角田河	藤沢則	900	2700	岡田牧雄	山下恭茂
14	橙7	(地)アスカノミライ	リオンディーズ	ロトクルーザー 公	黒鹿 58 牡5	和田竜	川村	720	3542	豊田智郎	広富牧場
15	桃8	ワンダースティング	マクフィ	ワンダーノンプーレ 公	鹿 54 牝5	★河原田	渡辺	900	2472	山本能成	米田牧場
16	桃8	シュガーコルト	ヘニーヒューズ	フェミニンガール 4勝	鹿 55 騸4	▲今村	寺島	900	2561	飯田正剛	千代田牧場

1着⑨オーサムリザルト（1番人気）	単⑨ 130円　枠連3－5 340円
	複⑨ 110円　⑤ 310円　⑫ 370円
2着⑤サイモンザナドゥ（5番人気）	馬連⑤－⑨ 1280円　馬単⑨→⑤ 1430円
	ワイド⑤－⑨ 500円　⑨－⑫ 710円　⑤－⑫ 4390円
3着⑫ワンダフルトゥデイ（7番人気）	3連複⑤⑨⑫ 6240円
	3連単⑨→⑤→⑫ 16440円

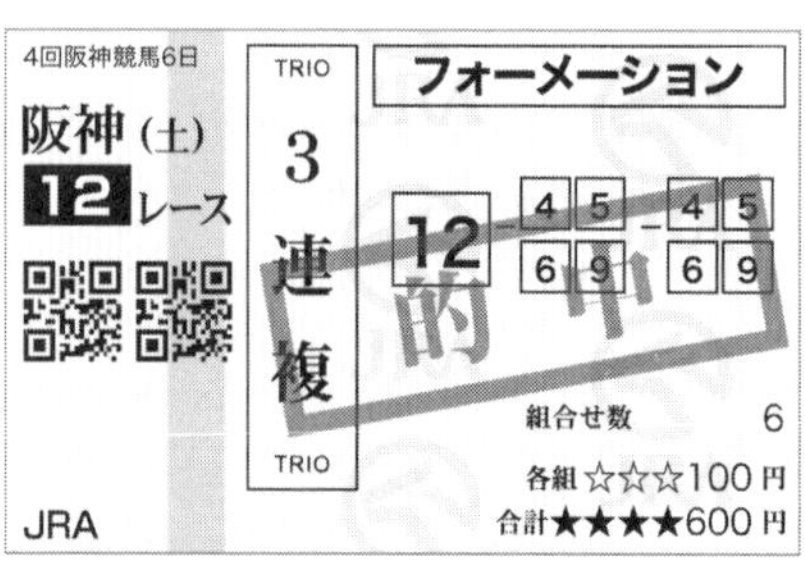

3連複⑤⑨⑫6240円的中！

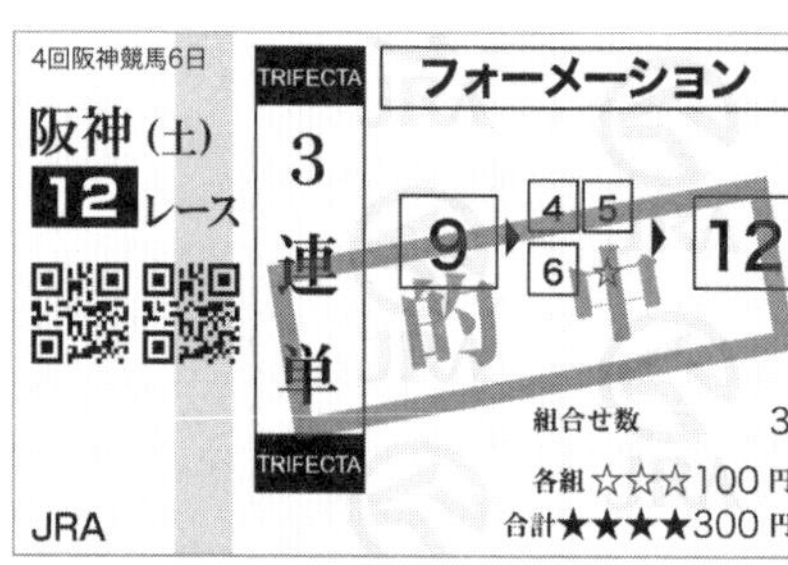

3連単⑨→⑤→⑫
1万6440円的中！

人気順に並び替えたのが、P137の表4です。コンピ指数13位の⑫番に注目してください。この馬は馬連では9位、単勝は6位、複勝は5位へと大きく上昇しています。

上位ランクの馬を見ると、⑨⑥④⑤番の4頭がコンピ指数、馬連、単勝、複勝ランクできれいに揃っていることがわかります。この4頭はすべて複勝オッズでは6倍未満のオッズを示しています。その複勝6倍未満の中に、この⑫番は突入しているのです。

最終レースでもあり、穴馬候補として⑫番から馬券を組み立ててみることにしました。まず購入したのが⑫番から上位4頭への3連複フォーメーション（軸1頭流し）⑫番－⑨⑥④⑤番－⑨⑥④⑤番（6点）です。

馬連1位と単勝1位に「オッズの壁」があり、⑨番はコンピ指数でも86Pと多くの競馬新聞で◎印がついている馬です。つまり「予想人気」と「実際のオッズ」とのギャップがなく、バランスが取れている馬であることがわかります。

そこで3連単馬券の1着に⑨番を固定し、⑫番を2、3着付けにし、上位3頭⑥④⑤番をヒモにした3連単、⑨番→⑥④⑤番→⑫番（3点）、⑨番→⑫番→⑥④⑤番（3点）も購入しました。

レース結果は1着⑨オーサムリザルト、2着⑤サイモンザナドゥ、3着⑫ワンダフルトゥデイと入り、コンピ指数13位から大きく上昇していた⑫番はやはり馬券に絡みました。3連複、3連単馬券をダブルで的中です。

配当は3連複⑤⑨⑫6240円。3連単⑨→⑤→⑫1万6440円。少点数での的中ですから、回収率では3連複は約10倍、3連単は約27倍です。

コンピ指数と単勝、複勝ランクをチェックしただけで、このように少点数で効率のよい馬券を的中させることができました。

特に最終レースではコンピ指数や馬連ランクとの比較で、大きく上昇している馬が現れることが多いので、「大穴型レース」ではないレースでもチェックすることをオススメします。

「オッズの壁」から浮上した穴馬候補が2頭ともに馬券に絡む

穴馬候補が2頭ともに馬券に絡んでしまい、ハマりすぎて大きな配当を逃した例を紹介してみましょう。**2023年5月13日、新潟12R**です。

コンピ指数1位は73P、46Pの馬は13位、1位と3位とのポイント差は13Pですから、コンピ指数からは「大穴型レース」として浮上です。

9時半のオッズでは、単勝30倍未満の頭数は11頭と穴レースの条件をクリアしていたのですが、馬連1番人気は7・5倍と基準値を下回っています。しかしコンピ指数では「大穴型レース」として浮上しており、最終レースということで検証を続けました。

馬連、単勝、複勝オッズを人気順に並び替えてみます。完成したのがP142の表5です。

馬連10位に「オッズの壁」があり、その前の2頭②番と⑧番に注目します。②番は馬連9位から単勝、複勝6位へ売れ、⑧番は「複勝6倍の壁」から浮上しています。馬連オッズも②番47倍、⑧番54倍と40

●2023年5月13日・新潟12R（4歳上1勝クラス、ダ1200m）

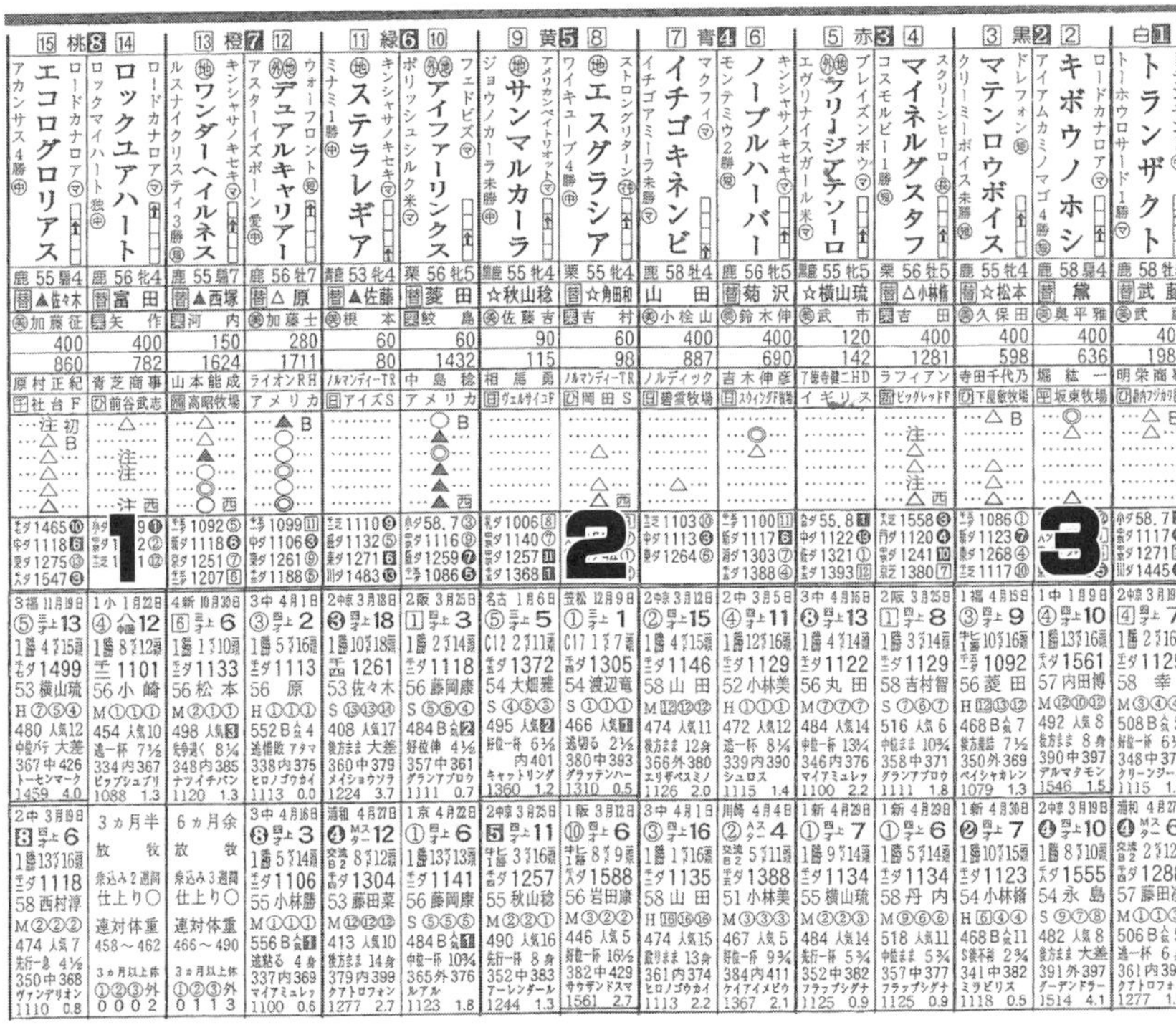

馬番	枠	馬名	父	母	毛色・斤量・性齢	騎手	厩舎	賞金	収得	馬主	生産者
1	白1	トランザクト	トランセンド	トーホウロサード1勝	鹿 58 牡5	武藤	美武藤	400	1985	明栄商事	静内フジカワ牧場
2	黒2	キボウノホシ	ロードカナロア	アイアムカミノマゴ4勝	鹿 58 騸4	黛	美奥平雅	400	636	堀紘一	坂東牧場
3	黒2	マテンロウボイス	ドレフォン	クリーミーボイス未勝	鹿 55 牝4	☆松本	栗久保田	400	598	寺田千代乃	下屋敷牧場
4	赤3	マイネルグスタフ	スクリーンヒーロー	コスモルビー1勝	栗 56 牡5	△小林脩	美吉田	400	1281	ラフィアン	ビッグレッドF
5	赤3	フリージアテソーロ	ブレイズンボウ	エヴリナイスガール米	黒鹿 55 牝5	☆横山琉	美武市	120	142	了徳寺健二HD	イギリス
6	青4	ノーブルハーバー	キンシャサノキセキ	モンテミウ2勝	鹿 56 牝5	菊沢	美鈴木伸	400	690	吉木伸彦	スウィングF牧場
7	青4	イチゴキネンビ	マクフィ	イチゴアミーラ未勝	鹿 58 牡4	山田	美小桧山	400	887	ノルディック	碧雲牧場
8	黄5	エスグラシア	ストロングリターン	ワイキューブ4勝	栗 55 牝4	☆角田和	栗吉村	60	98	ノルマンディーTR	岡田S
9	黄5	サンマルカーラ	アメリカンペイトリオット	ジョウノカーラ未勝	黒鹿 55 牝4	☆秋山稔	美佐藤吉	90	115	相馬勇	ヴェルサイユF
10	緑6	アイファーリンクス	フェドビズ	ポリッシュシルク米	栗 56 牝5	菱田	栗鮫島	60	1432	中島稔	アメリカ
11	緑6	ステラレギア	キンシャサノキセキ	ミナミ1勝	青鹿 53 牝4	▲佐藤	美根本	60	80	ノルマンディーTR	アイズS
12	橙7	デュアルキャリアー	ウォーフロント	アスターイズボーン愛	鹿 56 牡7	△原	美加藤士	280	1711	ライオンRH	アメリカ
13	橙7	ワンダーヘイルネス	キンシャサノキセキ	ルスナイクリスティ3勝	鹿 55 騸7	▲西塚	栗河内	150	1624	山本能成	高昭牧場
14	桃8	ロックユアハート	ロードカナロア	ロックマイハート独	鹿 56 牝4	富田	栗矢作	400	782	青芝商事	前谷武志
15	桃8	エコログロリアス	ロードカナロア	アカンサス4勝	鹿 55 騸4	▲佐々木	美加藤征	400	860	原村正紀	社台F

1着⑭ロックユアハート
（3番人気）
2着⑧エスグラシア
（9番人気）
3着②キボウノホシ
（7番人気）

単⑭ 540円　枠連5－8　3660円
複⑭ 270円　⑧ 720円　② 700円
馬連⑧－⑭ 11740円　馬単⑭→⑧ 15210円
ワイド⑧－⑭ 3170円　②－⑭ 1910円　②－⑧ 7320円
3連複②⑧⑭ 72750円
3連単⑭→⑧→② 344820円

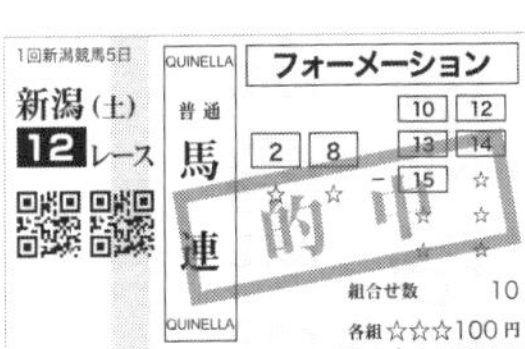

馬連⑧－⑭1万1740円
的中！

ワイド②－⑭1910円
的中！

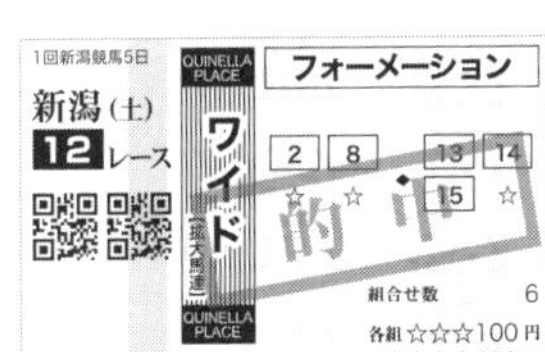

ワイド⑧－⑭3170円
的中！

倍を超えていますから、穴馬としての資格があります。穴馬候補として②番と⑧番に注目することにしました。

10時半の馬連ランクは、

⑩⑫■⑭⑬⑮■④③①②⑧■⑦⑥⑤■⑨⑪（■＝オッズの壁）

となっていたので、馬券は穴馬候補からまず上位ランク5頭への馬連フォーメーション、②⑧番－⑩⑫⑭⑬⑮番（10点）を購入。押さえでワイド18点です（組み合わせは馬券参照）。

3連複ですが、馬連2位に「オッズの壁」があるため3連複フォーメーションは、②⑧番－⑩⑫番－⑭⑬⑮番（12点）です。

レース結果は1着⑭ロックユアハート、2着⑧エスグラシア、3着②キボウノホシと入り、穴馬候補は2着、3着に絡んでしまい、馬連とワイド馬券は的中したのですが、3連複は外れとなってしまいました。

配当は馬連⑧－⑭1万1740円、ワイド⑧－⑭3170円、②－⑭1910円。総回収率は420％ですから悪くはないのですが、3連複②⑧⑭は7万2750円もついていたため、3連複フォーメーション②－⑧－⑩⑫⑭⑬⑮番の5点を追加しただけで7万馬券をゲットすることができたのが悔やまれます。

表5●2023年5月13日・新潟12R

	1位	2位	3位	4位	5位	6位	7位	8位	9位	10位	11位	12位	13位	14位	15位
コンピ指数	10	12	13	15	3	14	2	8	1	4	6	7	5	9	11
馬連ランク	10	12	13	14	15	4	3	1	2	8	7	6	5	9	11
馬連オッズ		7.5	17.3	17.4	20.4	30.6	41.3	44.3	47.6	54.5	122	138	156	259	386
単勝ランク	10	12	14	15	13	2	1	3	8	7	4	5	9	6	11
単勝オッズ	4.1	4.2	5.4	7.4	11.5	15.8	16.4	16.6	20.5	27.2	28.6	47.7	57.5	63.6	75.0
複勝ランク	12	10	15	14	13	2	1	8	4	6	3	7	5	11	9
複勝オッズ	1.7	2.0	3.2	3.6	3.6	4.7	5.4	5.5	6.4	6.7	7.8	9.2	12.8	13.8	19.0

オッズの壁（馬連10位と11位の間）

複勝6倍の壁（複勝8位と9位の間）

このレースは、今後の馬券購入において大きな教訓となりました。この後、第8章で紹介するレースでも、穴馬候補が2頭同時に馬券に絡むという同じようなパターンが出現しますが、このレースの教訓を活かして、しっかりリベンジを果たしました。

GⅠレースの反対競馬場の最終レースは高配当の宝庫

GⅠレースの反対競馬場（裏開催）の最終レースは波乱になる可能性が高いので、「オッズX方式」では常に注視しています。例を出してみましょう。**2023年10月29日、京都12R**です。

この日は東京競馬場ではGⅠ、天皇賞・秋が行なわれ、京都12RはGⅠレースの反対競馬場の最終レースということになります。

GⅠレースの反対競馬場の最終レースが波乱になりやすい要因として、競馬番組もありますが、GⅠレースには多くの主力騎手が騎乗します。するとGⅠレースが開催されていない競馬場には、主力騎手以外の騎手によってレースが行なわれることになります。

もともと最終レースは波乱になる傾向が強いうえに、主力騎手がいないというのであれば、穴馬にとっては追い風です。ですからGⅠレースの反対競馬場の最終レースは穴党にとっては狙い目なのです。

このレースのコンピ指数1位は74P、46Pの馬は14位、1位と3位のポイント差は6Pですから、コンピ指数からは「大穴型レース」として判定されました。

9時半のオッズからは、単勝30倍未満の馬が11頭と穴レースの条件をクリア。ただし、馬連1番人気

●2023年10月29日・京都12R（3歳上2勝クラス、ダ1400m）

馬番	枠	馬名	父	母（成績）	毛色・斤量・性齢	騎手	調教師	賞金	総賞金	馬主	生産者	印	持ち時計	前々走	前走
16	桃8	リュクスウォリアー	マジェスティックウォリアー	リュクスメジャー（3勝）	鹿 58 牡6	北村友	平田	900	3573	田畑憲士	庄野牧場	△B 注 △ △ △ 注	阪ダ1237③ 中ダ1492⑯ 京ダ1538⑤	3中京7月8日 ③インディ 6 2勝14ト16頭 ダ1247 58藤懸 M②②② 510B人気7 先行一息 3½ 349中380 サンライズフレ 1241 0.6	2京10月14日 ④三才上13 2勝3ト14頭 ダ1258 58藤懸 H②②② 504B人気3 先行バテ 10¾ 346中394 タマモダイジョ 1240 1.8
15	桃8	スズカコーズ	スズカコーズウェイ	アイシースズカ（3勝）	黒鹿 54 牡3	△田口	伊藤圭	900	2450	永井啓弍	稲原牧場	△B ▲ △ ▲ … △東	中ダ1109① 阪ダ1240④	3中京7月8日 ③インディ15 2勝3ト16頭 ダ1264 55川田 M⑦⑩⑩ 490B人気5 中位一杯 13½ 354中387 サンライズフレ 1241 2.3	4阪10月1日 ⑨三才上4 2勝3ト16頭 ダ1240 56幸 H⑨⑦⑤ 504B人気6 中位伸も ¾身 349外371 マイネルブロン 1239 0.1
14	橙7	サヴァイヴ	キンシャサノキセキ	ザナ（未勝）	青 58 牡6	岩田望	清水久	900	4611	中村忠彦	ノースヒルズ	… … … … ◎ …	阪ダ1124⑨ 阪ダ1238⑧ 東芝1332⑧ 小芝1488⑦	4阪9月30日 ⑧三才上12 2勝2ト17頭 芝内1216 58鮫島駿 S⑯⑯⑯ 476人気13 後直だけ 4身 361内337 ジューンオレン 1209 0.7	2京10月14日 ④三才上6 2勝4ト11頭 芝外1209 55田口 S⑥⑧⑧ 478人気11 後直だけ 2身 358外343 ブリュットミレ 1206 0.3
13	橙7	ブレーヴジャッカル	ダイワメジャー	パーシステントリー（米）	栗 58 騸5	浜中	長谷川	900	3540	シルクR	ノーザンF	△B △ 注 注 … △	芝1204⑧ 阪ダ[illegible]④ 阪芝[illegible]① ダ[illegible]⑭	1京 13日 ⑦四才上1 1勝5ト16頭 ダ1250 58坂井 M③②② 476B人気3 先行競勝 ¾身 351中376 スピリットワー 1251 0.1	2京10月14日 ④三才上7 2勝4ト14頭 ダ1246 58浜中 H②③② 462B人気7 好位一息 3身 346中381 タマモダイジョ 1240 0.6
12	緑6	ドンフクリン	アジアエクスプレス	スターライラック（2勝）	栗 58 牡4	荻野極	庄野	900	710	山田貢一	庄野牧場	… … … … ▲ …	阪ダ1122④ 阪ダ1255⑨ ダ1570⑭	3中京7月22日 ⑦濃州16 2勝11ト16頭 ダ1164 58藤岡康 M⑥⑥⑧ 466人気9 好位バテ 大差 348中416 アームズレイン 1104 6.0	2京10月8日 ②三才上8 2勝11ト13頭 ダ1125 58藤岡康 M⑫⑫⑫ 470人気12 後方差詰 4¾ 360中365 アルムラトゥー 1116 0.9
11	緑6	ビルカール	ミッキーアイル	サンシャインキッス（未勝）	黒鹿 56 牡3	松若	水野	900	1008	野村茂雄	サンローゼン	… … … … … 東	中ダ1112②	①[illegible]14 2勝15ト15頭 芝内1088 55菅原明 S⑫⑫⑬ 462人気14 出遅る 9身 346外342 ブッシュガーデ 1073 1.5	5ヵ月休 放牧 乗込み5週間 仕上り○ 連対体重 474～484 3ヵ月以上休 ①②③外 0001
10	黄5	カセノミオ	アジアエクスプレス	レディーソルジャー（公）	栗 53 牝3	☆角田河	中尾秀	900	2095	平川進	須崎牧場	○ △ ▲ △ … ▲	京ダ1249①	3中京7月9日 ④[illegible]1 未勝14ト16頭 ダ1256 51田口 M②②② 514人気1 先行抜出 1身 354中379 セブンスストリ 1258 0.2	2京10月7日 ①三才上1 牝1勝15ト16頭 ダ1249 51田口 H②②② 528人気2 先行抜出 2½ 345中381 ルショコラ 1254 0.5
9	黄5	(外)ジュストコル	シャラー	ジュマイエル（愛）	鹿 58 牡5	和田竜	大久保龍	900	4241	吉田照哉	イギリス	▲再 ◎B ○ ○ 注 ◎	小芝1071② 京ダ1241② 中京芝1340⑫ 芝1209⑪	4阪9月30日 ⑧三才上10 2勝12ト17頭 芝内1215 58幸 S⑧⑦⑦ 506B人気16 中位一杯 3¾ 354中343 ジューンオレン 1209 0.6	2京10月14日 ④三才上2 2勝6ト14頭 ダ1241 58和田竜 H④④④ 508人気5 一旦先頭 ½身 348中375 タマモダイジョ 1240 0.1
8	青4	ロープスピニング	キンシャサノキセキ	ルンバロッカ（愛）	鹿 56 牝4	鮫島駿	武藤	900	2395	吉田照哉	社台F	△ … △ … … △東	中ダ1117⑥ 京ダ1251③ 1073① 芝1233⑧	3新8月26日 ⑤[illegible]10 2勝13ト15頭 ダ1128 56内田博 H④④⑤ 430人気14 好位一杯 6¼ 345中383 メタマックス 1116 1.2	2京10月9日 ③三才上3 牝2勝4ト13頭 ダ1251 56吉村智 H④③④ 438人気11 好位粘る 1¾ 346中388 レディフォース 1247 0.4
7	青4	テーオーポシブル	ネオユニヴァース	リーグルメアリー（米）	鹿 58 騸7	団野	梅田智	900	4776	小笹公也	ヤナガワ牧場	B … … … … …	阪ダ1108⑦ 中京ダ1232② 東ダ1367③ 阪ダ1518③	1中京1月21日 ⑦四才上14 2勝9ト16頭 ダ1279 58古川吉 H⑮⑮⑮ 480B人気14 後方まま 14¾ 372中389 タイミングナウ 1255 2.4	9ヵ月余 放牧 乗込み3週間 仕上り○ 連対体重 450～482 3ヵ月以上休 ①②③外 1014
6	赤3	ヴィゴラスダンサー	モーリス	ハピネスダンサー（5勝）	鹿 56 牝4	藤岡康	友道	900	2784	前迫義幸	ノーザンF	◎ △ △ △ … △	阪ダ1113② 中京ダ1245② ダ1461③	2新7月30日 ②三才上12 2勝13ト15頭 ダ1125 56岩田望 H③⑤④ 450人気4 好位一杯 10身 343中382 ミレヴィーナス 1108 1.7	2京10月9日 ③三才上4 牝2勝6ト13頭 ダ1256 56藤岡康 H⑦⑥⑥ 446人気5 中位差詰 5¾ 348中390 レディフォース 1247 0.9
5	赤3	グッドフェイス	キズナ	アイリーグレイ（2勝）	鹿 57 牡4	☆小沢	松下	900	1587	STレーシング	チャンピオンズF	連闘	京ダ1132⑬ 中京ダ1244⑤ 芝1353② ダ1443⑧	浦和6月1日 ④Mステッ1 交流B2 12ト12頭 ダ1288 56松本 M⑤③① 483人気2 好位抜出 1身 371中387 イルザ 1290 0.2	2京10月21日 ⑥三才上13 2勝8ト16頭 ダ1132 57松本 M⑮⑭⑮ 478人気15 後方まま 13身 364中368 ステラフィオー 1110 2.2
4	黒2	テイエムフェロー	マジェスティックウォリアー	トシキャンディ（5勝）	鹿 58 牡4	田中健	飯田祐	900	2538	竹園正繼	[illegible]小林牧場	… … … … △ …	中京ダ1116③ 千ダ58.0②	3中京7月22日 ⑦濃州8 2勝8ト16頭 ダ1125 58田中健 M⑨⑨⑩ 488人気6 中位まま 12¼ 351中374 アームズレイン 1104 2.1	3ヵ月余 放牧 乗込み5週間 仕上り○ 連対体重 488～492 3ヵ月以上休 ①②③外 1001
3	黒2	ゼットノヴァ	ザファクター	ネオオシルヴィア（未勝）	青鹿 58 牡4	幸	吉田	900	4865	フォーレスト	フジワラF	注 ○ ◎ ◎ ○ ○	中京ダ1108②	3中京 ③インディ3 2勝7ト16頭 ダ1244 58幸 M⑪⑥⑨ 440人気2 中位伸 1½ 358外368 サンライズフレ 1241 0.3	2京10月14日 ④三才上8 2勝12ト14頭 ダ1247 58幸 H⑧⑧⑦ 440人気1 発馬遅く 3½ 354外377 タマモダイジョ 1240 0.7
2	白1	ブルーノート	コパノリッキー	ハニードント（4勝）	栗 58 牡4	荻野琢	梅田智	900	1260	新浦州平	松浦牧場	… △ … … △ △	中京ダ1114⑤ 中京ダ1269② 新ダ1100⑤ 中ダ1179⑪	1新4月30日 ②四才上5 1勝6ト15頭 ダ1119 54永島 H⑬⑭⑫ 498人気3 後方追上 ¾身 349外370 ミラビリス 1118 0.1	笠松10月12日 ③交流1 交流A3 3ト8頭 ダ1295 57荻野琢 S①①① 493人気3 逃切る 1身 383内380 ラブミーモナコ 1297 0.2
1	白1	メタモルフォーゼ	キンシャサノキセキ	エンプレイス（1勝）	鹿 56 牝6	坂井	渡辺	900	3225	ノースヒルズ	土居牧場	… … … △ … …	芝1476⑤ 阪ダ1238① 京芝1348⑤ 中京ダ1540⑧	3中京7月8日 ③インディ10 2勝6ト16頭 ダ1251 56池添 M⑭⑬⑬ 466人気13 後方まま 5¾ 362外368 サンライズフレ 1241 1.0	2京10月14日 ④三才上9 2勝5ト14頭 ダ1247 56藤岡佑 H⑬⑬⑬ 480人気12 出遅る 3¾ 362中366 タマモダイジョ 1240 0.7

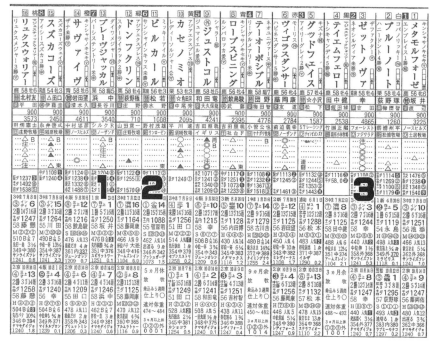

1着⑬ブレーヴジャッカル
（6番人気）
2着⑪ビルカール
（7番人気）
3着③ゼットノヴァ
（2番人気）

単⑬ 2190 円　枠連6－7　6970 円
複⑬ 460 円　⑪ 720 円　③ 180 円
馬連⑪－⑬ 28300 円　馬単⑬→⑪ 52840 円
ワイド⑪－⑬ 7700 円　③－⑬ 1240 円　③－⑪ 2370 円
3連複③⑪⑬ 32780 円
3連単⑬→⑪→③ 345810 円

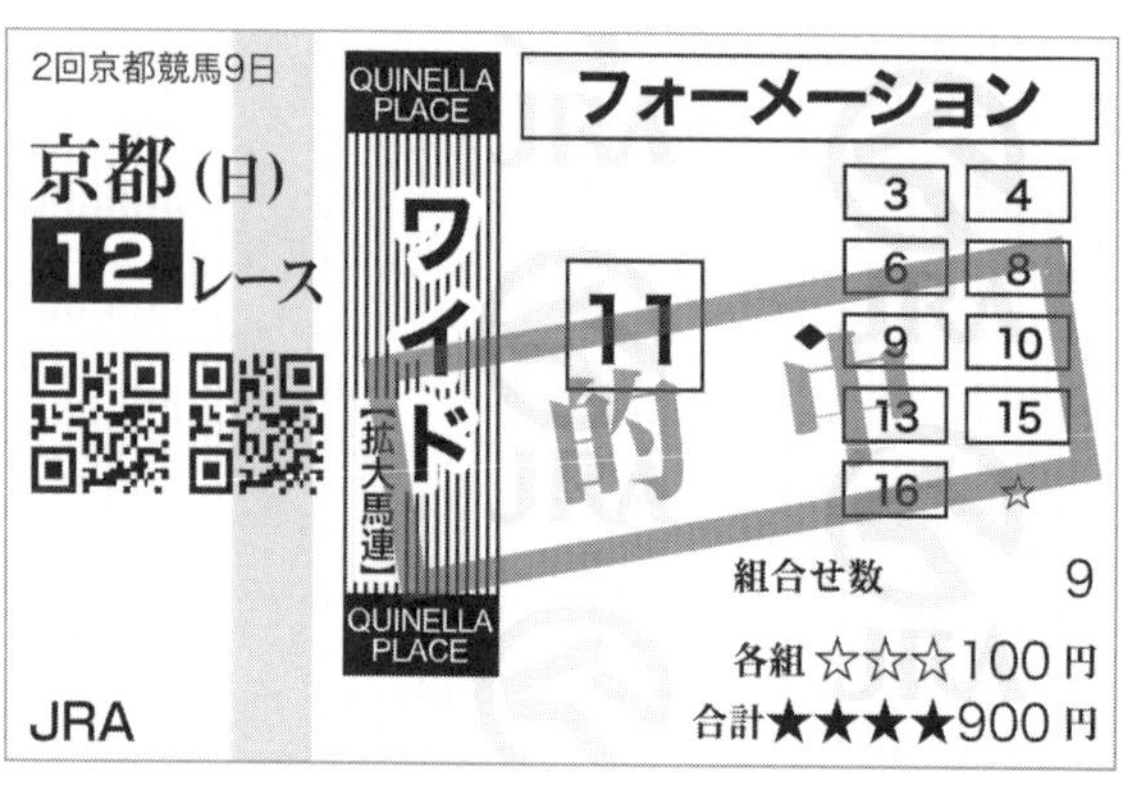

ワイド⑪－⑬7700円、③－⑪2370円的中！

のオッズは7・1倍と条件をクリアしていません。

しかしこのレースはGIレースの反対競馬場の最終レースであり、コンピ指数からは「大穴型レース」として判定されています。このまま検証を続けることにしました。

馬連、単勝、複勝オッズを人気順に並び替え、ひとつにまとめたのが下の表6です。

この表を見ると、コンピ指数13位の⑪番が馬連11位から単勝は6位に5ランク、複勝は5位へ6ランク上昇し、「突入&移動馬」のルールをクリアしています。他には派手に動いている馬がいません。穴馬候補として⑪番に注目です。

10時半の馬連ランクを調べると、

⑨③⑩⑮■⑬⑥⑯⑧④⑪①⑭②⑫⑦（■＝オッズの壁・⑤番は取消）

となっています。馬券は馬連5位以下が馬券に絡むと高配当が期待できると判断し、⑪番から上位の馬9頭へのワイド⑪番－⑨③⑩⑮⑬⑥⑯⑧④番（9点）を購入しました。

レース結果は、1着⑬ブレーヴジャッカル、2着⑪ビルカール、3着③ゼットノヴァです。「突入&移動馬」の⑪番は2着と馬券に絡み、ワイドは2点的中です。

表6●2023年10月29日・京都12R

	1位	2位	3位	4位	5位	6位	7位	8位	9位	10位	11位	12位	13位	14位	15位	16位
コンピ指数	3	9	10	15	6	13	16	1	8	14	4	7	11	2	12	5
馬連ランク	9	3	10	15	13	6	16	4	8	1	11	14	2	12	7	5
馬連オッズ		7.1	9.7	9.8	25.0	27.3	33.5	48.8	48.9	53.2	55.0	58.2	73.3	103	110	取消
単勝ランク	9	3	15	10	16	11	13	4	1	14	6	2	7	8	12	5
単勝オッズ	2.4	6.6	6.8	7.4	16.9	18.8	21.6	22.5	24.3	26.0	26.1	36.7	36.9	37.2	62.2	取消
複勝ランク	9	15	3	10	11	1	16	13	14	2	4	6	7	12	8	5
複勝オッズ	1.3	2.8	3.3	3.3	6.0	6.0	6.2	6.9	7.2	7.8	8.5	8.5	9.2	9.6	11.2	取消

配当はワイド⑪－⑬7700円、③－⑪2370円、合わせて1万70円。9点買いで回収率は約11倍ですから悪い配当ではありません。

ちなみに馬連⑪－⑬は2万8300円、3連複は③⑪⑬で3万2780円でした。馬連や3連複も穴馬候補が⑪番1点だけなので、もう少し手広く馬券を購入していれば、けっして難しい馬券ではなかったと思います。

ぜひ、**「GⅠレースの反対競馬場の最終レースが波乱になりやすい」**ということを覚えておいてください。

第7章

ターゲットは荒ぶるGⅠの万馬券！

「馬連人気分布表」では見えない「オッズの壁」から穴馬を発掘！

ＧⅠレースは「ハンデ戦」や「馬場急変」「開催替わり」のような、穴党にとって追い風になる要因を含んでいるレースだと考えています。

事実、超人気薄の馬が馬券に絡んでくるのも事実です。**「オッズX方式」で「本命サイドレース」という判定が出ても、ＧⅠに限っては常に、下位ランクの馬の動きに注意し検証を進めています。**

では、実際の例を使いながらＧⅠの検証方法を紹介していきましょう。最初に取り上げるのが、**2024年3月31日、阪神11R大阪杯**です。

コンピ指数は1位が80Ｐ、46Ｐの馬が13位、1位と3位とのポイント差が17Ｐですから「準大穴型レース」判定となりました。

レース当日9時半のオッズでは、馬連1番人気が12・8倍、単勝30倍未満の頭数が10頭となり、穴レースの条件をクリア。すなわち大阪杯は穴馬が馬券に絡む可能性があるという「競馬予報」の判定が下されたわけです。

馬連、単勝、複勝ランクを人気順に並び替え、ひとつにまとめたのがＰ１５０の表1です。

「オッズの壁」は馬連15位にありますが、その前の2頭の複勝オッズが15倍以上では、穴馬候補として期待するのが難しいオッズです。

他には「オッズの壁」がなく、「オッズの壁」のルールからは穴馬を見つけ出すことができないような形に見えますが、「馬連人気分布表」（Ｐ１５０の表2）をチェックすると、馬連10位の中には2倍を

●2024年3月31日・阪神11R大阪杯（ＧⅠ、芝2000m）

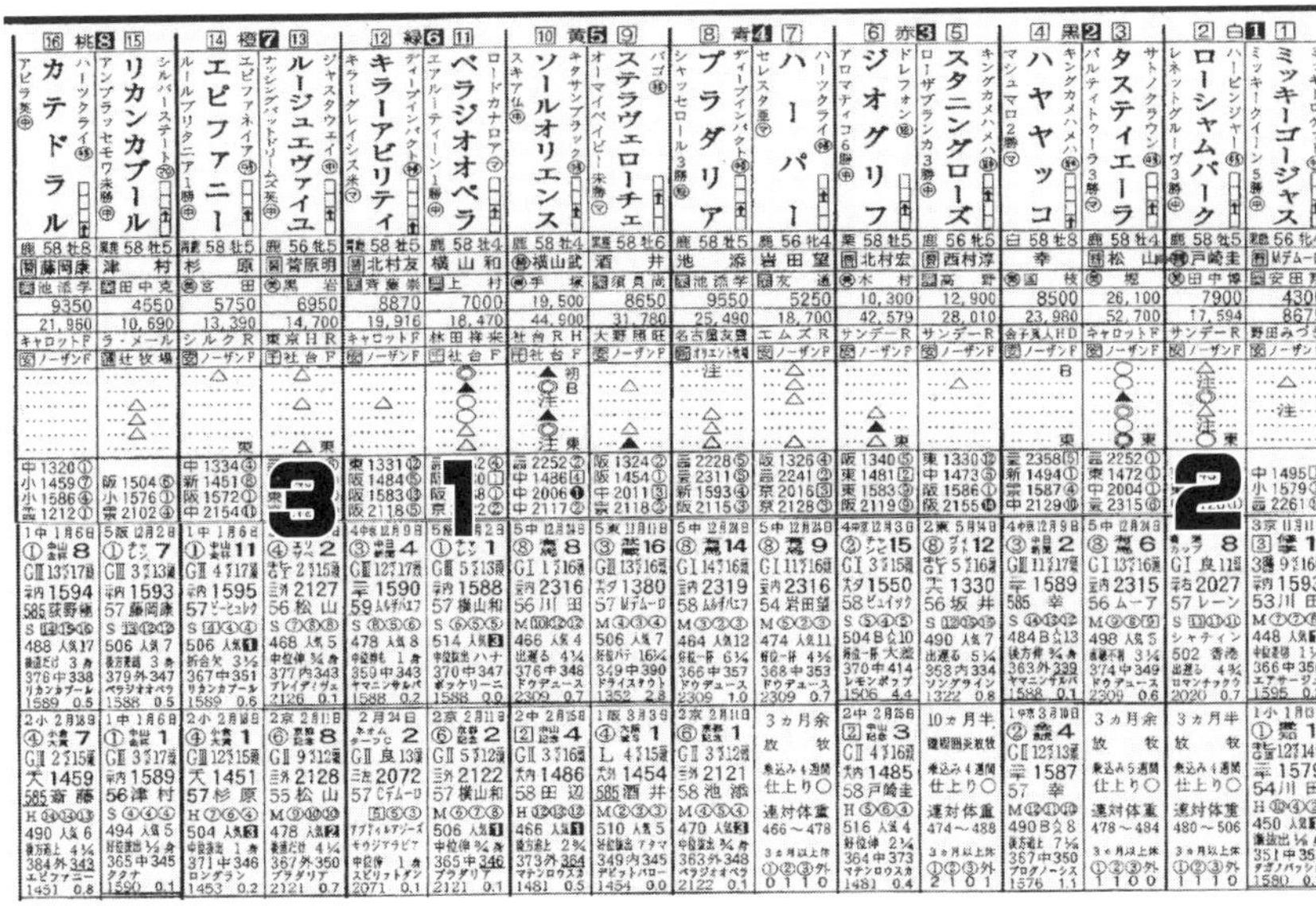

馬番	枠	馬名	父	母	斤量・性齢	騎手	調教師	賞金	総賞金	馬主	生産者
1	白1	ミッキーゴージャス	ミッキーロケット	ミッキークイーン5勝	56 牝4	Mデムーロ	安田翔	4300	8675	野田みづき	ノーザンF
2	白1	ローシャムパーク	ハービンジャー	レネットグルーヴ3勝	58 牡5	戸崎圭	田中博	7900	17,594	サンデーR	ノーザンF
3	黒2	タスティエーラ	サトノクラウン	パルティトゥーラ3勝	58 牡4	松山	堀	26,100	52,700	キャロットF	ノーザンF
4	黒2	ハヤヤッコ	キングカメハメハ	マシュマロ2勝	58 牡8	幸	国枝	8500	23,980	金子真人HD	ノーザンF
5	赤3	スタニングローズ	キングカメハメハ	ローザブランカ3勝	56 牝5	西村淳	高野	12,900	28,010	サンデーR	ノーザンF
6	赤3	ジオグリフ	ドレフォン	アロマティコ6勝	58 牡5	北村宏	木村	10,300	42,579	サンデーR	ノーザンF
7	青4	ハーパー	ハーツクライ	セレスタ	56 牝4	岩田望	友道	5250	18,700	エムズR	ノーザンF
8	青4	プラダリア	ディープインパクト	シャッセロール3勝	58 牡5	池添	池添学	9550	25,490	名古屋友豊	オリエント牧場
9	黄5	ステラヴェローチェ	バゴ	オーマイベイビー未勝	58 牡6	酒井	須貝尚	8650	31,780	大野照旺	ノーザンF
10	黄5	ソールオリエンス	キタサンブラック	スキア仏	58 牡4	横山武	手塚	19,500	44,900	社台RH	社台F
11	緑6	ベラジオオペラ	ロードカナロア	エアルーティーン1勝	58 牡4	横山和	上村	7000	18,470	林田祥来	社台F
12	緑6	キラーアビリティ	ディープインパクト	キラーグレイシス米	58 牡5	北村友	斉藤崇	8870	19,916	キャロットF	ノーザンF
13	橙7	ルージュエヴァイユ	ジャスタウェイ	ナッシングバットドリームズ英	56 牝5	菅原明	黒岩	6950	14,700	東京HR	社台F
14	橙7	エピファニー	エピファネイア	ルールブリタニア1勝	58 牡5	杉原	宮田	5750	13,390	シルクR	ノーザンF
15	桃8	リカンカブール	シルバーステート	アンブラッセモワ未勝	58 牡5	津村	田中克	4550	10,690	ラ・メール	辻牧場
16	桃8	カテドラル	ハーツクライ	アビラ米	58 牡8	藤岡康	池添学	9350	21,960	キャロットF	ノーザンF

1着⑪ベラジオオペラ
（2番人気）
2着②ローシャムパーク
（3番人気）
3着⑬ルージュエヴァイユ
（11番人気）

単⑪ 550円　枠連1－6　1600円
複⑪ 220円　② 250円　⑬ 730円
馬連②－⑪ 1930円　馬単⑪→② 3720円
ワイド②－⑪ 900円　⑪－⑬ 3120円　②－⑬ 3700円
3連複②⑪⑬ 22720円
3連単⑪→②→⑬ 93050円

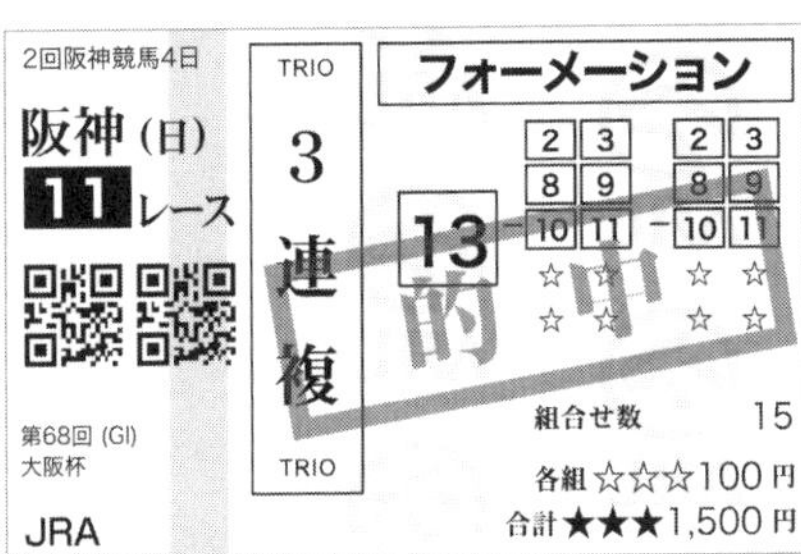

3連複②⑪⑬2万2720円的中！

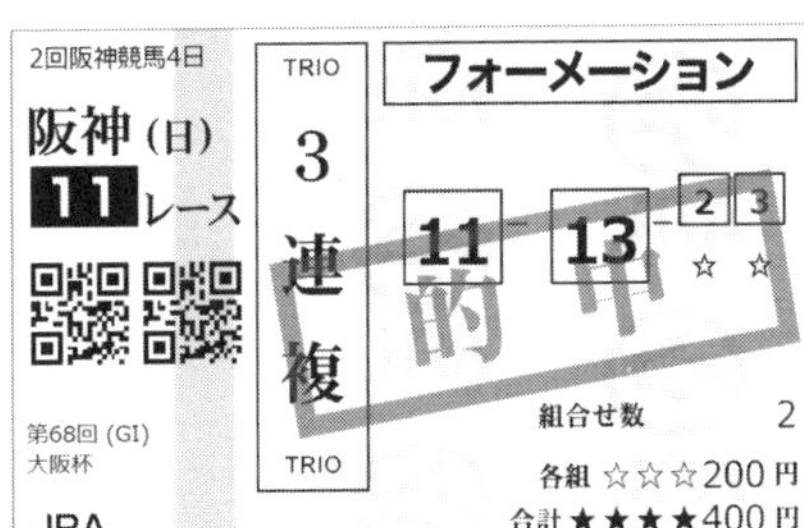

3連複②⑪⑬2万2720円的中！

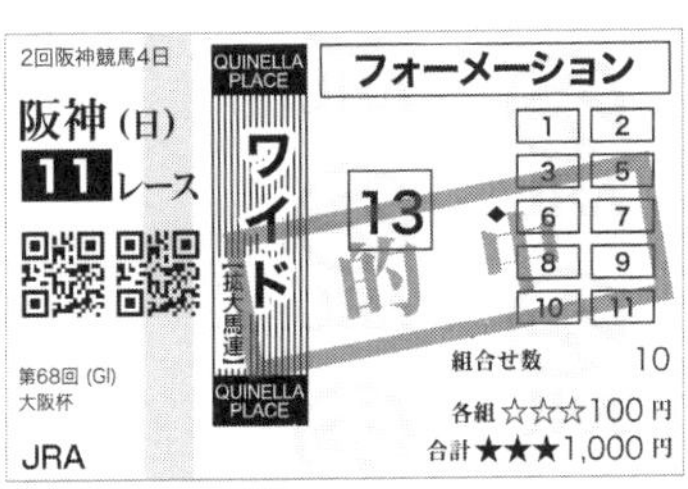

ワイド⑪－⑬3120円、
②－⑬3700円的中！

表1●2024年3月31日・阪神11R大阪杯

	1位	2位	3位	4位	5位	6位	7位	8位	9位	10位	11位	12位	13位	14位	15位	16位
コンピ指数	3	11	2	10	7	8	9	5	13	1	6	14	12	4	16	15

馬連ランク	3	2	10	11	8	7	1	5	9	6	13	15	14	12	4	16
馬連オッズ		12.8	13.8	14.6	18.9	30.6	37.7	43.5	44.2	65.6	114	165	178	259	429	1310

オッズの壁

単勝ランク	3	2	8	11	10	9	5	7	1	6	13	14	15	12	4	16
単勝オッズ	5.2	5.7	6.9	7.0	7.7	12.3	12.5	14.3	14.8	15.6	36.7	42.2	43.8	60.7	93.5	210

オッズの壁

複勝ランク	3	11	8	2	10	5	9	7	6	1	13	14	15	12	4	16
複勝オッズ	2.4	2.6	2.8	3.0	3.2	4.3	4.4	4.5	5.0	5.4	9.4	11.0	11.4	15.0	17.2	45.6

表2●2024年3月31日・阪神11R大阪杯　馬連人気分布表

	3	2	10	11	8	7	1	5	9	6	13	15	14	12	4	16
3		12.8	13.8	14.6	18.9	30.6	37.7	43.5	44.2	65.6	114	165	178	259	429	1310
2			24.6	19.8	23.5	42.0	42.7	50.9	48.1	73.8	122	169	190	349	490	1700
10				21.0	34.3	64.4	62.1	86.1	76.7	84.7	180	248	268	364	668	1661
11					18.9	43.0	46.3	61.4	47.1	81.6	137	139	177	248	716	1656
8						46.2	56.7	55.8	50.5	61.7	186	184	238	224	691	1833
7							98.2	90.2	87.4	130	280	403	425	579	934	2689
1								118	135	201	297	219	336	528	635	2061
5									93.4	86.5	241	386	545	632	1095	2771
9										110	260	353	338	527	1116	2595
6											419	612	589	583	1135	3295
13												650	777	1366	2043	3927
15													513	1101	2035	3389
14														1159	1994	4189
12															2277	4195
4																4885

10、11位間のオッズの壁

超えるような壁が並んでいることに気づいたのです。

さらに単勝10位と11位の間には2・35倍の乖離差があり、単勝の「オッズの壁」が成立しています。また複勝10位と11位を調べてみると、複勝10位の①番は5・4倍、複勝11位の⑬番は9・4倍と、ここに大きな差があることもわかります。

つまり馬連10位と11位の間には、大きな「オッズの壁」が潜んでいることがわかるのです。

馬連の「オッズの壁」の前の2頭が穴馬候補、すなわちこのレースの場合では⑨番と⑥番となります。馬連10位と11位の間に「オッズの壁」が潜んでいるにも関わらず、なぜ「馬連人気分布表」では単勝1番人気、馬連1位の③番からは馬連10位と11位の乖離差は1・74倍と、「オッズの壁」に届かなかったのでしょうか。

ひとつ考えられるのは馬連11位の⑬番との組み合わせ、③-⑬が売れていること、すなわち⑬番との組み合わせが人気になっているからだと考えられます。
⑬番は単勝では、10位にある大きな「オッズの壁」の直後の馬にもなっています。「オッズX方式」では馬連や単勝の大きな「オッズの壁」の直後の馬は、穴馬として馬券に絡むことがあるため注意しています。
穴馬候補は⑬番に決定することにしました。これは後付けの理論ではなく、実際にリアルタイムでも自身のブログでも穴馬⑬番と発表しました。

10時半の馬連ランクを調べてみると、
③②⑩⑪⑧⑦①⑤⑨⑥⑬⑮⑭⑫④■⑯（■＝オッズの壁）

となっていました。

馬券は⑬番から上位5頭③②⑩⑪⑧番に加え、馬連6位の⑦番より馬連9位の⑨番のほうが単勝と複勝で売れていたので⑨番を追加。3連複フォーメーション（軸1頭流し）⑬番−③②⑩⑪⑧⑨番−③②⑩⑪⑧⑨番を購入しました。さらに⑪−⑬−②③もプラス購入。

馬連⑬番のオッズは114倍と80倍を大きく超えていたため、ワイドを上位10頭、すなわち⑬番−③②⑩⑪⑧⑦①⑤⑨⑥番も買いました。

レース結果はどうだったでしょうか。

1着は⑪ベラジオオペラ、2着②ローシャムパークと入ったのですが、3着に入ったのが、穴馬候補の⑬ルージュエヴァイユだったのです。3連複は追加分も入れて200円的中、そしてワイドは2点獲りの的中となりました。

配当は3連複②⑪⑬で2万2720円、ワイド⑪−⑬3120円、②−⑬3700円です。回収率は3連複で約26・7倍、ワイド馬券は約6・8倍ですから悪くはありません。

上位ランクの馬から3連単万馬券的中に成功！

次にコンピ指数では「大穴型レース」判定にも関わらず、上位ランクの馬から馬券が売れてしまい、その中からうまく馬券を組み立て3連単万馬券ゲットに成功した例を紹介してみましょう。

2024年4月7日、阪神11R桜花賞です。

このレースのコンピ指数1位は73P、46Pの馬は12位、1位と3位とのポイント差は4Pでしたので、「大穴型レース」判定でした。

しかし9時半のオッズを調べてみると、馬連1番人気は6・7倍、単勝30倍未満の頭数は8頭と、穴レースの条件をクリアしていません。馬連、単勝、複勝オッズを人気順に並び替えてみると、下の表3のようになっています。

表をチェックすると馬連7位と8位、単勝7位と8位の間に「オッズの壁」があることがわかります。複勝6倍未満の頭数を見ても7頭になっており、上位7頭の馬から馬券が売れていることがわかります。

これは馬連、単勝、複勝ランクの順序を比較してみても、馬連と単勝ランクの間で3位と4位の馬、②番と⑧番が入れ違っている以外は、きれいに馬番が揃っていました。

念のため「馬連人気分布表」を調べてみると、馬連7位と8位の間にはきれいにタテ軸に壁が並んでいます。

以上の検証から、馬券の軸はこの7頭の中に潜んでいると考えられると判断しました。

表3●2024年4月7日・阪神11R桜花賞

	1位	2位	3位	4位	5位	6位	7位	8位	9位	10位	11位	12位	13位	14位	15位	16位	17位	18位
コンピ指数	9	18	2	12	11	7	8	15	3	6	17	4	13	16	10	14	5	1
馬連ランク	9	12	2	8	18	7	11	3	10	15	6	4	17	16	13	5	1	14
馬連オッズ		6.7	10.4	11.6	14.1	20.1	28.5	57.8	105	123	147	163	237	273	280	540	566	771
単勝ランク	9	12	8	2	18	7	11	3	15	10	4	17	6	16	13	5	1	14
単勝オッズ	4.0	4.7	6.4	6.5	7.1	8.8	13.1	28.0	44.8	59.3	62.7	71.4	72.5	77.1	102	160	207	228
複勝ランク	9	12	8	2	18	7	11	3	10	15	6	17	4	16	13	5	14	1
複勝オッズ	1.8	2.2	2.8	2.8	3.6	4.3	4.9	6.8	10.1	11.2	12.6	14.2	14.4	15.4	18.5	31.7	39.0	41.9

乖離差 1.55 倍
オッズの壁
オッズの壁
複勝6倍未満が7頭
複勝15倍の壁

●2024年4月7日・阪神11R桜花賞（ＧＩ、芝1600m）

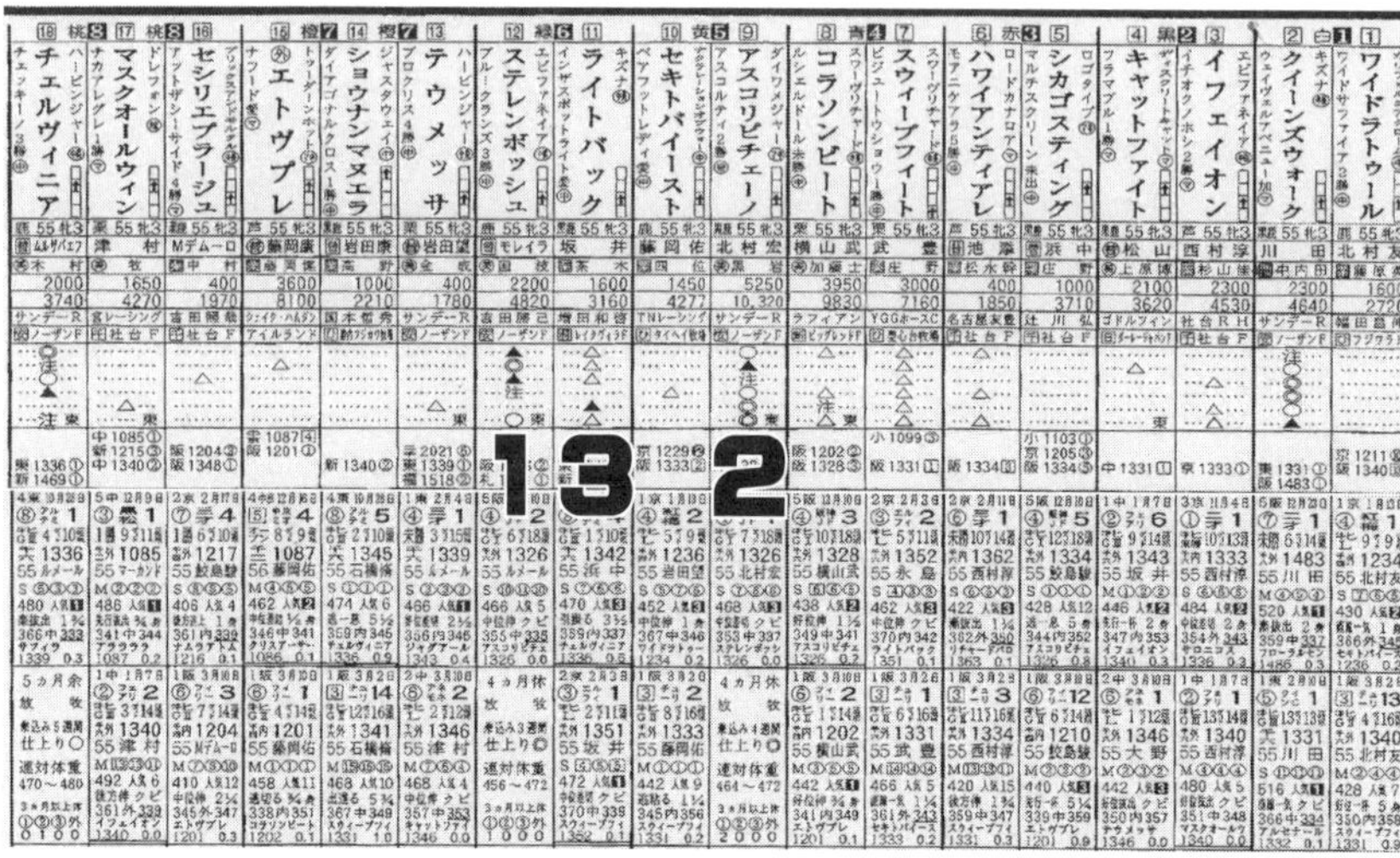

1	ワイドラトゥール
2	クイーンズウォーク
3	イフェイオン
4	キャットファイト
5	シカゴスティング
6	ハワイアンティアレ
7	スウィープフィート
8	コラソンビート
9	アスコリピチェーノ
10	セキトバイースト
11	ライトバック
12	ステレンボッシュ
13	テウメッサ
14	ショウナンマヌエラ
15	エトヴプレ
16	セシリエプラージュ
17	マスクオールウィン
18	チェルヴィニア

1着⑫ステレンボッシュ	単⑫ 430円　枠連5－6　560円
（2番人気）	複⑫ 150円　⑨ 140円　⑪ 340円
2着⑨アスコリピチェーノ	馬連⑨－⑫ 620円　馬単⑫→⑨ 1240円
（1番人気）	ワイド⑨－⑫ 280円　⑪－⑫ 970円　⑨－⑪ 940円
3着⑪ライトバック	3連複⑨⑪⑫ 3260円
（7番人気）	3連単⑫→⑨→⑪ 11470円

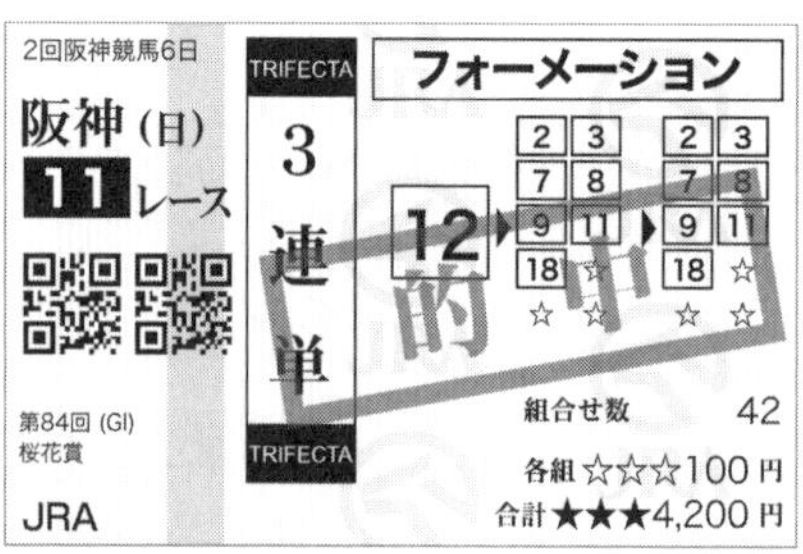

３連単⑫→⑨→⑪
1万1470円的中！

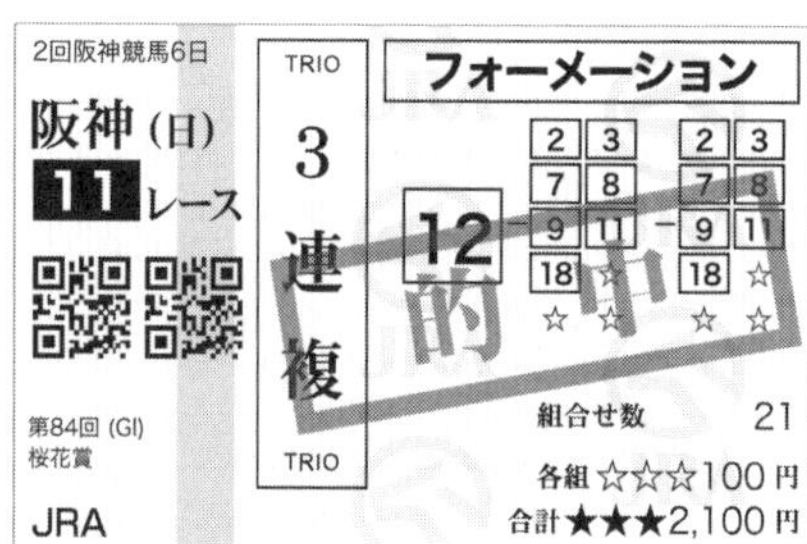

３連複⑨⑪⑫3260円的中！

では、どの馬が軸馬として信頼できるでしょうか。

⑫番に注目することにしました。⑫番はコンピ指数4位から馬連2位、複勝2位へ上昇しています。さらに、馬連2位と3位の間には乖離差1・55倍があったのが注目した理由です。

⑧番もコンピ指数7位から馬連4位、複勝3位へ上昇しており、こちらのほうが動いているように感じますが、10時半のオッズをチェックしてみますと、単勝、複勝ともに単勝3位から4位、複勝3位から4位へと下がっていました。

10時半の馬連ランクは、

⑨⑫②⑧⑱⑦⑪■③■⑩⑮⑥④⑰⑬⑯■⑤①⑭（■＝オッズの壁）

このようになっていたので、⑫番からの3連複馬券は、まず上位馬⑨②⑧⑱⑦⑪番までの6頭。さらには「オッズの壁」に囲まれていた③番を加え、⑫番から上位7頭へ流しました。⑫番－⑨②⑧⑱⑦⑪③－⑨②⑧⑱⑦⑪③（21点）です。

さらに3連単馬券を⑫番を1着に固定し、3連複と同じ相手馬へ流しました。すなわち、1着＝⑫番→2着＝⑨②⑧⑱⑦⑪③番→3着＝⑨②⑧⑱⑦⑪③番（42点）の購入です。

ここで注意しなければならない点があります。このレースはコンピ指数では「大穴型レース」判定だったことです。

9時半のオッズでは穴レースの条件をクリアせず、さらに表3でわかるように上位ランク中心に馬券が売れてしまったために、上位ランクの馬で馬券を組み立ててしまいました。9時半の判定が間違っており、コンピ指数の判定が正しいということも考えられます。

すなわち下位ランクの大穴馬が馬券に絡む可能性があるということです。大穴馬も探してみることにします。

注目したのは「複勝15倍の壁」の前の2頭、⑰番と④番です。この2頭が絡めば結構な配当が期待できるため、この2頭から上位8頭へのワイド、すなわち⑰④番ー⑨⑫②⑧⑱⑦⑪③番（16点）です。

レース結果は1着⑫番ステレンボッシュ、2着⑨番アスコリピチェーノ、3着⑪番ライトバックで決まり、注目した⑫番は1着に入り、3連単、3連複の的中です。

配当は3連単⑫→⑨→⑪で1万1470円、3連複3260円です。

穴馬候補として注目した「複勝15倍の壁」から浮上した⑰番と④番は馬券には絡みませんでしたが、コンピ指数判定が「大穴型レース」判定の場合は、下位ランクの馬にも注目することを忘れないようにしましょう。

難解な砂の一戦、「複勝15倍の壁」から浮上した馬が波乱の要因に！

前項の桜花賞では下位ランクの馬にも注目し馬券を組みましたが、それを教えてくれたレースが先にありました。

2024年2月18日、東京11RフェブラリーSです。

このレースのコンピ指数は1位が76P、46Pの馬はいませんが47Pの馬が12位、1位と3位のポイント差が11Pですからコンピ指数からは「大穴型レース」と判定されました。

●2024年2月18日・東京11RフェブラリーS(ＧⅠ、ダ1600m)

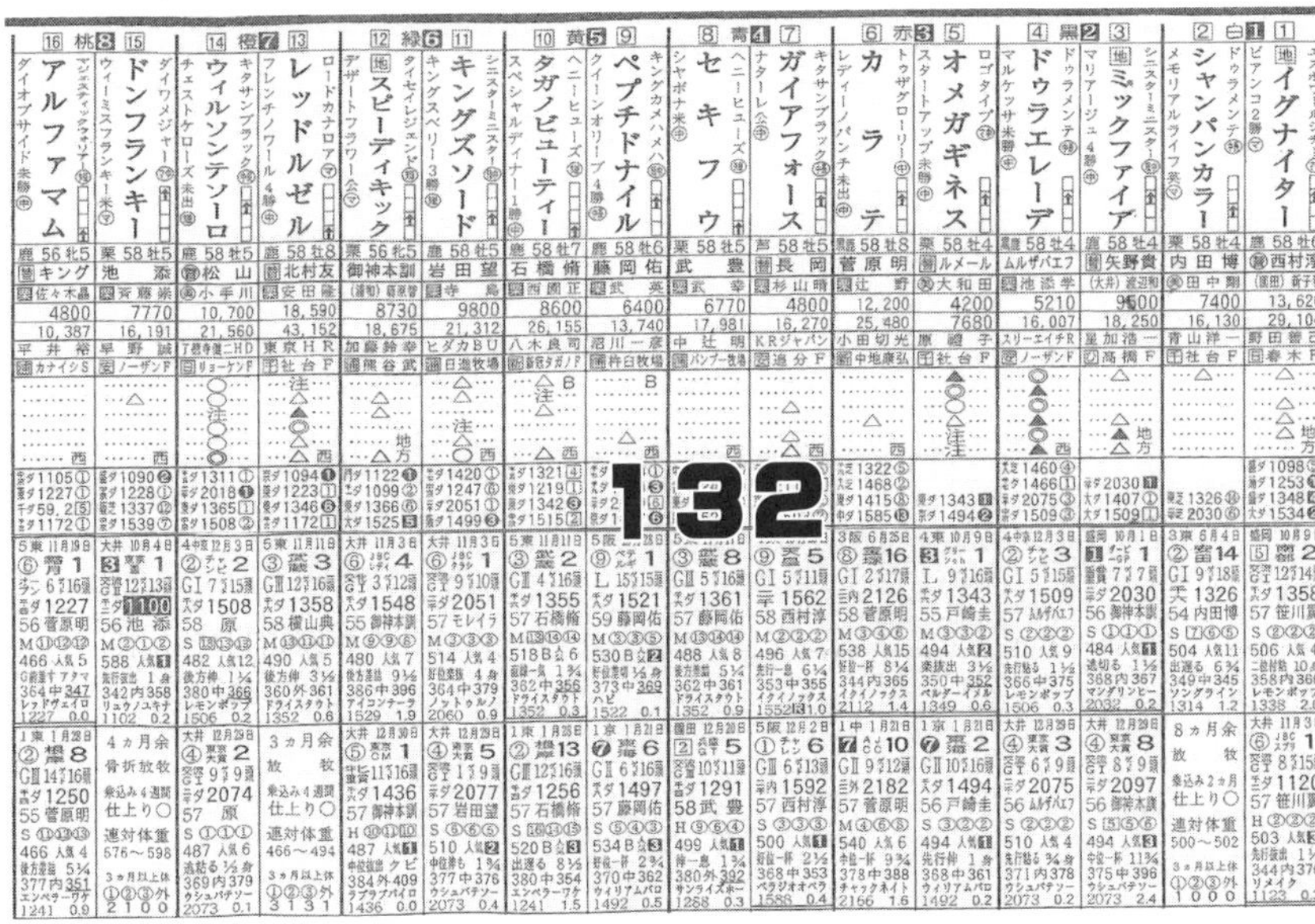

馬番	馬名	斤量	性齢	騎手
1	イグナイター	58	牡6	西村淳
2	シャンパンカラー	58	牡4	内田博
3	ミックファイア	58	牡4	矢野貴
4	ドゥラエレーデ	58	牡4	ムルザバエフ
5	オメガギネス	58	牡4	ルメール
6	カラテ	58	牡8	菅原明
7	ガイアフォース	58	牡5	長岡
8	セキフウ	58	牡5	武豊
9	ペプチドナイル	58	牡6	藤岡佑
10	タガノビューティー	58	牡7	石橋脩
11	キングズソード	58	牡5	岩田望
12	スピーディキック	56	牝5	御神本訓
13	レッドルゼル	58	牡8	北村友
14	ウィルソンテソーロ	58	牡5	松山
15	ドンフランキー	58	牡5	池添
16	アルファマム	56	牝5	キング

132

1着⑨ペプチドナイル
（11番人気）
2着⑦ガイアフォース
（5番人気）
3着⑧セキフウ
（13番人気）

単⑨ 3800円　枠連4－5　6140円
複⑨ 850円　⑦ 510円　⑧ 1030円
馬連⑦－⑨ 27850円　馬単⑨→⑦ 62030円
ワイド⑦－⑨ 5500円　⑧－⑨ 11050円　⑦－⑧ 4820円
3連複⑦⑧⑨ 197060円
3連単⑨→⑦→⑧ 1530500円

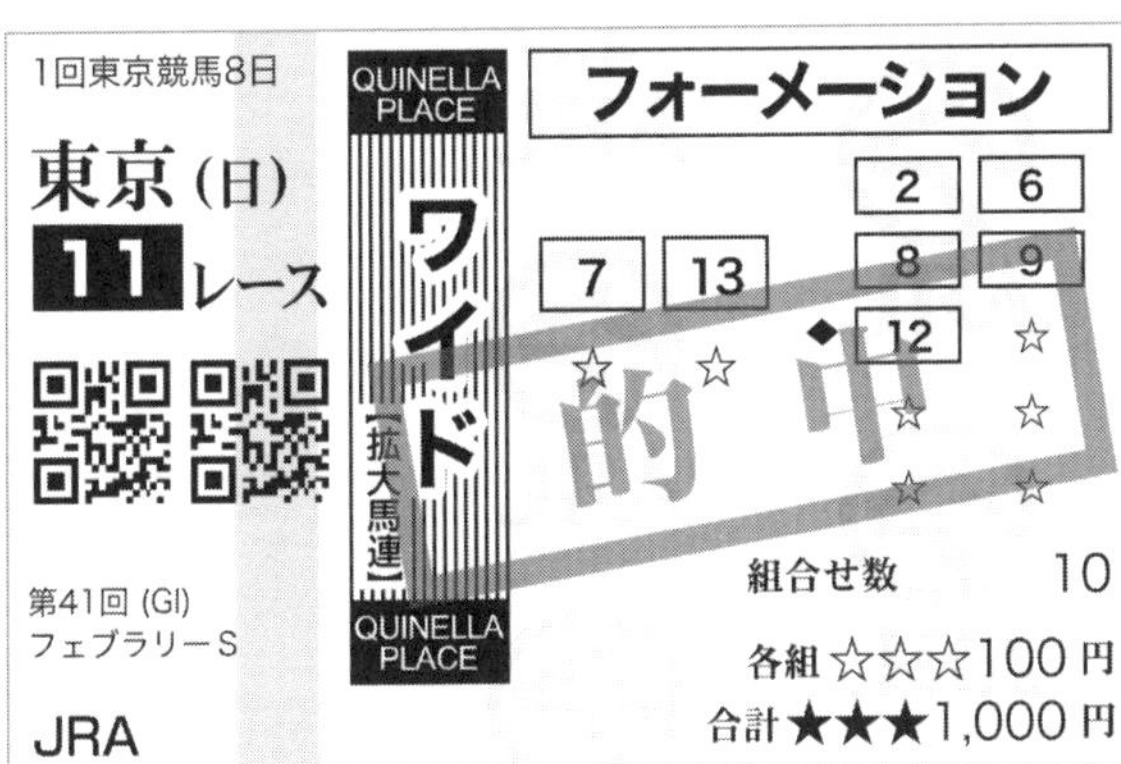

ワイド⑦－⑨5500円、⑦－⑧4820円的中！

しかし9時半のオッズの馬連1番人気は6・8倍、単勝30倍未満の頭数は9頭で、穴レースの条件を満たしていません。馬連3位には乖離差1・78倍、馬連7位や単勝3位には「オッズの壁」まで出現しています。複勝6倍未満の頭数も7頭で、明らかに上位7頭から馬券が売れていることがわかります。

まずは上位7頭から軸馬を探すことにしました。

馬連、単勝、複勝オッズを人気順に並び替えていきましょう。完成したのが下の表4です。

コンピ指数と馬連、単勝、複勝ランクを比較すると、おかしな動きをしている馬が2頭いました。⑬番と⑦番です。この2頭は、ご覧のようにランク間をジグザグに動いています。

⑬番＝コンピ指数7位→馬連5位→単勝6位→複勝4位
⑦番＝コンピ指数4位→馬連6位→単勝4位→複勝6位

このような動きをしている馬を**「稲妻落とし馬（Z攻撃馬）」**と呼び、馬券に絡むことが多いのです（拙著『とことん回収率を上げる！大谷式穴馬券の買い方』（秀和システム刊）でも紹介済み）。

表4●2024年2月18日・東京11Rフェブラリー S

	1位	2位	3位	4位	5位	6位	7位	8位	9位	10位	11位	12位	13位	14位	15位	16位
コンピ指数	14	4	5	7	11	9	13	3	10	1	12	2	6	8	15	16
馬連ランク	5	14	4	11	13	7	10	1	3	15	16	9	8	2	12	6
馬連オッズ		6.8	9.1	16.2	18.7	23.8	25.9	56.5	62.1	68.0	71.8	79.4	80.9	107	230	292
単勝ランク	5	14	4	7	11	13	10	3	1	16	15	8	2	9	12	6
単勝オッズ	3.2	4.7	5.8	10.6	11.1	12.2	16.7	23.7	26.7	30.2	32.1	38.4	42.0	58.3	75.6	90.9
複勝ランク	5	14	4	13	10	7	11	16	1	3	8	15	2	9	12	6
複勝オッズ	1.7	2.3	2.5	3.6	4.3	4.4	4.6	7.8	8.6	8.7	9.1	9.4	12.0	12.2	14.3	20.9

オッズの壁（馬連：7位と8位の間、14位と15位の間／単勝：3位と4位の間／複勝：15位と16位の間）

上位7頭の中では、⑦番と⑬番が注目馬と決まりました。

この2頭から馬券を組み立てていきます。9時半のオッズでは穴レースの条件をクリアしていませんでしたが、コンピ指数からは「大穴型レース」と判定されたレースです。下位ランクの馬にも注意しなければなりません。

このレースには馬連14位に「オッズの壁」があります。その前の2頭は⑧番と②番です。「複勝15倍の壁」にも目を移すと、その前の2頭は⑨番と⑫番であることがわかります。

まったく異なる馬番ですが、どれも消すわけにはいきません。馬券は⑦番と⑬番からワイドでこの4頭すべてに流すことにしました（馬券には⑥番が入っていますが、念のために入れたもので通常はカットしてもOKです）。

レース結果なのですが、驚いたことに11番人気、「複勝15倍の壁」から浮上の穴馬⑨ペプチドナイルが1着でゴール板を駆け抜けました。2着には、こちらも「稲妻落とし馬（Z攻撃馬）」として注目した、⑦ガイアフォース。3着には馬連の「オッズの壁」から浮上の13番人気の⑧セキフウと続いたのでした。

まさに「オッズX方式」で注目した馬同士での決着です。しかし馬券は穴馬同士の組み合わせを購入していなかったため、ワイドのみの的中です。

ワイドの配当は⑦-⑨で5500円、⑦-⑧で4820円でしたが、3連複⑦⑧⑨なら19万7060円とビッグな配当となりました。

コンピ指数が「大穴型レース」と判定を下していたわけですから、9時半のオッズで穴レースの条件をクリアしていなくても、下位ランクの馬には注意しなければならないということを、改めて教えられたレースでもありました。

先ほど桜花賞の例で、外れ馬券にはなってしまいましたが、下位ランクの馬から馬券を組み立てたのは、このフェブラリーSの教訓があったからです。これからも同じようなパターンは繰り返されると思います。それが競馬なのです。

コンピ指数から中穴馬を特定し3万馬券をゲット！

次に紹介するのは2023年11月19日、京都11R、マイルCSです。このレースは、某競馬専門誌の主宰で読者無料サービス予想が展開され、その中で私がマイルCSの見解を発表したので、目にした方もいらっしゃるかもしれません。

実際にレポートした内容をもとに再度検証してみましょう。9時半のオッズから馬連、単勝、複勝オッズを人気順に並び替えた、下の表5をご覧ください。

このレースの見解は次のようなものでした。

コンピ指数からは「準大穴型レース」として浮上。しかし当日9

表5●2023年11月19日・京都11Rマイル CS

	1位	2位	3位	4位	5位	6位	7位	8位	9位	10位	11位	12位	13位	14位	15位	16位
コンピ指数	9	11	1	7	12	16	8	10	5	6	15	13	4	14	3	2
馬連ランク	9	11	1	7	16	12	6	5	8	4	15	10	3	13	14	2
馬連オッズ		5.3	8.5	10.4	15.0	26.7	31.3	32.3	49.1	76.6	149	197	343	359	402	483
単勝ランク	9	11	7	1	16	6	12	5	8	4	15	14	10	13	3	2
単勝オッズ	2.9	3.7	6.3	6.6	9.5	21.0	23.4	26.2	33.1	40.2	73.7	101	125	147	160	225
複勝ランク	9	11	1	7	16	6	12	5	8	4	15	10	14	13	3	2
複勝オッズ	1.6	1.9	2.9	3.1	4.0	4.6	6.0	6.1	7.2	9.7	15.3	17.0	21.3	26.4	27.8	34.6

（馬連オッズの10位と11位の間）オッズの壁

（複勝オッズの10位と11位の間）複勝15倍の壁

●2023年11月19日・京都11RマイルCS（ＧⅠ、芝1600m）

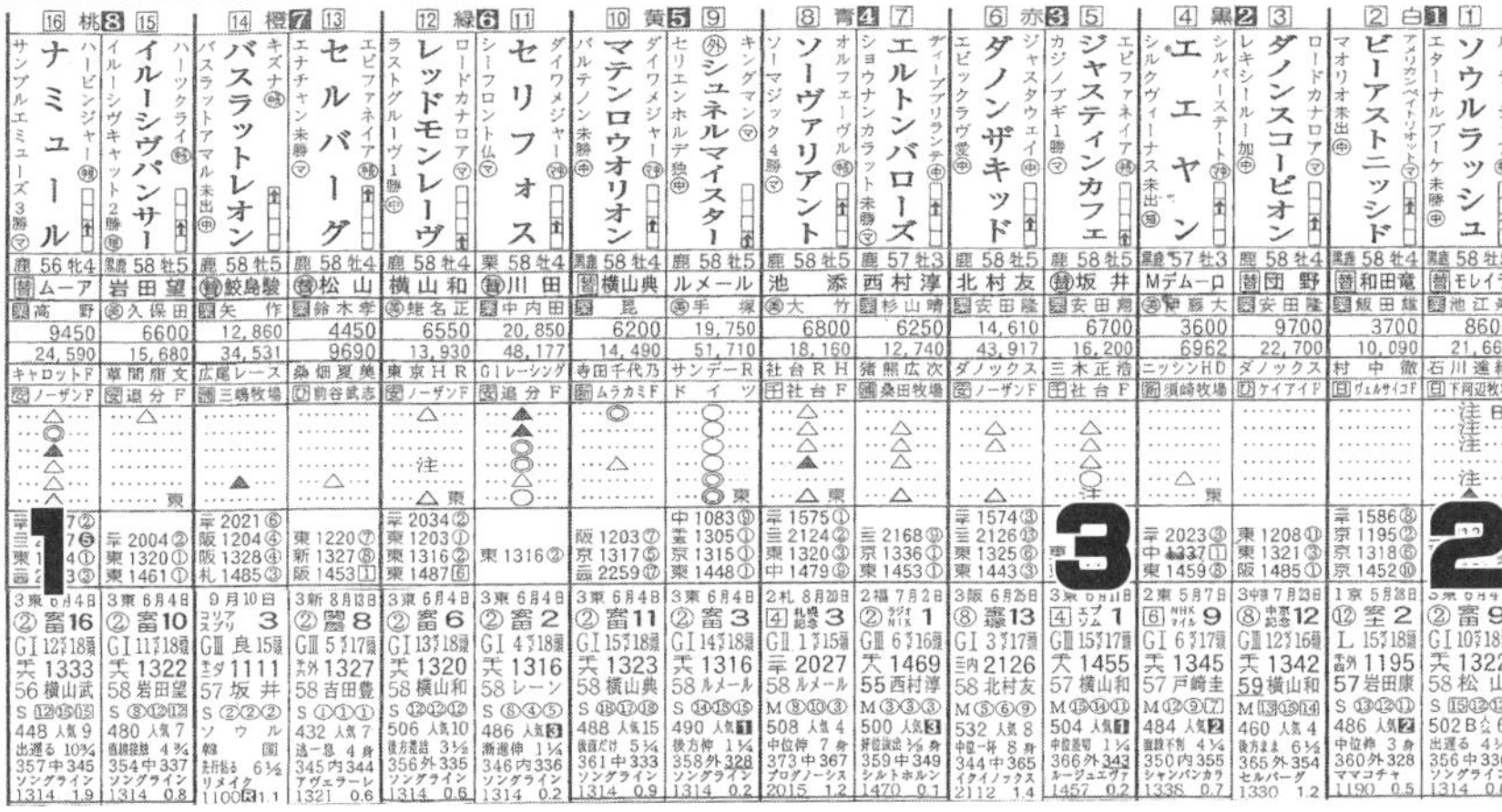

馬番	馬名	父	母	性齢	斤量	騎手	調教師
1	ソウルラッシュ	ルーラーシップ	エターナルブーケ	牡5	58	モレイラ	池江寿
2	ビーアストニッシド	アメリカンペイトリオット	マオリオ	牡4	58	和田竜	飯田祐
3	ダノンスコーピオン	ロードカナロア	レキシールー	牡4	58	団野	安田隆
4	エエヤン	シルバーステート	シルクヴィーナス	牡3	57	Mデムーロ	伊藤大
5	ジャスティンカフェ	エピファネイア	カジノブギ	牡5	58	坂井	安田翔
6	ダノンザキッド	ジャスタウェイ	エピックラヴ	牡5	58	北村友	安田隆
7	エルトンバローズ	ディープブリランテ	ショウナンカラット	牡3	57	西村淳	杉山晴
8	ソーヴァリアント	オルフェーヴル	ソーマジック	牡5	58	池添	大竹
9	シュネルマイスター	キングマン	セリエンホルデ	牡5	58	ルメール	手塚
10	マテンロウオリオン	ダイワメジャー	パルテノン	牡4	58	横山典	昆
11	セリフォス	ダイワメジャー	シーフロント	牡4	58	川田	中内田
12	レッドモンレーヴ	ロードカナロア	ラストグルーヴ	牡4	58	横山和	蛯名正
13	セルバーグ	エピファネイア	エナチャン	牡4	58	松山	鈴木孝
14	バスラットレオン	キズナ	バスラットアマル	牡5	58	鮫島駿	矢作
15	イルーシヴパンサー	ハーツクライ	イルーシヴキャット	牡5	58	岩田望	久保田
16	ナミュール	ハービンジャー	サンブルエミューズ	牝4	56	ムーア	高野

1着⑯ナミュール（5番人気）
2着①ソウルラッシュ（3番人気）
3着⑤ジャスティンカフェ（7番人気）

単 1730円　枠連1－8　3530円
複⑯ 510円　① 250円　⑤ 590円
馬連①－⑯ 4440円　馬単⑯→① 10490円
ワイド①－⑯ 1820円　⑤－⑯ 5140円　①－⑤ 1780円
3連複①⑤⑯ 30930円
3連単⑯→①→⑤ 176490円

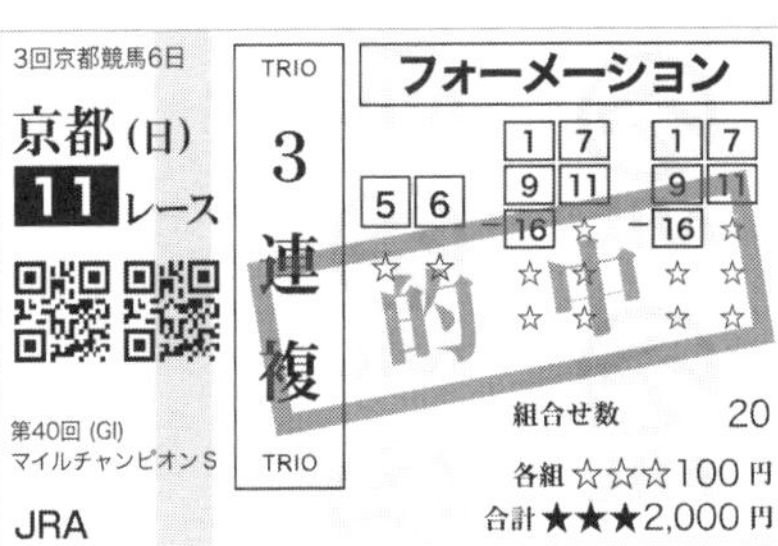

3連複①⑤⑯3万930円的中！

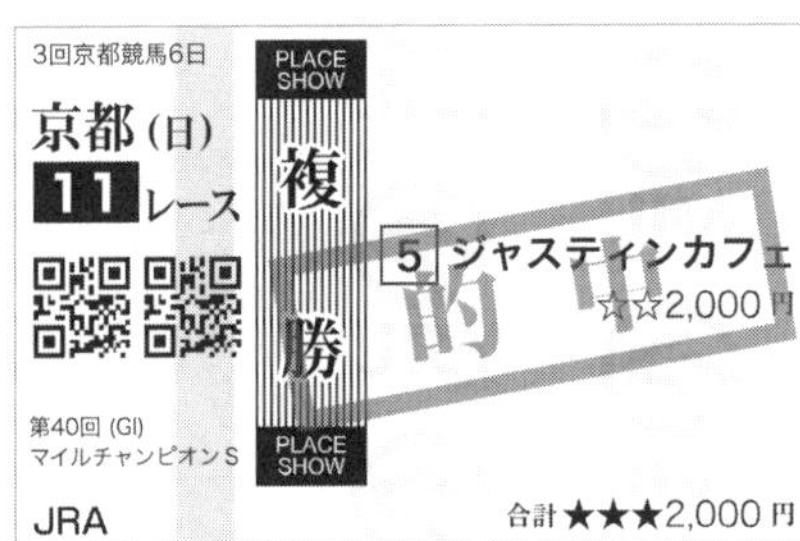

複勝⑤590円的中！

時半のオッズからは、馬連1番人気は9倍未満、単勝10倍未満の頭数も8頭と「大穴型レース」の基準をクリアしていません。となれば、大穴に近い中穴馬が活躍するというのが「競馬予報」の判定。

コンピ指数では9、10位は⑤・⑥番がランクされており、本来は穴馬サイドにランクされていましたが、この2頭は馬連では7・8位、単勝は6・8位、複勝も6・8位と中穴ゾーンである5〜8位に揃って上昇していました。

⑤番ジャスティンカフェと⑥番ダノンザキッド、この2頭を中穴馬として注目することにしました。

中穴馬候補である2頭から3連複の相手は、10時半の馬連ランク上位の5頭です。

このようなオッズの形のときには、下位ランクから穴馬が1頭絡むケースも考えられ、コンピ指数13位から馬連、単勝、複勝ランク10位に上昇の④番エエヤンの複勝を押さえ。

予想印は、◎⑤番・ジャスティンカフェ　○⑥番・ダノンザキッド　▲④番・エエヤンとし、馬券の買い目は、

3連複⑤・⑥番＝⑨・⑪・①・⑦・⑯番＝⑨・⑪・①・⑦・⑯番（各100円）

複勝⑤・⑥番（各2000円）　複勝④番（1000円）

合計7000円の投資です。

このレポートからわかるように、このレースはコンピ指数からは「準大穴型レース」判定にも関わらず、9時半のオッズでは穴レースの条件をクリアしていません。上位ランク5頭の中から中心馬を探し出そうにも決め手がなく、中穴馬を見つけ出しています。

中穴馬を発見する方法のひとつに、**コンピ指数9、10位の馬に注目する方法**があります。この2頭の動きを調べてみるのです。

馬連や単勝、複勝ランクで9、10位にランクされていたり、下位ランクで下落していた場合はそれほど気にすることがありませんが、このレースのように同時に売れていた場合には注意が必要です。

もうひとつ、このレポートでポイントとなるのが、押さえに複勝④番を取り上げている点です。

前項で紹介した桜花賞やフェブラリーSのときも、コンピ指数は「大穴型レース」判定でしたが、9時半のオッズでは穴レースの条件をクリアしていません。そのとき「複勝15倍の壁」など下位ランクの馬に気を配っていました。

④番を押さえたのは、コンピ指数13位から馬連、単勝、複勝ランク10位に上昇に加え、「複勝15倍の壁」や馬連10位に出現した「オッズの壁」の前の1頭にもなっていたからです。

レース結果は、1着⑯ナミュール、2着①ソウルラッシュ、3着⑤ジャスティンカフェで決着。注目した中穴の1頭⑤ジャスティンカフェが馬券に絡み、1、2着も相手馬の中に入っていたため3連複と複勝の的中となりました。

配当は3連複①⑤⑯3万9930円、複勝⑤番は590円となり、投資金額7000円に対しリターンは4万2730円。回収率は約6・1倍となりました。

ポイントとなるのは、中穴馬としてコンピ指数9、10位に注目したのはもちろん、このレースでは馬券には絡みませんでしたが、大穴馬の複勝④番を押さえに入れている点です。

コンピ指数で「大穴型レース」や「準大穴型レース」判定となっていたレースは、〝下位ランクの馬が馬券に絡む可能性がある〟ということを忘れないでください。

超1番人気から3連単万馬券の狙い撃ちに成功！

圧倒的な単勝1番人気（⑤イクイノックス）が存在し、馬券的妙味が薄れていたレースでも、馬券の組み立て方次第で万馬券を獲ることができた例を紹介しましょう。

2023年6月25日、阪神11R、宝塚記念です。

コンピ指数は1位が86Pですから「大穴型レース」ではありません。2位の馬は69Pと1位の馬とはかなり差があり、さらに46Pの馬が13位と、コンピ指数からは「1位の馬中心で下位ランクの馬は混戦」という判定となっていました。

9時半のオッズから、馬連、単勝、複勝オッズを人気順に並び替え、ひとつにまとめたのが下の表6です。

コンピ指数での判定通り、馬連1位の⑤番から中心に売れており、馬連と単勝1位には「オッズの壁」が完成しています。⑤番の単勝は1・4倍、複勝1・2倍とバランスの取れているオッズであり、この馬が馬券から消えることはないようなオッズの形です。

表6●2023年6月25日・阪神11R宝塚記念

	1位	2位	3位	4位	5位	6位	7位	8位	9位	10位	11位	12位	13位	14位	15位	16位	17位
コンピ指数	5	9	12	11	3	8	10	4	13	6	14	1	15	2	17	7	16

馬連ランク	5	9	11	12	10	3	8	17	6	4	14	13	1	2	7	15	16
馬連オッズ		4.2	7.0	8.7	10.4	14.0	16.9	19.4	21.1	27.7	39.9	44.4	61.1	91.9	109	113	376

↕オッズの壁

単勝ランク	5	9	11	12	10	17	3	8	4	6	13	14	1	2	15	7	16
単勝オッズ	1.4	8.0	10.7	12.9	16.2	21.9	31.1	31.9	36.8	37.0	64.0	80.9	98.7	112	137	179	277

複勝ランク	5	9	11	12	10	3	4	17	8	6	14	13	1	2	7	15	16
複勝オッズ	1.2	2.8	4.0	4.0	4.6	5.8	6.3	7.2	8.0	8.7	12.1	15.1	16.7	20.4	22.7	27.3	71.1

●2023年6月25日・阪神11R宝塚記念（ＧⅠ、芝2200m）

馬番	馬名	性齢	斤量	騎手
1	ライラック	牝4	56	Mデムーロ
2	カラテ	牡7	58	菅原明
3	ダノンザキッド	牡5	58	北村友
4	ボッケリーニ	牡7	58	浜中
5	イクイノックス	牡4	58	ルメール
6	スルーセブンシーズ	牝5	56	池添
7	プラダリア	牡4	58	菱田
8	ヴェラアズール	牡6	58	松山
9	ジャスティンパレス	牡4	58	鮫島駿
10	ディープボンド	牡6	58	和田竜
11	ジェラルディーナ	牝5	56	武豊
12	アスクビクターモア	牡4	58	横山武
13	ジオグリフ	牡4	58	岩田望
14	ブレークアップ	牡5	58	川田
15	ユニコーンライオン	牡7	58	坂井
16	モズベッロ	牡7	58	角田河
17	ドゥラエレーデ	牡3	53	幸

1着⑤イクイノックス（1番人気）
2着⑥スルーセブンシーズ（10番人気）
3着⑨ジャスティンパレス（2番人気）

単⑤ 130円　枠連3－3　2280円
複⑤ 110円　⑥ 560円　⑨ 170円
馬連⑤－⑥ 2340円　馬単⑤→⑥ 2660円
ワイド⑤－⑥ 970円　⑤－⑨ 240円　⑥－⑨ 2930円
3連複⑤⑥⑨ 4030円
3連単⑤→⑥→⑨ 13630円

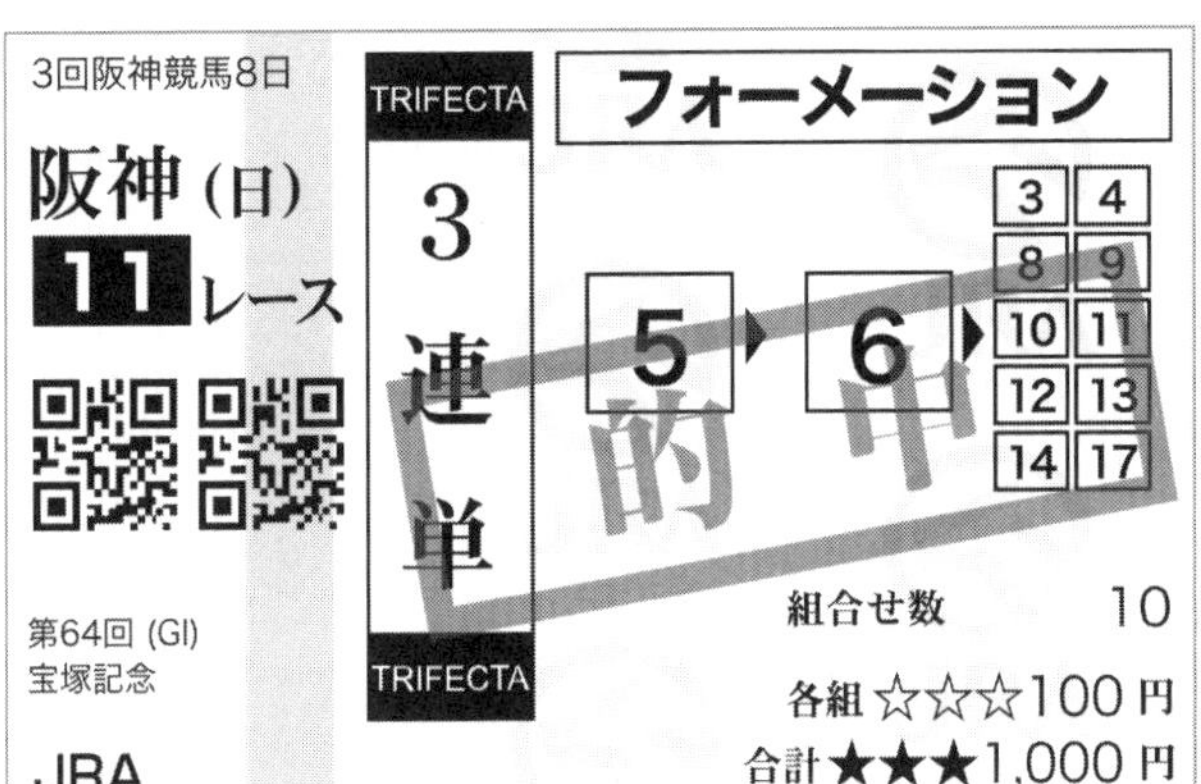

3回阪神競馬8日
阪神（日）
11レース
第64回 (GI)
宝塚記念
JRA
TRIFECTA
3連単
TRIFECTA
フォーメーション
5
6
3 4 8 9 10 11 12 13 14 17
的中
組合せ数 10
各組 ☆☆☆100円
合計★★★1,000円

3連単⑤→⑥→⑨
1万3630円的中！

コンピ指数判定では馬連2位以下が混戦なので、その中から穴馬を探してみることにしましょう。
まず注目したのが馬連16位にある「オッズの壁」です。その前の2頭を穴馬候補として浮上させるのがルールですが、浮上した2頭、⑦番と⑮番の複勝オッズを見ると22倍と27倍となっており、さすがにこれでは穴馬として馬券に絡むのは難しいオッズです。
「複勝6倍の壁」の前の2頭、⑩番と③番も、馬連ランク5位と6位では、こちらも穴馬とはいえそうもありません。このレースは「突入&移動馬」もなく、最後の手段「複勝15倍の壁」を使ってみました。「複勝15倍の壁」から浮上した2頭は⑥番と⑭番です。しかし⑭番は単勝80・9倍と、「単勝80倍の壁」より下位ランクの馬のためカット。⑥番だけが浮上しました。
穴馬候補は⑥番に決定しました。
馬券の組み立て方ですが、馬連1位の⑤番が馬券から消えそうもないため、ここは⑤番を1着固定で手広く流すことにしました。相手馬は馬連2位の⑨番から馬連12位の⑬番です(⑬番と⑭番は念のために入れただけなので、カットしてもOKです)。
1着固定の⑤番、穴馬候補の⑥番と相手馬10頭との2、3着に置いた3連単フォーメーション、すなわち、
1着=⑤番→2着=⑥番→3着=⑨⑪⑫⑩③⑧⑰④⑭⑬番(10点)
1着=⑤番→2着=⑨⑪⑫⑩③⑧⑰④⑭⑬番→3着=⑥番(10点)
合計20点買いです。
レース結果は、1着⑤イクイノックス、2着⑥スルーセブンシーズ→3着⑨ジャスティンパレスと入

り、3連単が的中。配当は1万3630円です。

ここでひとつ覚えておいてほしいことがあります。競馬は何が起こるかわからないということです。今回は圧倒的な1番人気の⑤番イクイノックスが1着になりましたが、この馬が馬券から消えた場合も想定しました。詳しい選定方法は割愛しますが、当時のブログでは⑤番に代わる軸馬として⑫番、そして中穴馬は⑧番と推奨しています。

こちらは周知の通り、馬券に絡むことはありませんでしたが、無駄な馬券だとは考えていません。もし⑤番が馬群に沈み、浮上させた⑫番や⑧が馬券に絡めば高配当がゲットできるからです。

ＧＩでは圧倒的な人気馬がいるレースでは、その馬が馬券に絡んだときのパターン、消えたときのパターン、すなわち2パターンの馬券を考えることが大切です。

こちらも、圧倒的1番人気が馬券に絡んで3連単万馬券をゲット！

もうひとつ1番人気を大切にしながら中穴馬を見つけ出し、3連複と3連単馬券ＧＥＴに成功した例を紹介しましょう。

2023年4月9日、阪神11R桜花賞です。

コンピ指数1位（③リバティアイランド）は86Ｐですから「大穴型レース」でないのは明らかです。

9時半のオッズから、馬連、単勝、複勝オッズを人気順に並び替えたのがＰ168の表7です。

コンピ指数1位86Ｐの③番は、実際のオッズでも単勝2・0倍、複勝1・4倍と指示され、馬連、単勝ランク1位には「オッズの壁」ができています。

複勝6倍未満の頭数も6頭と少なく、上位6頭の馬のランクをコンピ指数、馬連、単勝、複勝で比較すると、ほとんど同じように並んでいることがわかりました。

まずは③番以外で馬券に絡みそうな馬を見つけていきます。注目したのは「複勝6倍の壁」の前の1頭にランクされていた⑭番です。⑨番も選択肢に入れたのですが、10時半のオッズと比較してみると、⑨番は単勝13・1倍から14・1倍と下がっていたからです。

馬券は、圧倒的な1番人気の③番と穴馬候補として注目した⑭番との組み合わせから、上位4頭⑤②④⑨番への③－⑭の3連単マルチ、③－⑭→⑤②④⑨番（24点）を購入しました。

3連複フォーメーションは⑭番から上位5頭へのフォーメーション、⑭番－③⑤②④⑨番－③⑤②④⑨番（10点）です。

レース結果は、1着には圧倒的1番人気の③番リバティアイランドが強烈な追い込みを決め、2着は⑨番コナコースト、3着⑭番ペリファーニアと続きました。

3連単、3連複をダブルで的中です。配当は3連単③→⑨→⑭は1万3220円、3連複は③⑨⑭で4750円でした。回収率は3

表7●2023年4月9日・阪神11R桜花賞

	1位	2位	3位	4位	5位	6位	7位	8位	9位	10位	11位	12位	13位	14位	15位	16位	17位	18位
コンピ指数	3	5	2	14	4	9	11	12	17	8	13	6	10	18	1	15	7	16
馬連ランク	3	5	2	4	9	14	11	6	13	12	17	8	18	10	1	7	16	15
馬連オッズ		7.3	7.9	9.8	14.1	14.8	18.9	22.9	24.1	30.4	31.5	48.6	73.7	127	136	147	213	248
単勝ランク	3	2	5	4	9	14	6	13	11	17	8	12	18	10	7	1	15	16
単勝オッズ	2.0	6.5	8.9	12.2	13.1	15.6	22.1	24.2	25.1	29.4	35.5	36.6	60.7	84.0	95.7	114	139	149
複勝ランク	3	5	4	2	9	14	11	13	6	12	8	17	18	7	1	15	10	16
複勝オッズ	1.4	3.3	3.3	3.6	4.0	5.5	6.1	6.4	6.5	8.4	8.5	8.5	12.9	18.1	20.8	22.9	25.0	28.7

オッズの壁（単勝1位と2位の間）

複勝6倍未満（複勝1位〜6位）

複勝6倍の壁（複勝6位と7位の間）

●2023年4月9日・阪神11R桜花賞（ＧⅠ、芝1600m）

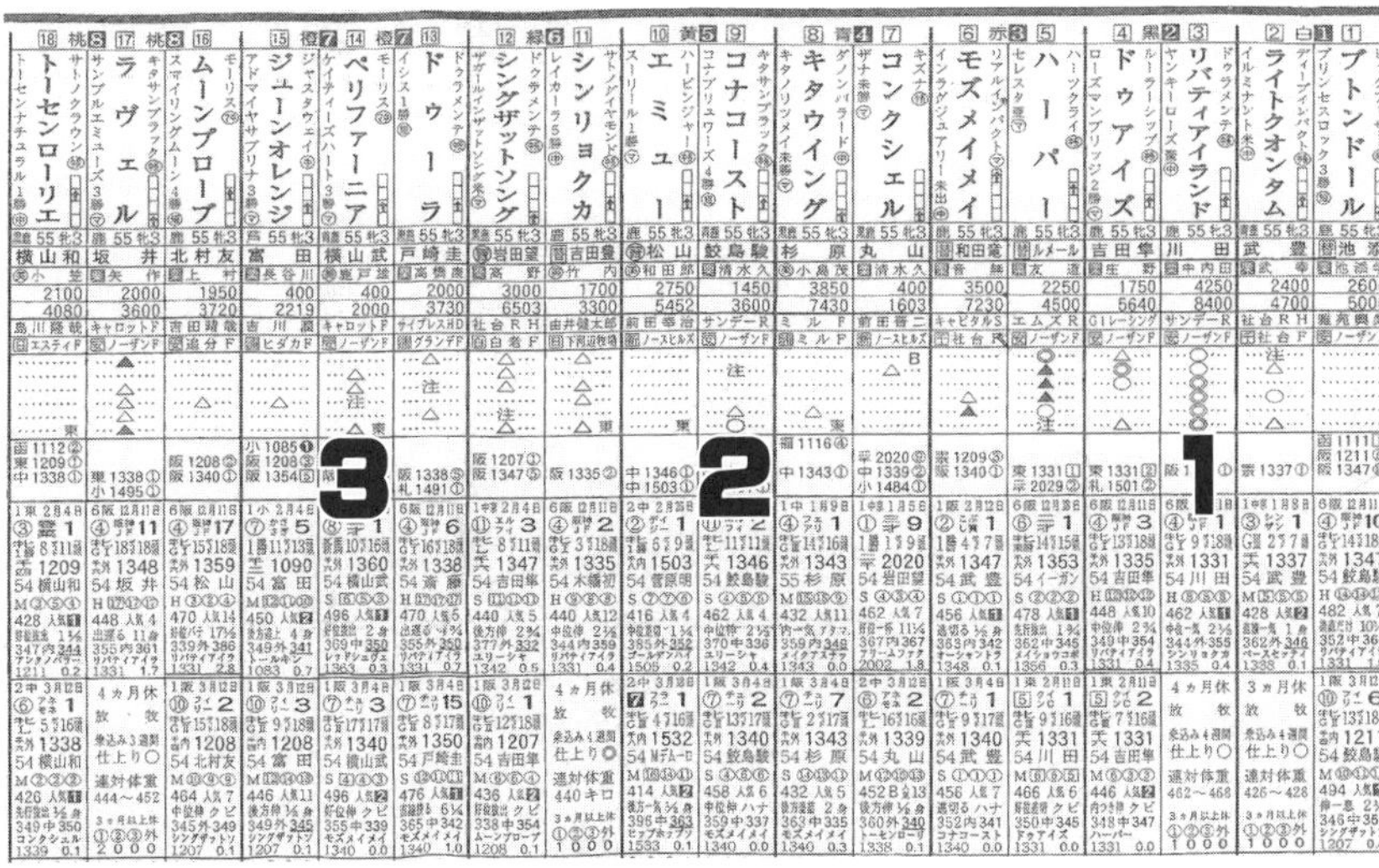

馬番	馬名	騎手
18	トーセンローリエ	横山和
17	ラヴェル	坂井
16	ムーンプローブ	北村友
15	ジューンオレンジ	富田
14	ペリファーニア	横山武
13	ドゥーラ	戸崎圭
12	シングザットソング	岩田望
11	シンリョクカ	吉田豊
10	エミュー	松山
9	コナコースト	鮫島駿
8	キタウイング	杉原
7	コンクシエル	丸山
6	モズメイメイ	和田竜
5	ハーパー	ルメール
4	ドゥアイズ	吉田隼
3	リバティアイランド	川田
2	ライトクオンタム	武豊
1	ブトンドール	池添

1着③リバティアイランド
（1番人気）
2着⑨コナコースト
（6番人気）
3着⑭ペリファーニア
（5番人気）

単③ 160円　枠連2－5　1160円
複③ 110円　⑨ 310円　⑭ 330円
馬連③－⑨ 1280円　馬単③→⑨ 1520円
ワイド③－⑨ 560円　③－⑭ 570円　⑨－⑭ 2540円
3連複③⑨⑭ 4750円
3連単③→⑨→⑭ 13220円

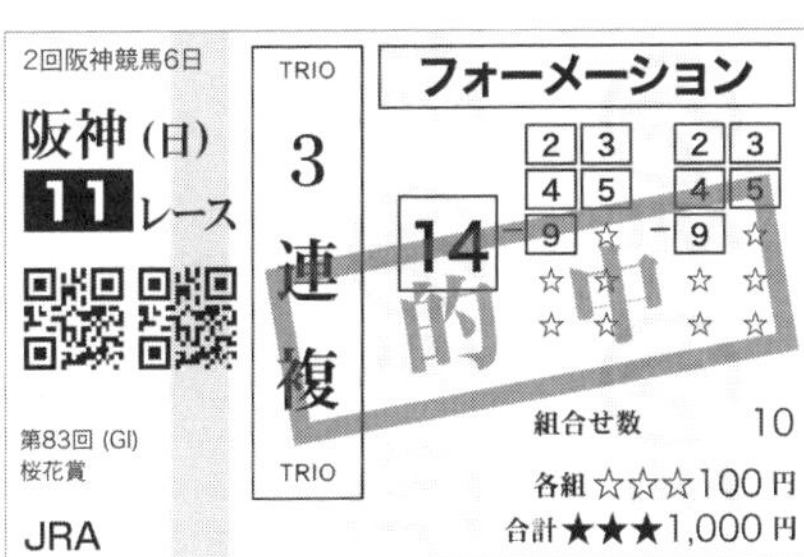

3連複③⑨⑭4750円的中！

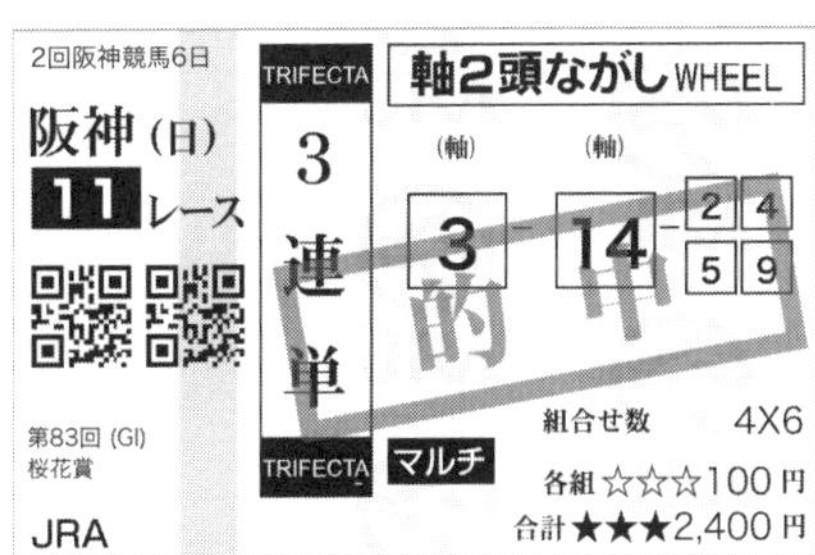

3連単③→⑨→⑭
1万3220円的中！

連単が約5・5倍、3連複は約4・7倍ですから悪くありません。
圧倒的な1番人気が馬券に絡んでも、買い方次第では結構なリターンを得ることができます。

上位馬と中穴馬からダブルで高配当ゲットに成功！

次に、危険な超1番人気を見分ける方法を紹介しながら、本命サイドの馬から穴馬へ、そして中穴から上位ランクの馬へと2パターンの馬券を組み立て、2パターンともに的中した例を挙げましょう。

2023年5月28日、東京11R東京優駿（日本ダービー）です。

コンピ指数1位は79P、46Pの馬が13位、馬連1位と3位のポイント差が16Pですから、コンピ指数からは「準大穴型レース」判定となりました。

次に9時半のオッズを使って検証していくのですが、馬連、単勝、複勝オッズを人気順に並び替えてチェックしてみると、驚くようなオッズの形になっていました。

並び替えて完成したのがP172の表8です。

馬連1位と4位、単勝1位と4位、1位と4位にきれいに「オッズの壁」が並び、馬番も⑤②⑭⑫と揃っています。馬連1番人気も4・2倍、単勝30倍未満の頭数も6頭と、まるで「本命型レース」のようなオッズの形です。

コンピ指数の判定を知らない競馬ファンは、このオッズが異常な形であると気づく人は少ないでしょう。しかしコンピ指数判定を知り「オッズX方式」で馬券を組み立てようとしている人にとっては**異常**

●2023年5月28日・東京11R日本ダービー（ＧＩ、芝2400m）

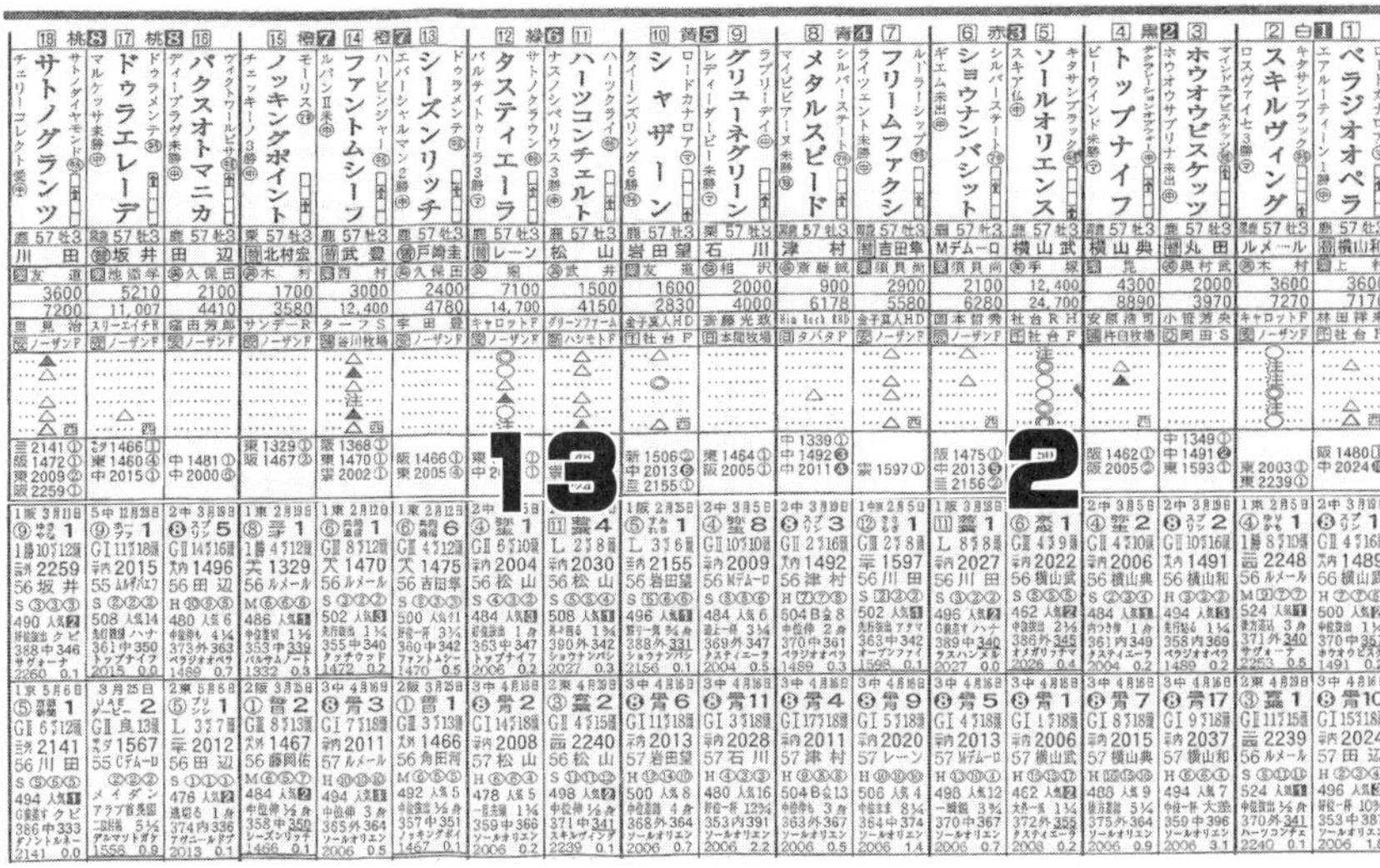

1着⑫タスティエーラ（4番人気）	単⑫ 830円　枠連3－6 560円
	複⑫ 220円 ⑤ 120円 ⑪ 380円
2着⑤ソールオリエンス（1番人気）	馬連⑤－⑫ 690円　馬単⑫→⑤ 2330円
	ワイド⑤－⑫ 360円 ⑪－⑫ 1970円 ⑤－⑪ 820円
3着⑪ハーツコンチェルト（6番人気）	3連複⑤⑪⑫ 4700円
	3連単⑫→⑤→⑪ 29810円

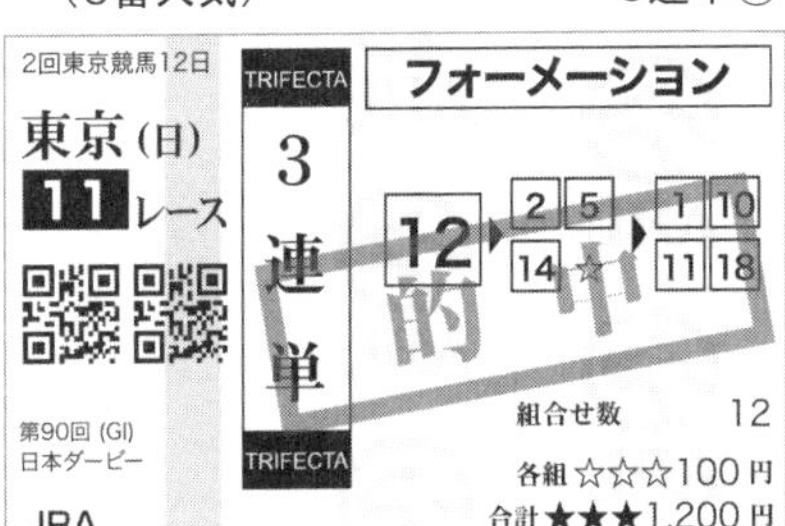

3連単⑫→⑤→⑪2万9810円的中！

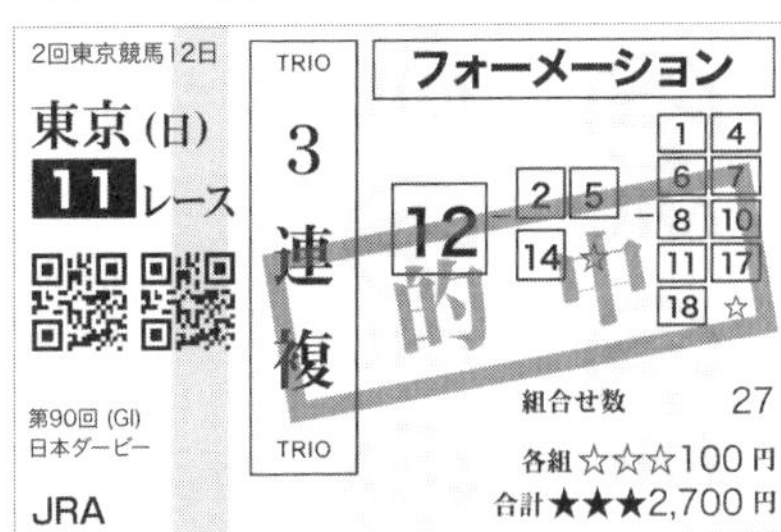

3連複⑤⑪⑫4700円的中！

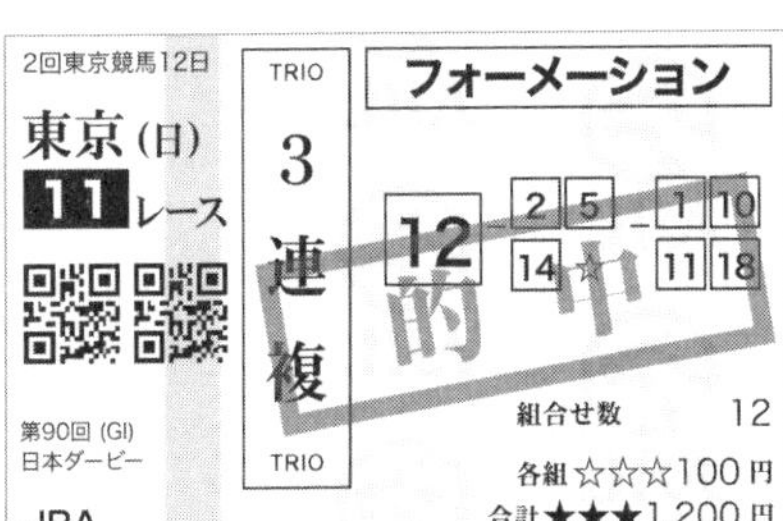

3連複⑤⑪⑫4700円的中！

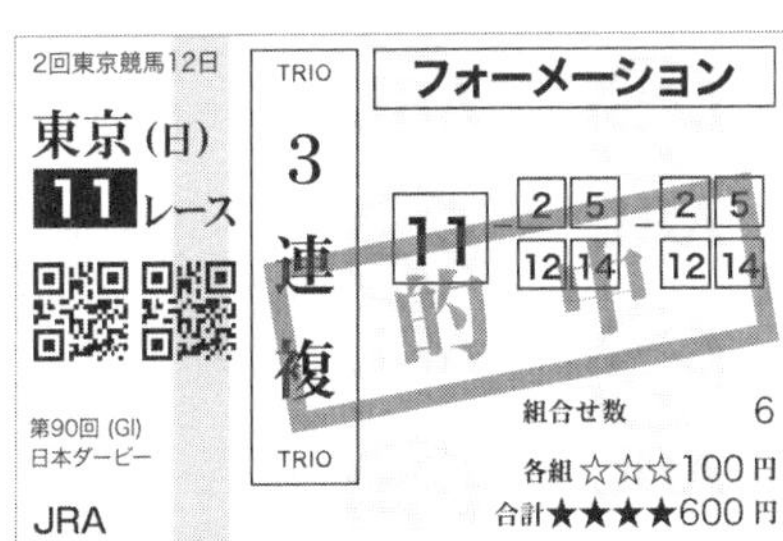

3連複⑤⑪⑫4700円的中！

オッズなのです。

まずは馬連1位の⑤番の単勝が1・9倍、複勝が1・6倍と売れている点です。

このようなオッズを示す馬はコンピ指数では86P以上、最低でも84Pは必要です。しかし⑤番はコンピ指数では84Pどころか、コンポ指数2位で76Pになっているのです。

さらに3連複の人気順のオッズを調べてみました。左の表9が3連複の人気順のオッズです（最終オッズ）。

単勝オッズ2倍を切るような人気馬は、3連複でも売れていなければなりません。3連複1番人気は②⑤⑭、2番人気は②⑤⑫……と続いています。6番人気の箇所をご覧ください。②⑫⑭と⑤番以外の組み合わせになっており、オッズは30・1倍です。

ひとつの基準として「オッズX方式」では、3連複のオッズを人気順に並び替えたとき、超人気馬以外の組み合わせは80倍以上としています。30・1倍とは明らかに低すぎです。

ちなみに先ほど紹介した23年の宝塚記念、超1番人気⑤イクイノックス絡みの3連複の人気順を調べてみると、最終オッズですが、3連複34番人気までその組み合わせが占め、35番人気で初めて⑤番以外の

表8●2023年5月28日・東京11R日本ダービー

	1位	2位	3位	4位	5位	6位	7位	8位	9位	10位	11位	12位	13位	14位	15位	16位	17位	18位
コンピ指数	2	5	12	14	11	10	1	7	6	18	4	8	17	13	16	9	3	15

馬連ランク	5	2	14	12	10	18	11	1	17	7	4	8	6	13	15	16	3	9
馬連オッズ		4.2	6.8	7.6	20.6	29.2	31.3	44.1	51.0	55.3	57.7	59.3	73.7	170	240	338	350	687

オッズの壁

単勝ランク	5	2	14	12	10	11	17	18	1	4	7	8	6	13	15	3	16	9
単勝オッズ	1.9	4.7	6.1	8.3	20.5	29.3	34.2	34.2	45.6	51.8	67.9	72.6	82.6	117	126	191	204	272

オッズの壁

複勝ランク	5	2	14	12	10	11	18	4	17	1	8	7	6	15	13	3	16	9
複勝オッズ	1.6	1.9	2.7	2.9	4.9	5.8	8.6	8.9	9.4	9.5	10.2	11.4	14.0	20.6	21.6	32.2	36.5	48.9

組み合わせ⑨－⑩－⑪が出現しています。そのオッズは112倍なので、基準値の80倍以上を大きく超えています。

さらに23年の桜花賞で超1番人気に支持された③リバティアイランドの場合も、3連複の人気順の最終オッズでは、③番以外の組み合わせ②④⑤が25番人気で登場し、オッズはほぼ基準値の80・6倍でした。

このような理由からこのレース、日本ダービーの1番人気の⑤番ソールオリエンスには、危険なシグナルが灯っていたのです。

そこで私はブログ上で、次のようにレポートしました

東京11レース、日本ダービーですが、上位ランク4頭、⑤・②・⑭・⑫番から売れており、特に⑤番は単勝1・9倍、複勝1・6倍と売れています。⑤番があっさり1着してもおかしくないオッズですが、3連複の人気順をチェックすると、⑤番が絡まない組み合わせ、②－⑫－⑭が29倍と売れており、このオッズが気になります。

そこで⑤番以外の軸馬として、②・⑫・⑭番の中から、馬連4位の「オッズの壁」の前の1頭である、⑫番を上位4頭から浮上させてみました。

さて馬連&単勝4位に大きな「オッズの壁」があり、それ以下の馬からは、コンピ指数、馬連、単勝、複勝ランク5～8位をチェックしますと、すべてのランクに⑩番と⑪番が入っていることがわかります。

表9●ダービーの3連複オッズ1～10位

順位	組番	オッズ
1	②⑤⑭	8.2
2	②⑤⑫	9.5
3	⑤⑫⑭	12.3
4	②⑤⑩	22.3
5	②⑤⑪	23.3
6	②⑫⑭	30.1
7	②⑤⑱	34.3
8	⑤⑩⑭	38.0
9	⑤⑩⑫	40.2
10	①②⑤	44.8

そこで⑩番と⑪番を比較し、人気薄の⑪番を中穴馬として注目です。

つまり軸馬として⑫番、中穴馬として⑪番という結論です。

馬券はまず軸馬⑫番から3連複フォーメーションを組み立てました。フォーメーションの1列目は⑫番、2列目に上位3頭の⑤②⑭番、3列目には馬連5位から馬連13位の「オッズの壁」までの9頭、すなわち⑫番－⑤②⑭番－⑩⑱⑪①⑰⑦④⑧⑥番（27点）です。

さらには配当的なことを考え、馬連5位から8位の4頭、⑩⑱⑪①番への組み合わせ、⑫番－⑤②⑭番－⑩⑱⑪①番（12点）を追加で購入しました。

もう1頭の注目馬、中穴馬の⑪番からは上位人気4頭への3連複フォーメーション、⑪番－⑫⑤②⑭番－⑫⑤②⑭番（6点）です。

3連単馬券は、⑫番を1着に固定し、2、3着には⑤②⑭番と⑩⑱⑪①番へのフォーメーション、すなわち、

1着＝⑫番→2着＝⑤②⑭番→3着＝⑩⑱⑪①番（12点）

1着＝⑫番→2着＝⑩⑱⑪①番→3着＝⑤②⑭番（12点）

合計24点買いです。

レース結果は、1着⑫タスティエーラ、2着⑤ソールオリエンス、3着⑪ハーツコンチェルトで決まりました。軸馬として狙った⑫番は1着、さらに中穴馬として狙った⑪番が3着で馬券に絡み、3連単、3連複馬券ダブルでの的中です。

配当は3連単⑫→⑤→⑪が2万9810円、3連複⑤⑪⑫で4700円です。回収率は3連単が約12倍、3連複が約3・1倍です。

圧倒的な1番人気に支持されていました⑤番は、コンピ指数や3連複の人気順のオッズが事前に教えてくれていた通り、1着にならなかったのが、3連単馬券での高配当ゲットにつながりました。

単勝2万馬券馬が激走！真の「オッズの壁」が下位に潜んでいた

最後に2024年5月12日、東京11Rヴィクトリアマイルを紹介しましょう。このレースは「オッズの壁」を使い、14番人気の馬を浮上させ、4万馬券のゲットに成功したレースです。単勝2万860円の⑨テンハッピーローズの激走は、まだ記憶に新しいところではないでしょうか。

コンピ指数判定は「準大穴型レース」でしたが、9時半のオッズを調べてみると、馬連1番人気は3・6倍、単勝30倍未満の頭数も8頭と、穴レースの条件をクリアしていません。

おまけに「オッズの壁」が馬連2位、8位、11位、14位に出現し、上位ランクで決まるかのようなオッズの顔をしていました。

しかし、このレースはGⅠ、しかもコンピ指数では「準大穴型レース」判定で、下位ランクの馬が馬券に絡む可能性もゼロではありません。コンピ指数、馬連、単勝、複勝オッズを人気順に並び替えたのが、P176の表10となります。

下位ランクに潜む穴馬について、私は自身のブログで次のようにレポートしました。

大穴馬ですが、馬連8位、11位、14位に「オッズの壁」がありますが、「馬連人気分布表」をチェック、⑬番からのヨコ軸に見ていくと、馬連2位にある「オッズの壁」以外は14位まで「オッズの壁」がありません。

これは馬連9位以下の馬も、馬券に絡む可能性があることを示しています。

下位ランクでまず気になったのは⑧番です。

⑧番は前売りの段階では馬連12位から複勝4位に大きく上昇していました。これは土曜日の12時40分頃、複勝へ約300万円の投票があったのが要因のひとつでもあります。

馬連14位に真の「オッズの壁」があると仮定すると、その前の2頭、⑨番と⑪番が怪しい穴馬となります。

「馬連人気分布表」から⑨番にはボトム値があります。

このレースの1、2番人気の⑥番と⑩番は僅差であるため、2番人気の⑥番を馬連1位として作成した「馬連人気分布表」をチェックすると、⑨番にはボトム値が2箇所あることもわかりました。

超人気薄ですが、穴馬は⑧番と⑨番としました。

馬連1位の⑩番から馬連ランクを調べていくと、馬連2位、8位、11

表10●2024年5月12日・東京11Rヴィクトリアマイル

	1位	2位	3位	4位	5位	6位	7位	8位	9位	10位	11位	12位	13位	14位	15位
コンピ指数	10	6	5	2	13	4	3	7	1	15	11	8	14	9	12

	1位	2位	3位	4位	5位	6位	7位	8位	9位	10位	11位	12位	13位	14位	15位
馬連ランク	10	6	5	2	3	13	7	4	14	15	1	8	11	9	12
馬連オッズ		3.6	12.5	17.9	20.5	21.0	32.2	33.3	60.8	62.7	68.6	135	174	242	604

オッズの壁（2位と3位の間） オッズの壁（8位と9位の間） オッズの壁（11位と12位の間、14位と15位の間）

	1位	2位	3位	4位	5位	6位	7位	8位	9位	10位	11位	12位	13位	14位	15位
単勝ランク	10	6	5	2	3	13	4	7	1	14	15	8	11	9	12
単勝オッズ	2.5	2.9	9.3	10.6	14.9	17.0	19.6	26.4	39.2	44.5	53.2	69.2	88.8	119	181

	1位	2位	3位	4位	5位	6位	7位	8位	9位	10位	11位	12位	13位	14位	15位
複勝ランク	10	6	5	2	13	3	8	4	7	14	1	15	11	9	12
複勝オッズ	1.7	1.8	3.0	3.8	4.5	4.9	5.9	6.3	6.5	8.2	8.4	10.4	15.8	19.4	41.0

●2024年5月12日・東京11Rヴィクトリアマイル（ＧⅠ、芝1600m）

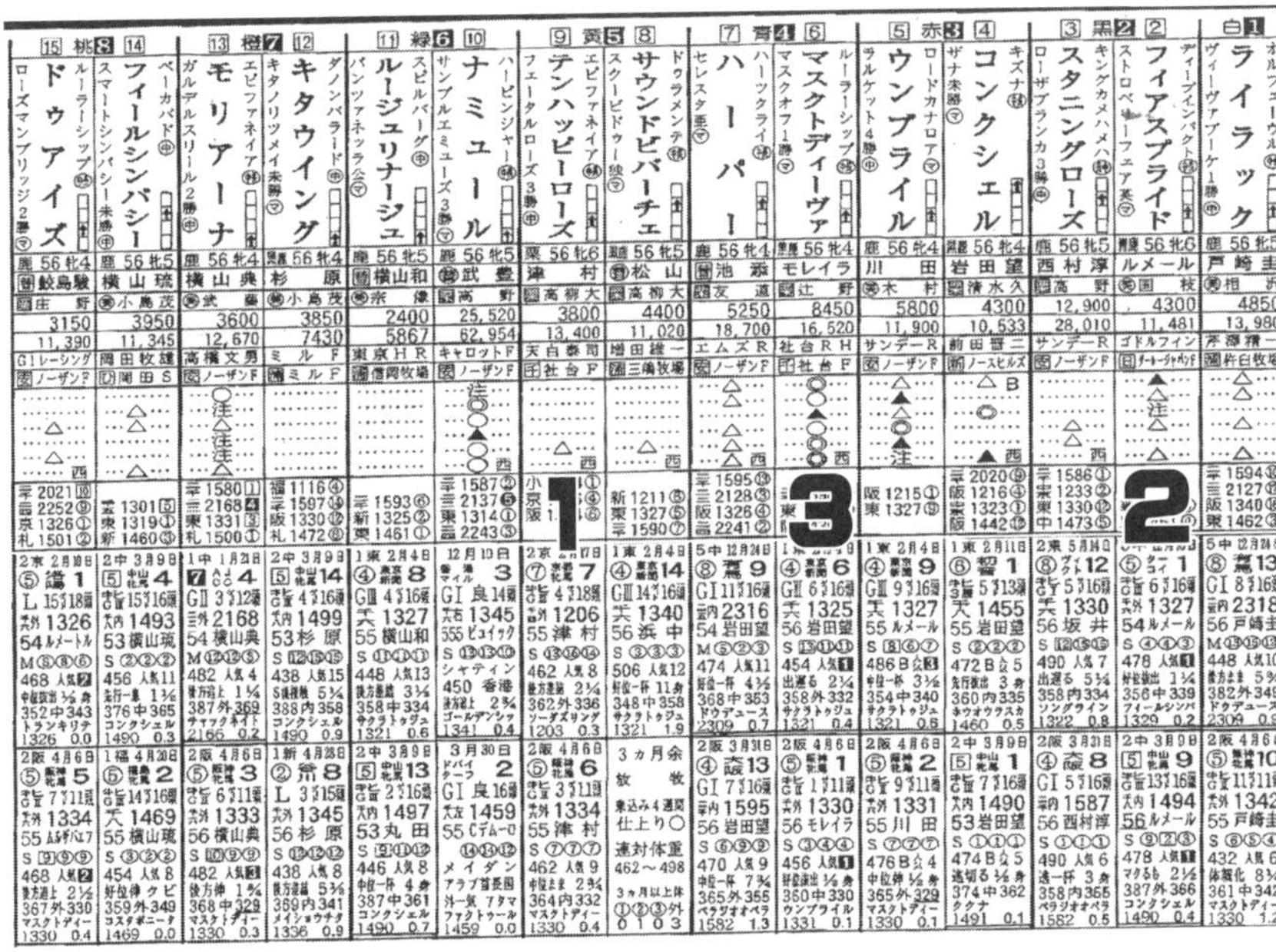

1着⑨テンハッピーローズ（14番人気）	単⑨ 20860円　枠連2－5　11100円
2着②フィアスプライド（4番人気）	複⑨ 1950円　② 320円　⑥ 130円
3着⑥マスクトディーヴァ（1番人気）	馬連②－⑨ 93690円　馬単⑨→② 303260円
	ワイド②－⑨ 15840円　⑥－⑨ 5380円　②－⑥ 470円
	3連複②⑥⑨ 43750円
	3連単⑨→②→⑥ 916640円

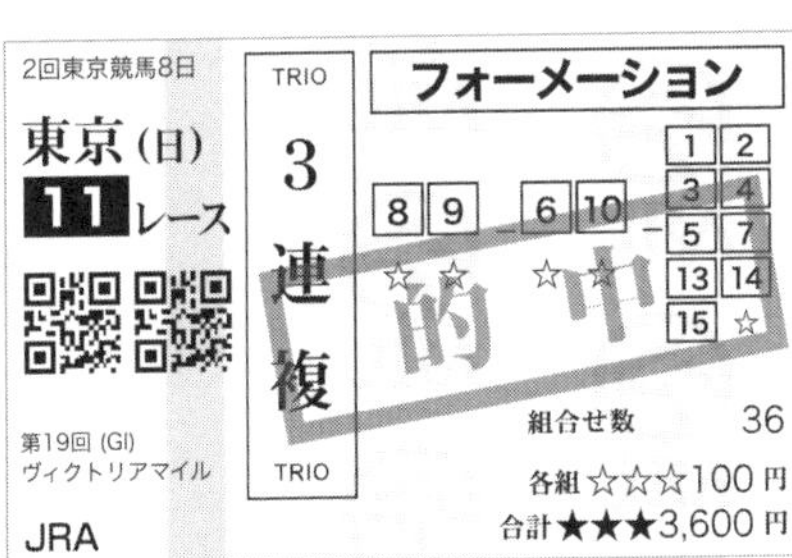

3連複②⑥⑨4万3750円的中！

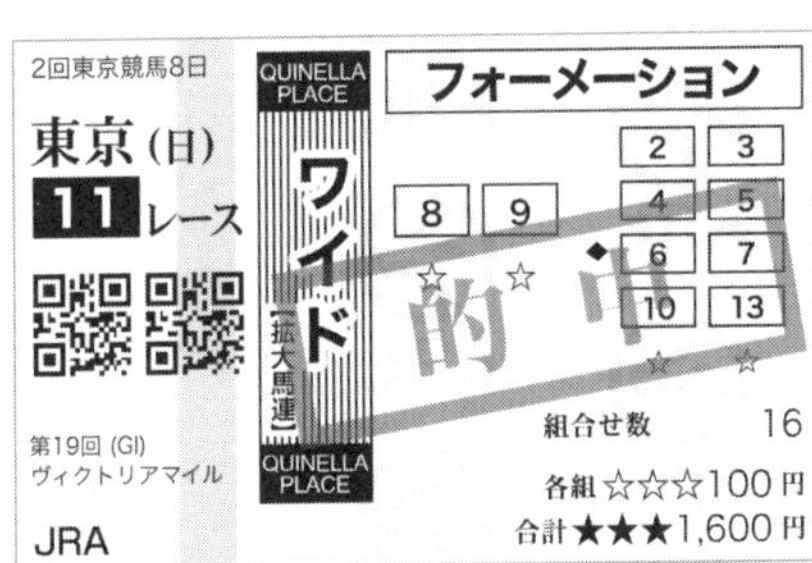

ワイド②－⑨1万5840円、⑥－⑨5380円的中！

位、14位に「オッズの壁」がありましたが、「馬連人気分布表」をチェックすると、ところどころに途切れがあり、ましてや、まったく壁のない箇所もあったのです。特に⑬番からの馬連オッズは目立っていました。

9時半の段階で2番人気の⑥番からの馬連ランクでは馬連2位と8位に「オッズの壁」があるものの、馬連11位には「オッズの壁」がありません。

つまり、このレースの下位ランクの真の「オッズの壁」は馬連14位と15位の間にあったのです。そして「オッズの壁」の前の2頭は⑪番と⑨番です。

今回は馬連ランクと比較して「突入&移動馬」のルールをクリアしていた⑧番を穴馬候補として注目しましたが、⑪番も超穴馬です。ワイドなどで押さえておいてもOKです。

⑧番と⑨番を浮上させた理由は他にもありました。それは拙著『勝つ！儲ける！極める！オッズ馬券幸福論』（秀和システム）の中でも紹介しましたが、枠連オッズと同じ組み合わせの馬連オッズとの比較で、乖離差が大きい場合には注意するというものでした。

ヴィクトリアMの前売りオッズでは、枠連5－5は591倍、同じ組み合わせの馬連⑧－⑨は1344倍、その乖離差は2・27倍です（1344÷591）。

最終オッズでも枠連5－5は894倍、馬連⑧－⑨は2361倍ですから、乖離差は2・64倍と、さらに大きなものになっています。

3連複の組み立て方ですが、このレースは2頭人気を集めていたので、注目馬の⑧番、⑨番から2頭へ流し、相手馬を手広く流しました。つまり、

⑧⑨番－⑥⑩番－⑤②③⑬⑦④⑮⑭①番（36点）です。
ワイドは上位8頭への、⑧⑨番－⑥⑩⑤②③⑬⑦④番（16点）を購入しました。

レース結果は、最後の直線で注目した1頭、⑨テンハッピーローズがものすごい脚で追い込みを決め1着でゴール。2着②フィアスプライド（4番人気）、3着⑥マスクトディーヴァ（1番人気）。最終オッズで単勝オッズ208・6倍の14番人気⑨テンハッピーローズが馬券に絡みました。

3連複、ワイドともに的中です。3連複の配当は②⑥⑨で4万3750円。ワイド②－⑨1万5840円、⑥－⑨5380円です。

回収率は、3連複で約12倍、ワイドも約13倍ですから悪くありません。欲をいえば、馬連の配当が9万3690円だったため、⑧⑨番から上位ランクへ流したフォーメーションで、馬連も射止めたいところでした。

競馬新聞の成績だけですと、なかなか単勝200倍を超えるような馬から馬券を組み立てることは難しいかと思います。しかし「オッズX方式」のルールを活用すれば、下位ランクに潜んでいる超穴馬を見つけ出すことができるのです。

コラム 5 2着じゃダメなんでしょうか？ いえ立派な成績です！

競馬の世界で、2着に敗れ悔しい思いをした馬は数多くいます。その中でクラシック三冠レースですべて2着に惜敗した馬が過去にいました。

牡馬ではカツラホウシュウ。この馬は1967年の皐月賞、ダービー、菊花賞ともに2着になったのです。1着馬は、皐月賞・イセイホープ、ダービー・ダイゴホマレ、菊花賞・コマヒカリと、3レースともに新しいライバルに先着されました。

牝馬では2012年のヴィルシーナがいます。“ハマの大魔神”こと佐々木主浩氏の持ち馬としても知られる同馬は、牝馬三冠レースの桜花賞、オークス、秋華賞ともに2着になったのです。

こちらの場合、桜花賞、オークス、秋華賞のすべてレースで1着したのはジェンテルドンナ。つまりジェンテルドンナは牝馬三冠に輝いたわけです。

連続してＧＩレースで2着に泣いた名馬の1頭にメイショウドトウが挙げられます。

メイショウドトウはライバルのテイエムオペラオーと戦い続け、2000年の宝塚記念、天皇賞·秋、ジャパンＣ、有馬記念、01年天皇賞·春と続けざまにテイエムオペラオーの後塵を拝しましたが、次走の宝塚記念でついにテイエムオペラオーに先着し、悲願の優勝を果たしました。

地方競馬のＧＩレースも含め、9回もＧＩで2着になった馬がいます。03～07年に活躍したシーキングザダイヤです。同馬は05年の川崎記念を皮切りに、フェブラリーＳ、マイルＣＳ、ＪＣダート、東京大賞典、06年川崎記念、フェブラリーＳ、ＪＢＣクラシック、ＪＣダートと2着になったのです。

第8章

何度でも再現できることが真の競馬必勝法

「複勝15倍の壁」から浮上の穴馬が約9万馬券を演出

この章では、「オッズX方式」のルールを縦横無尽に活用し、高配当をゲットした例を紹介していきましょう。

2024年1月8日、中山11RカーバンクルS。これは序章で紹介したレースです。

まずは「競馬予報」の第一歩、コンピ指数のチェックです。1位は69Pで46Pの馬は15位。さらに1位と3位のポイント差は8Pなので、コンピ指数からは「大穴型レース」として浮上しました。

9時半のオッズでも馬連1番人気12・8倍、単勝30倍未満の頭数が11頭なので、「競馬予報」からは、完全な「大穴型レース」判定です。

次に馬連、単勝、複勝オッズを人気順に並び替え、ひとつにまとめたのが下の表1です。

馬連9位には「オッズの壁」があり、その前の2頭が穴馬候補として浮上するのですが、馬連8位は穴馬ゾーンではないのでカットします。馬連9位の③番ですが、馬連オッズが36・3倍で、基準として40倍台以上というのがルールなので、こちらも穴馬候補からカ

表1●2024年1月8日・中山11R

	1位	2位	3位	4位	5位	6位	7位	8位	9位	10位	11位	12位	13位	14位	15位	16位
コンピ指数	2	14	6	11	12	1	15	10	9	8	13	3	4	16	7	5
馬連ランク	2	12	1	6	14	15	10	8	3	11	9	5	7	4	16	13
馬連オッズ		12.8	15.9	17.3	18.8	25.6	26.6	34.8	36.3	75.9	124	127	147	152	210	223
単勝ランク	2	6	12	1	8	10	14	15	3	11	9	7	16	5	13	4
単勝オッズ	4.6	5.3	6.6	7.9	9.7	11.0	11.8	12.8	24.0	24.2	26.6	43.1	44.8	48.4	61.0	63.2
複勝ランク	12	2	6	8	10	14	1	15	3	9	11	5	7	16	4	13
複勝オッズ	2.2	2.4	2.4	3.2	3.4	4.3	4.5	5.3	6.2	6.9	9.3	11.5	12.1	12.4	13.9	14.8

オッズの壁（馬連9位と10位の間）

複勝6倍の壁（複勝8位と9位の間）

複勝15倍の壁（複勝16位の後）

●2024年1月8日・中山11RカーバンクルS（OP、芝1200m）

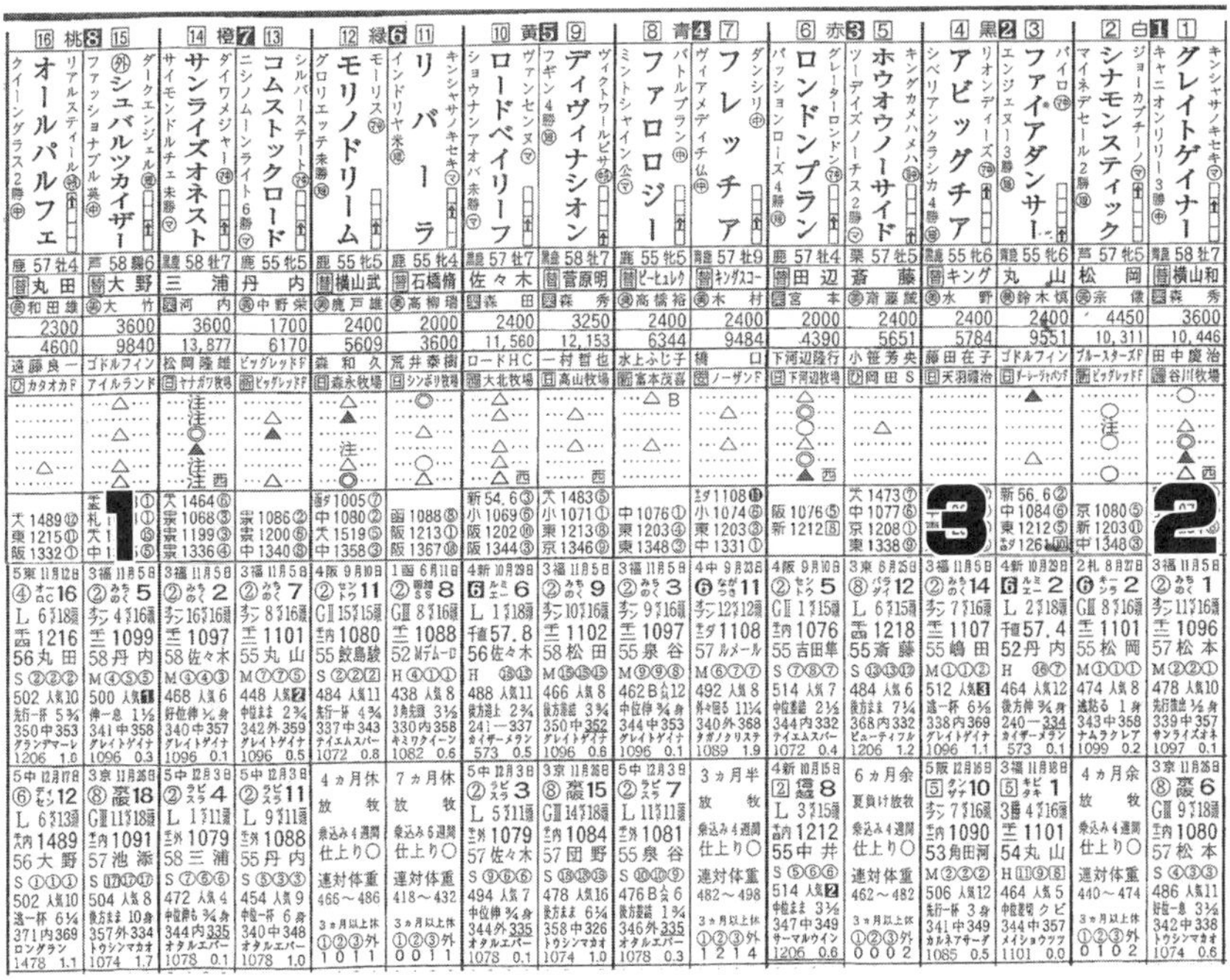

馬番	枠	馬名	性齢・斤量	騎手	調教師
1	白1	グレイトゲイナー	牡7 58	横山和	森 秀
2	白1	シナモンスティック	牝5 57	松 岡	奈 優
3	黒2	ファイアダンサー	牝6 55	丸 山	鈴木慎
4	黒2	アビッグチア	牝6 55	キング	水 野
5	赤3	ホウオウノーサイド	牡5 57	斎 藤	斎藤誠
6	赤3	ロンドンプラン	牡4 57	田 辺	宮 本
7	青4	フレッチア	牡9 57	キングスコー	木 村
8	青4	ファロロジー	牝5 55	ピーヒュレク	高橋裕
9	黄5	ディヴィナシオン	牡7 58	菅原明	森 秀
10	黄5	ロードベイリーフ	牡7 57	佐々木	森 田
11	緑6	リバーラ	牝4 55	石橋脩	高柳瑞
12	緑6	モリノドリーム	牝5 55	横山武	鹿戸雄
13	橙7	コムストックロード	牝5 55	丹 内	中野栄
14	橙7	サンライズオネスト	牡7 58	三 浦	河 内
15	桃8	シュバルツカイザー	騸6 58	大 野	大 竹
16	桃8	オールパルフェ	牡4 57	丸 田	和田雄

1着⑮シュヴァルツカイザー（8番人気）
2着①グレイトゲイナー（5番人気）
3着④アビッグチア（15番人気）

単⑮ 1540円　枠連1－8　1500円
複⑮ 410円　① 360円　④ 1510円
馬連①－⑮ 6610円　馬単⑮→① 13700円
ワイド①－⑮ 2430円　④－⑮ 10750円　①－④ 6080円
3連複①④⑮ 88510円
3連単⑮→①→④ 476990円

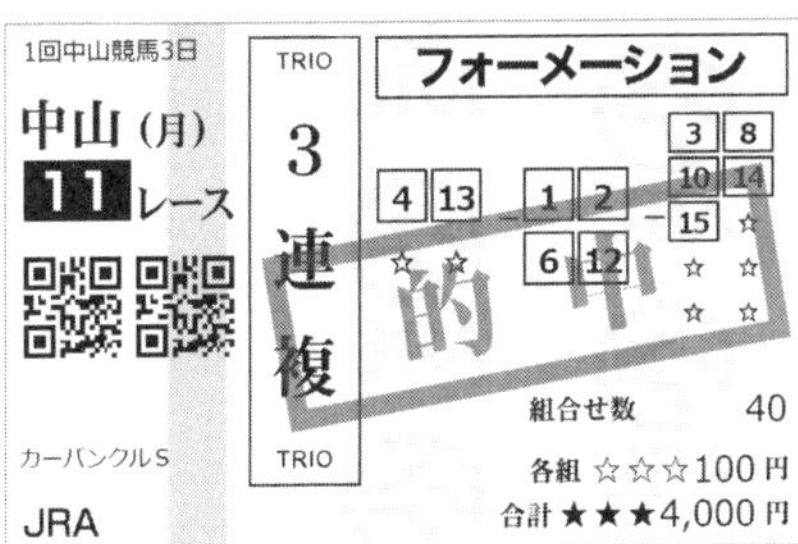

3連複①④⑮8万8510円的中！

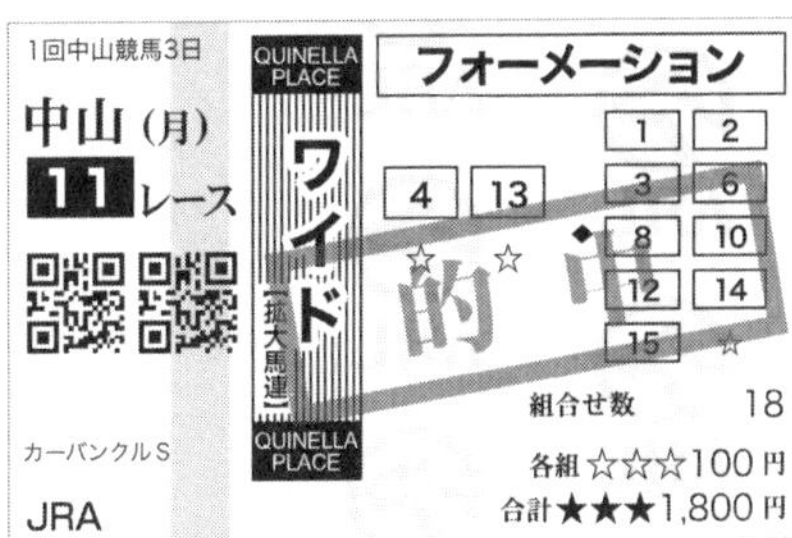

ワイド④－⑮1万750円的中！
①－④6080円的中！

ットです。

次に「突入&移動馬」ですが、馬連ランクと比較して、単勝&複勝ランクで5ランク以上上昇している馬はいません。

「複勝6倍の壁」の前の2頭、①番と⑮番はそれぞれ馬連3位、6位ですから、穴馬候補として決定するわけにはいきません。

そこで最終手段「複勝15倍の壁」に注目しました。複勝オッズを見ると最低ランクの馬でも14・8倍となっており、出走馬すべての馬が複勝15倍未満であることがわかします。

このようなケースでは、最低ラインである複勝16位が「複勝15倍の壁」となりますので、その前の2頭とは、④番と⑬番となります。穴馬候補としては④番と⑬番で決定です。

さて馬券の組み立て方ですが、10時半のオッズで馬連ランクを調べていくと、次のようになっていました。

②⑫①⑥⑭⑮⑩⑧③■⑪⑨④⑤⑦⑯⑬（■＝オッズの壁）

穴馬候補④番、⑬番からは馬連オッズが１００倍を超えているので、まずはワイドを考えます。馬連9位に大きな「オッズの壁」があるので、上位9頭を相手馬に流したワイドフォーメーション、④⑬番－②⑫①⑥⑭⑮⑩⑧③番（18点）です。超大穴馬から馬券を組み立てる場合は、ワイドで手広く流すことをオススメします。

次に3連複フォーメーションですが、このレースは②番以外はコンピ指数、馬連、単勝、複勝ランクの移動が激しいことがわかります（9時半のオッズ）。

上位9頭すべてに流してもいいのですが、ランク間の移動がある中、馬連と単勝ランク上位4頭がほぼ揃っている点に注目。上位4頭②⑫①⑥番からオッズの壁までの5頭⑭⑮⑩⑧③番の組み合わせを選び、3連複フォーメーションは穴馬から、④⑬番－②⑫①⑥番－⑭⑮⑩⑧③番を購入しました。

レース結果は、1着⑮シュバルツカイザー、2着①グレイトゲイナー、3着④アビッグチアの順で入り、「複勝15倍の壁」から浮上の穴馬注目馬の1頭、15番人気の④アビッグチアが絡み、3連複、ワイドの的中となりました。

配当は、3連複①④⑮8万8510円、ワイド④－⑮1万7750円、①－④6080円です。3連複は約9万馬券、ワイドも万馬券的中も含み、回収率は3連複で約22倍、ワイドは約9・4倍となりました。

3つの「オッズの壁」から浮上した穴馬候補が2着に激走！

次に紹介するのは「オッズの壁」と「複勝15倍の壁」から浮上の穴馬候補が、高配当馬券を演出した例です。

2023年12月17日、中京10R桑名特別です。

コンピ指数1位は69P、46Pの馬は15位、1位と3位のポイント差は8P。9時半のオッズでは馬連1番人気は17・5倍、単勝30倍未満の頭数が12頭ですから、ここまでの「競馬予報」は「大穴型レース」に判定されました。

馬連、単勝、複勝オッズを人気順に並び替えていきます。すべてを調べて、ひとつにまとめたものが下の表2です。

馬連9位には「オッズの壁」があるものの、9位の馬連ランクのオッズが39倍では、この壁からの穴馬は浮上してきません。

次に「複勝6倍の壁」をチェックしてみます。

壁の前の2頭を穴馬候補として注目するというのが「オッズX方式」のルールなので、壁の前の2頭、②番と⑮番にまず目をつけます。

すると、⑮番が馬連14位にランクされており、複勝10位に上昇していました。さらにこのレースには馬連15位にも「オッズの壁」があり、⑮番は壁の前の1頭にもなっています。

ここで「単勝80倍の壁」と「複勝15倍の壁」をチェックしてみます。「単勝80倍の壁」は15位、「複勝15倍の壁」は16位とズレています。この2つの壁がズレていることは、下位ランクでオッズのバランスが崩れていることを示し、穴馬が馬券に絡む可能性が高いことを示しています。

下位ランクの馬をさらに調べてみると、「複勝15倍の壁」は最低ランクの16位まで伸び、複勝オッズは最低ランクでも12・7倍になっていることがわかります。「複勝15倍の壁」の前の2頭は

表2●2023年12月17日・中京10R桑名特別

	1位	2位	3位	4位	5位	6位	7位	8位	9位	10位	11位	12位	13位	14位	15位	16位
コンピ指数	14	13	4	1	9	6	5	10	11	2	3	8	16	12	7	15

馬連ランク	13	14	4	5	9	11	1	6	10	2	12	16	3	15	8	7
馬連オッズ		17.5	23.1	24.2	30.0	31.5	33.5	37.0	39.7	96.3	114	133	134	152	171	398

オッズの壁（9位と10位の間）　オッズの壁（15位と16位の間）

単勝ランク	5	13	4	11	14	6	1	10	9	2	16	15	3	12	8	7
単勝オッズ	2.7	8.0	10.4	10.4	11.0	11.6	13.2	15.7	16.4	21.2	21.9	26.7	51.2	54.2	54.7	91.5

単勝80倍の壁（15位と16位の間）

複勝ランク	5	14	1	9	4	6	13	11	2	15	10	16	12	3	8	7
複勝オッズ	1.7	2.7	4.2	4.3	4.4	4.4	4.6	4.8	5.2	5.8	6.3	7.0	7.0	10.6	11.1	12.7

複勝6倍の壁（10位と11位の間）　複勝15倍の壁（16位の後）

●2023年12月17日・中京10R桑名特別（3歳上2勝クラス、芝1200m）

枠	馬番	馬名	父	母	毛色・斤量・性齢	騎手	調教師	賞金	総賞金	馬主	生産者
桃8	16	テキサスフィズ	ドレフォン	シャンボールフィズ 2勝	鹿 52 牝4	角田和	小林	900	1858	シルクR	ノーザンF
桃8	15	ノックオンウッド	フランケル	トゥアーニー 仏	黒鹿 54 騙5	佐々木	堀	900	2270	シルクR	ダイヘイ牧場
橙7	14	ドナウエレン	モーリス	ドナウブルー 5勝	鹿 54 牝5	斎藤	高野	900	3045	サンデーR	ノーザンF
橙7	13	ガリレイ	ヴィクトワールピサ	シシャモチャン 3勝	鹿 57 騙6	角田河	高橋亮	900	5671	カナヤマHD	大島牧場
緑6	12	メイショウハボタン	メイショウサムソン	ブルーボックスボウ 1勝	鹿 54 牝5	丸山	本田	900	5103	松本好雄	林孝輝
緑6	11	メルヴィル	ミッキーアイル	アブソルートリー 豪	鹿 53 牝4	Hドイル	音無	900	2377	キャロットF	ノーザンF
黄5	10	シルフィードレーヴ	アメリカンペイトリオット	キモンクイーン 公	芦 53 牝3	北村友	西園正	900	2913	山崎太嗣	田原橋本牧場
黄5	9	エコロデイジー	ハービンジャー	モモトンボー 1勝	鹿 55 牝5	国分恭	牧浦	900	3375	原村正紀	諏訪牧場
青4	8	テンジュイン	ジョーカプチーノ	キクノセンヒメ 3勝	鹿 52 牝6	松若	千田	650	3704	中村政夫	新井昭二
青4	7	ミキノバスドラム	ミキノバンジョー	ミキノモナコ 3勝	鹿 52 牝5	小林勝	南田	690	1515	谷口久和	浦河育成牧場
赤3	6	ビッグボーンリタ	ビッグアーサー	トロンボーン 未勝	鹿 52 牝3	永島	高橋康	900	1100	高昭牧場	高昭牧場
赤3	5	エコロレジーナ	アメリカンペイトリオット	ハーズシャドウ 未出	鹿 53 牝3	菊沢	菊沢	900	2360	原村正紀	荒井F
黒2	4	タウゼントシェーン	ディープインパクト	ターフローズ 独	青 53 牝5	藤岡康	小林	900	2684	社台RH	社台F
黒2	3	シンリンゲンカイ	ロージズインメイ	クロスオーバー 公	鹿 52 牝3	荻野極	石栗	900	2221	酒井孝敏	サンシャイン牧場
白1	2	シゲルセンム	キズナ	オースミアザレア 未勝	黒鹿 52 牝5	秋山真	谷	900	3116	関美和	鮫川啓一
白1	1	ベンガン	オルフェーヴル	ジョリーダンス 7勝	芦 56 牝6	松岡	千田	590	2973	小林薫	鶴岡牧場

1着④タウゼントシェーン（1番人気）
2着⑧テンジュイン（15番人気）
3着⑬ガリレイ（2番人気）

単④ 910円　枠連2－4　12100円
複④ 300円　⑧ 1570円　⑬ 210円
馬連④－⑧ 25130円　馬単④→⑧ 43890円
ワイド④－⑧ 6130円　④－⑬ 950円　⑧－⑬ 5590円
3連複④⑧⑬ 41630円
3連単④→⑧→⑬ 312710円

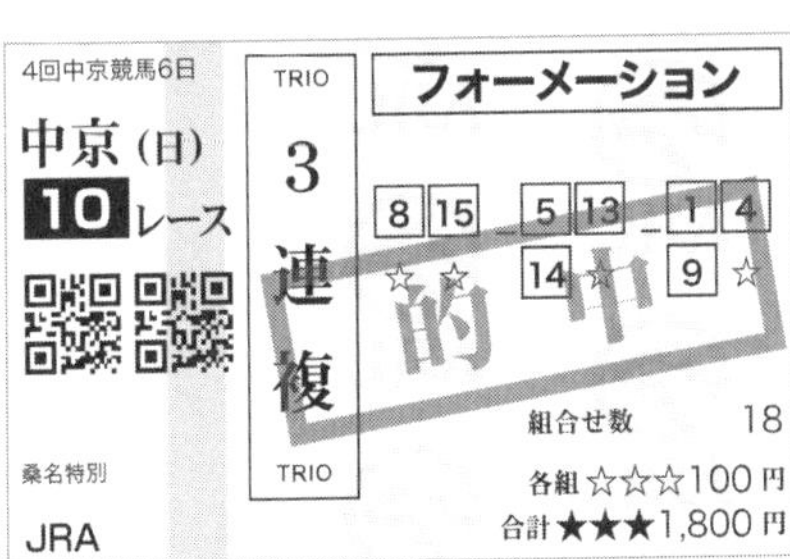

3連複④⑧⑬4万1630円的中！

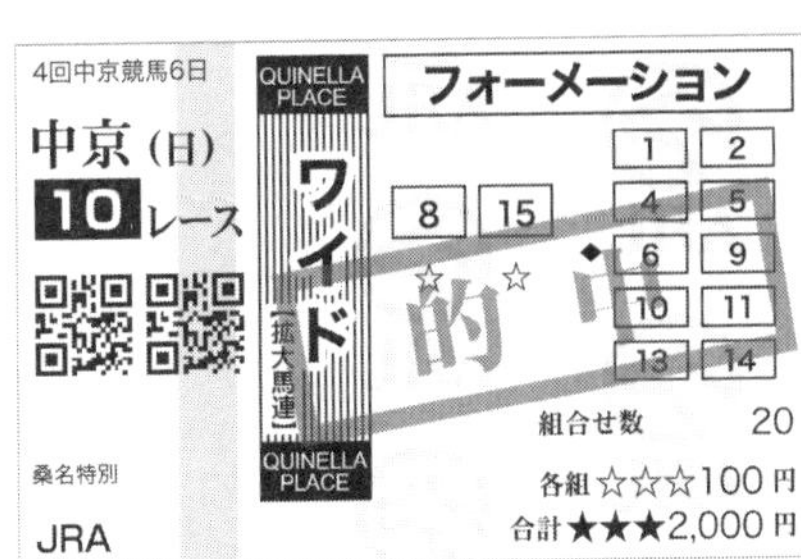

ワイド④－⑧6130円、⑧－⑬5590円的中！

⑧番と⑦番で、⑧番は馬連15位の「オッズの壁」の前の1頭にもなっています。

馬連15位に出現した馬連の「オッズの壁」「複勝6倍の壁」「複勝15倍の壁」を整理すると、

・馬連のオッズの壁＝⑮番・⑧番
・複勝6倍の壁＝②番・⑮番
・複勝15倍の壁＝⑧番・⑦番

このようになっており、複数該当しているのが⑧番と⑮番であることがわかります。そこで穴馬候補は⑧番と⑮番を浮上させることにしました。

馬券を組み立てるため、10時半の馬連ランクを調べてみると、次のようになっています。

⑬⑭⑤④⑨①⑥⑪⑩■②③⑫⑯⑮⑧■⑦（■＝オッズの壁）

まずはワイドです。⑧番と⑮番から、馬連9位の「オッズの壁」の前の9頭へ流そうとしたのですが、馬連10位の②番が馬連9位の⑩番より、複勝で売れていることがわかりました。②番が「複勝6倍の壁」からも浮上しているので、②番も穴馬からのワイドに追加しました。

つまり、ワイド⑧⑮番－⑬⑭⑤④⑨①⑥⑪⑩②番の20点です。

3連複フォーメーションは迷いましたが、穴馬からの相手馬には「馬連1位～3位－馬連4位～6位」に加え、「馬連1位～3位－馬連1位～3位」を選択しました。

「複勝15倍の壁」から浮上の穴馬が馬券に絡むときには、穴馬の相手には上位ランクの馬が馬券に絡むことが多いからです。

ワイドに加え、3連複フォーメーション⑧⑮番－⑬⑭⑤番－④⑨①番（18点）と⑧⑮番－⑬⑭⑤番（6点）の購入です。

レース結果は、1着④タウゼントシェーン、2着⑧テンジュイン、3着⑬ガリレイで決まり、3連複、ワイドとも的中となりました。

配当は、3連複④⑧⑬で4万1630円、ワイドは④－⑧6130円、⑧－⑬5590円です。回収率で3連複は約17倍、ワイドは約6倍でした。

馬連の「オッズの壁」と「複勝15倍の壁」から浮上の穴馬が大駆け！

次に取り上げるのは2023年11月5日、京都12Rです。

コンピ指数1位は1位78P、46Pの馬は15位、1位と3位とのポイント差は18Pなので、ここまでの「競馬予報」は「準大穴型レース」として判定されました。

9時半のオッズでの1番人気は12・4倍、単勝30倍未満の頭数は14頭なので、穴馬レースの条件をクリアア。次は穴馬候補を見つけ出すため、馬連、単勝、複勝オッズを人気順に並び替えていき、完成したのがP191の表3です。

表を見ると、馬連と単勝オッズでは16位に揃って「オッズの壁」があり、他には壁がありません。「複勝15倍の壁」もチェックすると複勝16位にあることがわかりました。

●2023年11月5日・京都12R（3歳上1勝クラス、芝1400m）

17 桃8	16 桃8	15	14 橙7	13	12 緑6	11	10 黄5	9	8 青4	7	6 赤3	5	4 黒2	3	2 白1	1
リオンディーズ レッドテンペスト ストーミーレニー米	エピファネイア グランデサラス シャッセロール3勝	ダイワメジャー ユメハハテシナク テイコフトウショウ3勝	マツリダゴッホ シコウ アンカジャボニカ公	ヴィクトワールピサ パルティクラール サンドスラッシュ愛	ロードカナロア ルージュルミナス シルバーフォックス1勝	キタサンブラック オードリーバローズ ラダームブランシェ1勝	マジェスティックウォリアー メイショウヒメゴゼ メイショウブーケ3勝	シャンハイボビー エーデルサンライズ デイジーフローラ1勝	シャンハイボビー スイープラン ブランシエール1勝	ワールドエース (地)アパショナード ジョリーザスターズ未勝	リオンディーズ サク コパノマルコリーニ公	アメリカンペイトリオット デイトナモード セクレタ未勝	シルバーステート (地)バレル ミスエンビリカル公	ビッグアーサー ケイアイクビラ ケイアイアテナ1勝	ダイワメジャー タイキバルドル タイキキララ未勝	イスラボニータ サウンドレイラ ムニラー米
青鹿 57 騸3	栗 57 牡3	栗 57 牡3	青鹿 56 騸6	黒鹿 55 牝3	芦 53 牝4	芦 55 牝3	栗 55 牝4	鹿 55 牝3	黒鹿 51 牝3	黒鹿 58 牡4	鹿 56 牝4	鹿 57 牡3	青鹿 58 牡4	鹿 57 牡3	栗 57 牡3	栗 55 牝3
富田	松若	鮫島駿	△田口	Mデムーロ	▲今村	岩田望	☆角田河	藤岡康	★河原田	団野	幸	横山和	和田竜	藤懸	坂井	西村淳
笹田	池添学	石坂公	藤沢則	牧浦	平田	清水久	飯田祐	小林	渡辺	千田	北出	千田	鮫島	宮本	大久保龍	渡辺
400	400	400	400	400	400	400	400	400	400	90	400	400	120	400	400	400
1240	550	1002	1233	1413	630	895	1260	963	1072	769	1840	1405	1019	1606	620	1138
東京HR	名古屋友豊	江口博美	岡田牧雄	下河辺牧場	東京HR	猪熊広次	松本好雄	松岡隆雄	岡村善行	大塚亮一	増田江利子	前原敏行	CHEVALATTACHE	ケイアイS	大樹ファーム	増田雄一
下河辺牧場	オリエント牧場	杵臼牧場	岡田S	下河辺牧場	ノーザンF	服部牧場	三嶋牧場	ヤナガワ牧場	門別牧場	ディアレストC	前野牧場	チャンピオンズF	高岸順一	新冠橋本牧場	ビクトリーHR	社台F
△ △ △ 注 △	△ △	B △	△	▲ ○ ○ ▲ △ ◎		○ ◎ △ ○ ○ ○		△ 注 △ △	△ △	△ △ △	◎ △ ▲	△ ◎	[illegible]	注 ▲ ◎ △	△ ▲ ◎ △	△ 注 注 ▲ 注
京1211① 東1340②	大ダ1568⑦ 阪1208① 京ダ2125⑩ 芝2049⑥	中ダ1265⑤ 京1216④ 東1371⑥ 中ダ1501⑬	小1079① 東1207③ 東1342⑥ 東1515⑧	中ダ1281⑦ 新1221① 新1330③ 福1485③	福1113⑨ 阪ダ1265① 東1366⑥ 中ダ1137⑪	中ダ1269④ 京 ③ 阪ダ ⑤ 1	阪ダ1129④ 中ダ1258⑧ 中ダ1472⑦ 京1483⑪	小1090⑧ 東1215⑦	京1084① 阪ダ1290⑨	中ダ1265② 芝2002③ 京1335⑧ 京1473⑦	福1109④ 3	小1084① 京1222④ 阪1346② 中ダ1568③	芝2028② 2	函1089① 京1209④ 芝1293② 中ダ1145④	阪1348⑩	阪1214③ 東1344④
3中京7月23日 ⑧三才上17 1勝5ト18頭 芝1219 55岩田望 M⑧⑩⑪ 436 人気3 中位一杯 6½ 349中357 ペイシャフラワ 1207 1.2	3中京7月9日 ④タイラン12 1勝11ト18頭 芝1221 55坂井 M⑦⑨⑧ 490 人気3 もまれる 11¼ 341中365 スズハローム 1202 1.9	3中京7月9日 ④タイラン11 1勝7ト18頭 芝1219 55石橋脩 M③③③ 464B 人気6 先行一杯 10身 335中368 スズハローム 1202 1.7	3中京7月23日 ⑧三才上6 1勝13ト18頭 芝1213 57秋山稔 M⑱⑱⑱ 470 人気16 後方差詰 3½ 356中345 ペイシャフラワ 1207 0.6	2新8月6日 ④三才上3 1勝3ト18頭 芝外1330 53津村 S⑥⑦⑦ 502 人気5 好位伸 1¾ 352中338 アイオブザスト 1327 0.3	2阪4月9日 ⑥四才上11 1勝8ト13頭 中ダ1137 56戸崎圭 M⑤⑤⑤ 452 人気7 好位一杯 5身 357中380 エバニスタ 1128 0.9	2中京 5日 ⑤三才1 未勝7ト18頭 芝1239 54鮫島駿 S②②② 466 人気1 先行抜出 ハナ 365中352 アイアンムーン 1239 0.0	3中京7月16日 ⑥三才上8 1勝14ト16頭 中ダ1259 53今村 H⑮⑮⑮ 474 人気14 後方差詰 7身 373中365 トウシンカーリ 1247 1.2	3中京7月9日 ④タイラン7 1勝10ト18頭 芝1215 53秋山真 M⑯⑯⑯ 424 人気12 内々回る 8身 351内353 スズハローム 1202 1.3	1京5月21日 ⑩三才3 1勝13ト13頭 芝内1085 54西村淳 M⑥③⑤ 444 人気7 好位伸 1¾ 342中343 シルフィードレ 1083 0.2	2新8月6日 ④三才上14 1勝2ト18頭 芝外1339 54河原田 S①①① 420 人気10 逃一杯 7½ 345内353 アイオブザスト 1327 1.2	②三才上5 1勝14ト17頭 芝外1222 56幸 S⑦⑤⑥ 456 人気3 中位差詰 3½ 361中342 ケイデンシーマ 1216 0.6	3小8月12日 ①三才4 未勝8ト16頭 中ダ1472 56川田 S①①① 520 人気1 逃一息 12½ 373内388 メイショウケー 1451 2.1	④タイラン15 1勝18ト18頭 芝1225 58川田 M③⑦⑧ 472 人気5 外枠不利 13¼ 339外369 スズハローム 1202 2.3	1札7月30日 ④三才上5 1勝2ト12頭 芝1096 55松田 S⑤⑥⑥ 480 人気3 内々回る 1¼ 350内346 スクルプトーリ 1093 0.3	2阪4月2日 ④三才10 1勝7ト12頭 芝外1348 56荻野琢 M①①① 468 人気6 逃一杯 13身 340内371 マラキナイア 1327 2.1	2中京3月25日 ⑤三才1 未勝5ト15頭 芝1379 54西村淳 S③③③ 464 人気1 先行抜出 ハナ 381中353 スマートヴィー 1379 0.0
2京10月8日 ②三才上10 1勝13ト17頭 芝外1224 56鮫島駿 S⑪⑦⑧ 448 人気7 中位一杯 4¾ 364中342 ケイデンシーマ 1216 0.8	4ヵ月休 放牧 乗込み3週間 仕上り○ 連対体重 498キロ 3ヵ月以上休 ①②③外 0001	3小8月20日 ④三才上13 1勝1ト15頭 中ダ1501 55幸 H⑨⑧⑫ 462B 人気7 中位バテ 大差 369外426 ドゥラリアル 1448 5.3	4新10月21日 ③三才上6 1勝1ト18頭 芝内1224 57佐々木 M⑥④③ 470 人気16 好位一杯 1¾ 343内363 ミッキーチャレ 1221 0.3	4新10月21日 ③三才上4 1勝5ト18頭 芝内1224 54国分恭 M③②② 514 人気4 先行一息 1¾ 342中364 ミッキーチャレ 1221 0.3	園田8月9日 ①交流5 交流A1 3ト12頭 中ダ1300 51今村 M③⑥⑥ 470 人気2 下げ差詰 5¼ 377内390 カッティングジ 1290 1.0	2京10月8日 ②三才上3 1勝6ト17頭 芝外1218 54松山 S⑥⑦⑦ 482 人気9 中位伸 1½ 363中337 ケイデンシーマ 1216 0.2	2京10月7日 ①三才上11 1勝10ト11頭 芝外1483 53今村 S⑧⑥⑪ 468 人気9 後方まま 8½ 369外345 シュタールヴィ 1470 1.3	4ヵ月休 放牧 乗込み3週間 仕上り○ 連対体重 418キロ 3ヵ月以上休 ①②③外 0001	3小8月12日 ①三才上16 1勝5ト18頭 芝1092 54松山 M④⑤④ 448 人気4 好位一杯 8¾ 335中357 アンフィニドー 1077 1.5	2京10月22日 ⑦三才上8 1勝10ト16頭 芝外1335 58団野 M⑤③② 434 人気13 好位一息 4½ 339中360 ビヨンドザヴァ 1328 0.7	4新10月21日 ③三才上4 1勝8ト18頭 芝内1224 56亀田 M⑫⑬⑫ 444 人気6 後方追上 1¾ 350中357 ミッキーチャレ 1221 0.3	3小8月20日 ④三才1 未勝9ト18頭 芝1084 56藤岡康 H⑤⑤③ 522 人気4 好位抜出 ½身 333中351 タマモメガジョ 1085 0.1	2京10月8日 ②三才上14 1勝16ト16頭 中ダ1265 58坂井 M①①① 478 人気3 逃一杯 13身 351内390 エミサキホコル 1243 2.2	2札8月19日 ③千歳2 1勝2ト14頭 芝1293 55松田 S②③② 484 人気8 先行粘る クビ 357中356 ビジュノワール 1293 0.0	7ヵ月休 骨折放牧 乗込み3週間 仕上り○ 連対体重 478キロ 3ヵ月以上休 ①②③外 1000	2京10月8日 ②三才上8 1勝7ト17頭 芝外1223 54岩田望 S①⑤③ 466 人気2 好位一杯 4¾ 360内344 ケイデンシーマ 1216 0.7

1着⑪オードリーバローズ
（1番人気）
2着④バレル
（15番人気）
3着⑥サク
（4番人気）

単⑪ 390円　枠連2－6　1340円
複⑪ 180円　④ 1190円　⑥ 260円
馬連④－⑪ 15390円　馬単⑪→④ 22240円
ワイド④－⑪ 5010円　⑥－⑪ 670円　④－⑥ 6080円
3連複④⑥⑪ 30870円
3連単⑪→④→⑥ 181110円

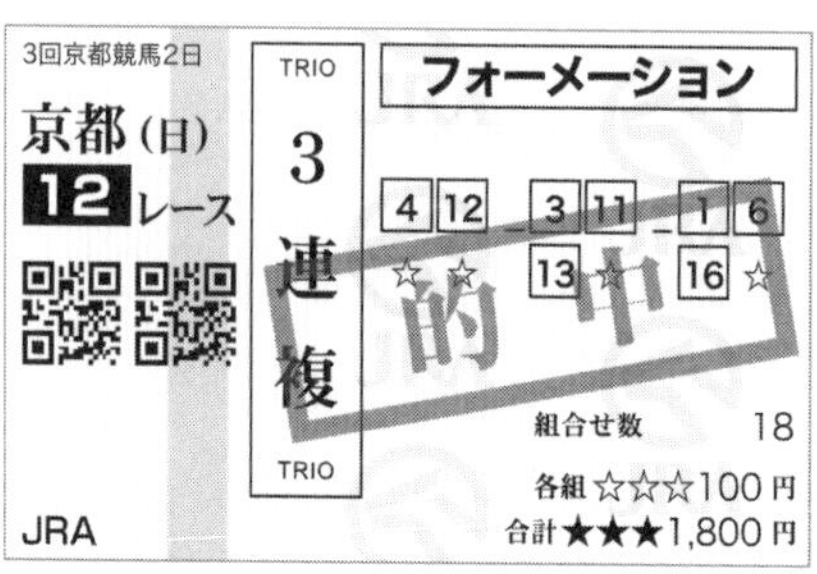

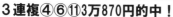

3連複④⑥⑪3万870円的中！

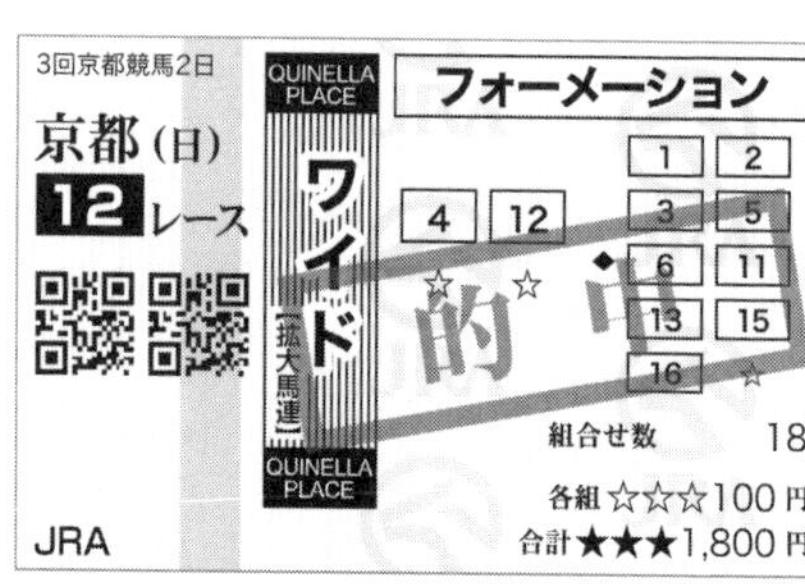

ワイド④－⑪5010円、
④－⑥6080円的中！

つまりこのレースは馬連の「オッズの壁」、「単勝80倍の壁」「複勝15倍の壁」が揃って15位に出現しています。この3つの壁からの浮上馬を整理すると、次のようになります。

・馬連のオッズの壁＝⑫番・④番
・複勝6倍の壁＝⑫番・⑨番
・複勝15倍の壁＝⑫番・④番

⑫番は3回、④番は2回、⑨番は1回出現していました。穴馬候補としては、回数の多い順に⑫番と④番を浮上させることにしました。

馬券を組み立てるために10時半の馬連ランクを調べてみると、次のようになっていました。

⑪■⑬③⑥①⑯⑮⑤②⑨⑧⑰⑦⑭⑫④⑩（■＝オッズの壁）

まず馬券は⑫番と④番からのワイドです。相手馬に選んだのは上位9頭で、④⑫番－⑪⑬③⑥①⑯⑮⑤②番を購入。

3連複は穴馬候補から相手馬には「馬連1位～3位－馬連4位～6位」に加え、「馬連1位～3位→馬連1位～3位」を選択し

表3●2023年11月5日・京都12R

	1位	2位	3位	4位	5位	6位	7位	8位	9位	10位	11位	12位	13位	14位	15位	16位	17位
コンピ指数	11	13	3	6	16	1	5	2	9	17	15	7	12	14	8	4	10
馬連ランク	11	13	3	6	16	1	15	2	5	9	17	7	8	14	12	4	10
馬連オッズ		12.4	13.6	18.1	26.9	30.2	30.9	41.2	41.7	54.3	63.6	65.1	65.1	90.2	90.9	107	202
単勝ランク	11	3	6	16	7	13	15	2	5	1	8	14	17	4	12	9	10
単勝オッズ	4.0	5.9	7.8	10.9	11.3	13.4	13.7	16.0	19.5	19.7	23.3	25.5	26.9	28.6	38.3	38.8	83.7
複勝ランク	11	7	3	6	15	13	1	8	14	16	2	5	9	17	12	4	10
複勝オッズ	2.1	2.9	3.3	3.6	4.0	4.1	4.9	5.1	5.8	6.3	6.3	7.7	8.4	8.6	9.5	10.5	19.9

オッズの壁（馬連：16位と17位の間）
単勝80倍の壁・オッズの壁（単勝：16位と17位の間）
複勝15倍の壁（複勝：16位と17位の間）

ました。

つまり、3連複フォーメーション④⑫番－⑪⑬③番－⑥①⑯番（18点）と、④⑫番－⑪⑬③番－⑪⑬③番（6点）の購入です。

さらにこのレースでは、おかしな動きをしていた馬が1頭いました。馬連12位の⑦番です。⑦番は単勝5位へ7ランク、複勝は2位で10ランク上昇し「突入&移動馬」のルールをクリアしていたのです。

馬券は⑦番からのワイドと3連複を、穴馬と同じような組み合わせを追加で購入です。

レース結果は1着⑪オードリーバローズ、2着④バレル、3着⑥サクで決着。穴馬候補として注目した最終オッズ15番人気の④バレルが馬券に絡み、3連複、ワイドともに的中です。

配当は3連複④⑥⑪で3万870円、ワイド④－⑪5010円、ワイド④－⑥6080円のトリプルゲットでした。

穴馬候補馬が2頭ともに馬券に絡み、約5万馬券をゲット！

馬連、単勝、複勝ランク間の馬番の移動が激しすぎ、その中で特におかしな動きをしていた馬が馬券に絡んだ例を紹介してみましょう。

2024年3月9日、中京12Rです。

コンピ指数1位は65P、46Pの馬は16位、1位と3位とのポイント差は3P、コンピ指数からは「大穴型レース」として浮上しました。

●2024年3月9日・中京12R（4歳上1勝クラス、芝1400m）

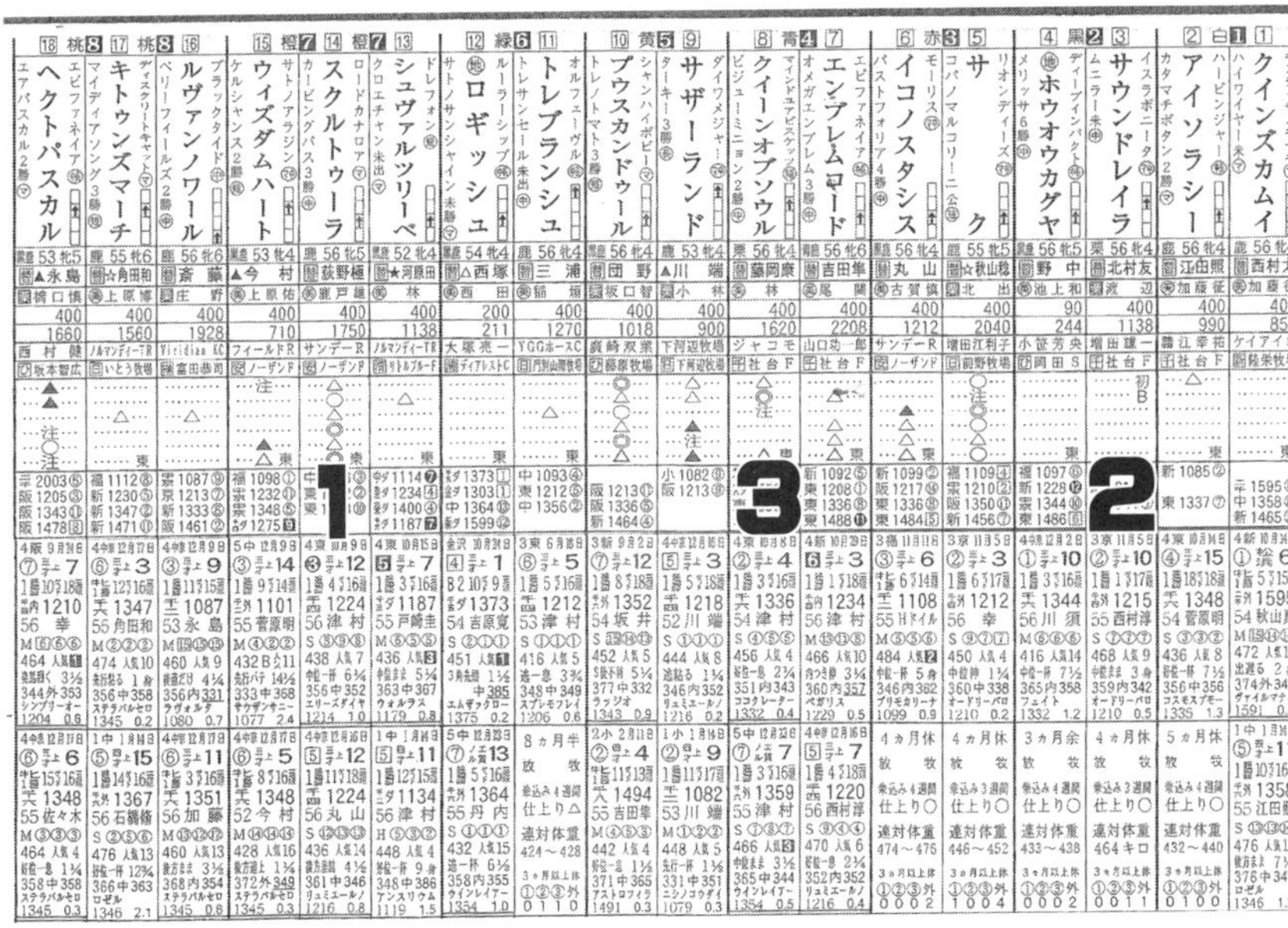

番	馬名	父	母	斤量・性齢	騎手	調教師	賞金	総賞金	馬主	生産者
1	クインズカムイ	キンシャサノキセキ	ハイワイヤー・米	鹿 56 牝4	西村太	加藤征	400	850	ケイアイS	陸栄牧場
2	アイソラシー	ハービンジャー	カタマチボタン2勝	鹿 56 牝4	江田照	加藤征	400	990	西江幸祐	社台F
3	サウンドレイラ	イスラボニータ	ムニラー・米	栗 56 牝4	北村友	渡辺	400	1138	増田雄一	社台F
4	㊞ホウオウカグヤ	ディープインパクト	メリッサ6勝	黒鹿 56 牝5	野中	池上和	90	244	小笹芳央	岡田S
5	サク	リオンディーズ	コパノマルコリーニ（公）	鹿 55 牝5	☆秋山稔	北出	400	2040	増田江利子	前野牧場
6	イコノスタシス	モーリス	パストフォリア4勝	黒鹿 56 牝4	丸山	古賀慎	400	1212	サンデーR	ノーザンF
7	エンブレムロード	エピファネイア	オメガエンブレム3勝	青鹿 56 牝6	吉田隼	尾関	400	2208	山口功一郎	社台F
8	クイーンオブソウル	マインドユアビスケッツ	ビジューミニョン2勝	栗 56 牝4	藤岡康	林	400	1620	ジャコモ	社台F
9	サザーランド	ダイワメジャー	ターキー3勝	鹿 53 牝4	▲川端	小林	400	900	下河辺牧場	下河辺牧場
10	ブウスカンドゥール	シャンハイボビー	トレノトマト3勝	黒鹿 56 牝4	団野	坂口智	400	1018	廣崎双業	藤原牧場
11	トレブランシュ	オルフェーヴル	トレサンセール未出	鹿 56 牝4	三浦	稲垣	400	1270	YGGホースC	門別山際牧場
12	㊞ロギッシュ	ルーラーシップ	サトノサンシャイン未勝	黒鹿 54 牝4	△西塚	西田	200	211	大塚亮一	ディアレストC
13	シュヴァルツリーベ	ドレフォン	クロエチャン未出	黒鹿 52 牝4	★河原田	林	400	1138	ノルマンディーTR	リトルブルーF
14	スクルトゥーラ	ロードカナロア	カービングパス3勝	鹿 56 牝5	荻野極	鹿戸雄	400	1750	サンデーR	ノーザンF
15	ウィズダムハート	サトノアラジン	ケルシャンス2勝	黒鹿 53 牝4	▲今村	上原佑	400	710	フィールドR	ノーザンF
16	ルヴァンノワール	ブラックタイド	ベリーフィールズ2勝	鹿 56 牝6	斎藤	庄野	400	1928	Viridian KC	富田恭司
17	キトゥンズマーチ	ディスクリートキャット	マイディアソング3勝	鹿 55 牝6	☆角田和	上原博	400	1560	ノルマンディーTR	いとう牧場
18	ヘクトパスカル	エピファネイア	エアパスカル2勝	黒鹿 53 牝5	▲永島	橋口慎	400	1660	西村健	坂本智広

1着⑭スクルトゥーラ（8番人気）	単⑭ 1560円　枠連2－7 7450円
2着③サウンドレイラ（9番人気）	複⑭ 590円　③ 470円　⑧ 310円
3着⑧クイーンオブソウル（4番人気）	馬連③－⑭ 16290円　馬単⑭→③ 30660円
	ワイド③－⑭ 4570円　⑧－⑭ 2960円　③－⑧ 1910円
	3連複③⑧⑭ 47640円
	3連単⑭→③→⑧ 302730円

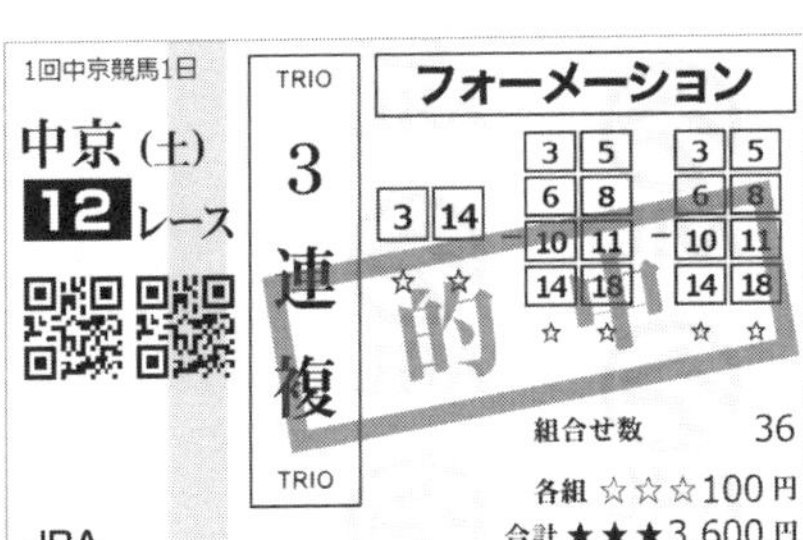

3連複③⑧⑭4万7640円的中！

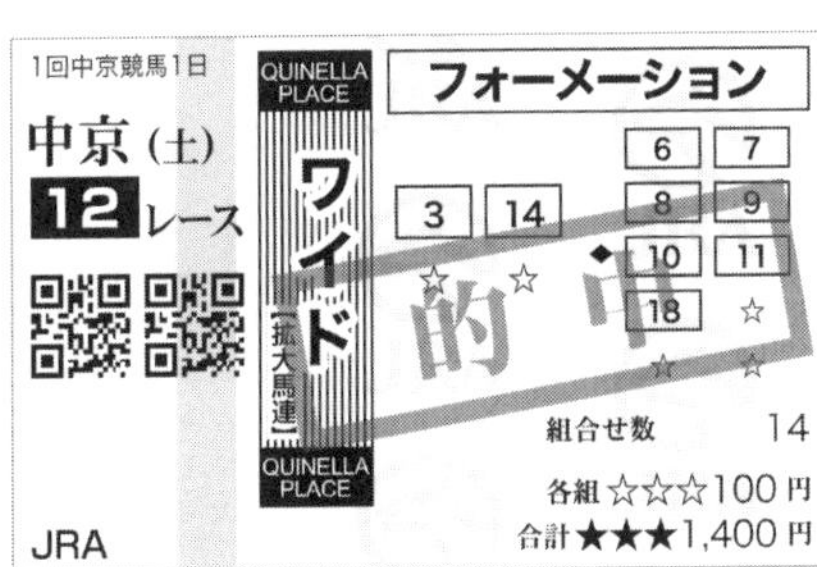

ワイド⑧－⑭2960円、③－⑧1910円的中！

9時半のオッズでは、馬連1番人気が16・2倍、単勝30倍未満の頭数が13頭と穴レースの条件をクリア。ここまでの「競馬予報」では「大穴型レース」判定なので、穴馬探しのため馬連、単勝、複勝オッズを人気順に並び替えていきます。完成したのが下の表4です。

表を見ると、馬連には1位以外には「オッズの壁」がありません。単勝オッズにはひとつも「オッズの壁」がないことがわかります。

そこで、コンピ指数や馬連ランクと単勝や複勝ランクの比較をしてみました。

まず注目したのがコンピ指数15位の③番の動きです。馬連は10位に上昇し、複勝ではさらに3ランク上昇し7位にいます。もう1頭同じような動きをしていたのが⑭番です。こちらは馬連9位から単勝は1位、複勝は2位への移動です。

この2頭の馬連オッズは⑭番が37倍、③番が42倍。⑭番は40倍未満で、通常なら穴馬としての資格はありませんが、馬連1位に2・58倍の壁があります（馬連⑥－⑱は46倍、46÷17・8＝2・58）。⑤番が馬券から消えると高配当が期待できるため、このまま穴馬候補として注目することにしました。

10時半の馬連ランクは、次のようになっています。

表4●2023年3月9日・中京12R

	1位	2位	3位	4位	5位	6位	7位	8位	9位	10位	11位	12位	13位	14位	15位	16位	17位	18位
コンピ指数	5	10	8	18	9	11	14	15	6	7	2	16	17	4	3	13	12	1
馬連ランク	5	18	6	11	8	10	9	7	14	3	15	17	2	1	13	16	4	12
馬連オッズ		16.2	17.8	20.9	22.0	23.4	23.8	26.7	37.3	42.1	58.0	78.2	103	150	188	195	218	359
単勝ランク	14	5	18	11	8	6	7	10	15	3	9	13	1	2	17	4	16	12
単勝オッズ	5.3	5.7	7.8	8.1	10.6	10.7	16.0	16.2	17.5	18.6	21.1	24.6	24.9	36.9	54.6	58.1	63.0	77.3
複勝ランク	5	14	18	11	7	15	3	1	8	6	13	9	10	2	16	17	4	12
複勝オッズ	2.7	2.9	3.0	3.0	4.5	4.8	5.2	5.3	5.5	6.2	6.3	7.3	7.4	7.8	9.4	10.0	13.2	17.3

※馬連ランクの太い罫線はオッズの壁

⑤■⑱⑥⑪⑩⑧⑨⑦⑭③⑮⑰②①⑯⑬④⑫（■＝オッズの壁）

これで、まず穴馬候補2頭からのワイドを組み立てました。

⑭番と③番の相手馬ですが、1位の⑤番との組み合わせは低配当のためにカット。それ以外の上位7頭、⑭③番－⑱⑥⑪⑩⑧⑨⑦番（14点）の購入です。

3連複は上位6頭、⑤⑱⑥⑪⑩⑧番を相手馬に選択しました。今回のケースでは穴馬候補の馬連オッズが⑭番37倍、③番42倍と高くありません。似たようなケースの2023年5月13日、新潟12Rの結果を思い出しました（第6章・P140～参照）。穴馬候補が2頭ともに馬券に絡み、高配当ゲットに失敗したレースです。

そこで、ここでも穴馬2頭の組み合わせから上位6頭への馬券、③⑭番－③⑭番－⑤⑱⑥⑪⑩⑧番の6点も追加しました。

つまり3連複フォーメーションは、③⑭番－⑤⑱⑥⑪⑩⑧③⑭番－⑤⑱⑥⑪⑩⑧③⑭番（30点＋6点＝36点）です。

レース結果は1着⑭スクルトゥーラ、2着③サウンドレイラ、3着⑧クイーンオブソウルで決まり、穴馬候補として注目した⑭スクルトゥーラと③サウンドレイラが2頭ともに馬券に絡みました。

6章で紹介したレースのように、「穴馬候補の馬連オッズが低い場合は、2頭ともに馬券に絡むことがある」という教訓を思い出し、⑭番と③番が2頭ともに馬券になるケースも考えた結果が、約5万馬券のゲットにつながりました。

600円の投資をもし控えていたら、このレースの回収率はワイドのみとなってしまい、投資金額

４４００円（3連複３０００円＋ワイド１４００円）に対し、リターンはワイド馬券の４８７０円だけだったところです。せっかく穴馬を見つけ出したにも関わらず、わずか４７０円のプラスに終わるところでした。

チグハグな馬券の買い方で14万馬券を逃す！（泣）

次に紹介するのは**2024年2月17日、小倉10R皿倉山特別**。こちらも、序章のほうで取り上げたレースです。

コンピ指数1位は80Ｐ、46Ｐの馬は13位、1位と3位とのポイント差は21Ｐで、1位と3位とのポイント差が基準値の15を超えているので、「準大穴型レース」として判定されました。

9時半のオッズでは、馬連1番人気は11・3倍、単勝10倍未満の頭数は11頭ですから穴レースの条件をクリアしています。

穴レースの条件をクリアしたので、次は穴馬探しです。馬連、単勝、複勝オッズを人気順に並び替えていきます。ひとつにまとめたのがＰ１９８の表5です。

表を見ると、馬連1位には「オッズの壁」がありますが、馬連には最低ランクまで壁がありません。しかし馬連2位以下の馬の動きを見ると、単勝や複勝ランクでの移動が激しすぎ、ハッキリとした穴馬候補を決定するのが難しいオッズの形になっています。

第3章で紹介した、２０２３年11月18日・京都９Ｒのように、馬連1位と単勝1位に「オッズの壁」

●2024年2月17日・小倉10R皿倉山特別（4歳上2勝クラス、芝2600m）

枠・馬番	8桃 16	8桃 15	7橙 14	7橙 13	6緑 12	6緑 11	5黄 10	5黄 9	4青 8	4青 7	3赤 6	3赤 5	2黒 4	2黒 3	1白 2	1白 1
父	ハービンジャー㊕	キズナ㊕	ロードカナロア㋮	ハービンジャー㊕	オルフェーヴル㊕	ディープインパクト㊕	レッドファルクス㋮	ゴールドシップ㊕	ディープインパクト㊕	ロードカナロア㋮	ゴールドシップ㊕	キズナ㊕	ゴールドシップ㊕	サトノクラウン㊕	リオンディーズ㋮	キタサンブラック㊕
馬名	ラウルピドゥ	ジューンレインボー	カナオールウェイズ	ケンハービンジャー	ナムアミダブツ	リアド	シルバープリペット	シーグラス	ジェンヌ	サトノシャローム	マイネルメサイア	フルール	ホウオウユニコーン	サトノクローク	㊞アスカノミライ	タガノバルコス
母	ダンスアミーガ5勝㋮	アグネスパサー未勝㊥	ガリレオオールウェイズ愛㊥	ラフレッシュブルー5勝㊥	エアトゥーレ6勝㋮	タイタンクイーン米㋮	アウグスタ未勝㊥	マイネプレセア2勝㋮	ユーロシャーリーン英㊥	シャムロッカー新㊥	マイネソルシエール1勝㊥	レリカリオ未勝㊥	ホウオウサブリナ未出㊥	トーコーユズキ1勝㊥	ロトクルーザー公㊕	タガノレヴェントン未勝㊥
毛色・斤量・性齢	栗58牡5	黒鹿56牝5	鹿57牡4	鹿58牡6	鹿58牡7	鹿58牡5	芦57牡4	鹿56牝5	鹿56牝5	鹿58牡7	芦58牡5	黒鹿55牝4	芦58牡5	黒鹿57牡4	黒鹿58牡6	鹿58牡5
騎手	替佐々木	替富田	藤岡佑	替角田和	替藤懸	替藤岡康	嶋田	丹内	吉田隼	替北村友	替黛	替丸山	替荻野極	替幸	中井	替斎藤
調教師	栗吉村	栗武英	栗藤岡健	栗本田	栗石坂公	栗友道	美松山将	美武藤	栗安達	栗池江寿	美水野	美上原佑	美奥村武	栗橋口慎	栗川村	栗鮫島
賞金	900	900	900	900	900	900	900	900	900	900	900	900	900	900	720	900
総賞金	3047	3168	1793	4078	4132	4885	1853	4470	3637	7841	3023	2415	2674	3020	3772	2963
馬主	社台RH	吉川潤	C.フィプケ	中西桂子	ニューマレコード	大塚亮一	ミルF	ラフィアン	エムズR	里見治	ラフィアン	ノースヒルズ	小笹芳央	里見治	豊田智郎	八木良司
生産者	社台F	高昭牧場	ノーザンF	ケンブリッジバルー	社台F	ノーザンF	松田牧場	ビッグレッドF	ノーザンF	ノーザンF	ビッグレッドF	ノースヒルズ	岡田S	辻牧場	広富牧場	新冠タガノF
予想	△△注○◎△	△◎……△△	◎◎○◎○◎ B	……	B	△……△	・△・△ 東	▲注◎▲注注 東	△・△△△△	注・△注	・・△ 東	○△▲△△▲ 東	B 東	・▲△・▲○	B	・・・△△△
持ちタイム	阪1593③ 京2142④ 阪2297⑤ 福2402④	京2008③ 大1465② 阪2243② 小2400①	阪2068⑧ 京2132② 大1356⑥ 小2389①	新2001③ 京2144⑫ 新2268③ 小2387④	京2073⑩ 新2337❹ 阪2293⑧ 阪2389⑦	新1591② 京2106⑦ 阪2258④ 阪2400[4]	小2033[8] 中2131⑪ 新2272① 福2410⑥	小2002② 東2334⑨ 東2249③ 小2420③	函2013⑤ 京2138② 阪2258④ 札2402⑤	京2007④ 京2128② 東2265⑤ 阪2396[3]	3	中1587[7] 大1490⑤ 大1581[6] 小2420[2]	小2004⑧ 東2334⑩ 東2263⑥ 小2411[1]	阪[illegible]② 阪[illegible]③ 阪2[illegible]① 大1[illegible]② 1	小2013❸ 京2134⑤ 京2256⑧ 小2384②	2
前走2	3福 11月4日 ①二陸 4 2勝 4ﾄ16頭 芝2402 55石橋脩 H⑬⑫⑧ 470 人気11 後方追上 2½ 385中373 ダイム 2398 0.4	3福 11月4日 ①二陸 7 2勝 13ﾄ16頭 芝2411 55松田 H⑥⑨⑥ 440 人気3 中位まま 8身 368中385 ダイム 2398 1.3	2札 8月20日 [4]三才 1 未勝 10ﾄ14頭 芝2456 56藤岡佑 H⑥③② 488B 5 瀬抜出 2身 379中372 ヴェルミセル 2460 0.4	5阪 12月2日 ①三才上 7 2勝 5ﾄ10頭 芝外1464 57角田河 M⑤⑤⑤ 450 人気9 中位まま 6½ 353中353 グランヴィノス 1452 1.2	3福 11月4日 ①二陸 8 2勝 6ﾄ16頭 芝2411 56水口 H⑮⑫⑩ 468B 12 出遅る 8身 387中382 ダイム 2398 1.3	3新 8月20日 ④閏 7 2勝 4ﾄ18頭 芝内2124 58石川 H⑤⑤⑥ 476 人気3 好位一息 6¾ 344中363 リビアングラス 2113 1.1	3福 11月4日 ①二陸 6 2勝 11ﾄ16頭 芝2410 54嶋田 H⑨⑥④ 464 人気10 追上一杯 7½ 373中386 ダイム 2398 1.2	5中 12月3日 ②三才上 9 2勝 1ﾄ12頭 芝内2334 56戸崎圭 S⑪⑩⑪ 444 人気5 後方まま 7身 388中347 エリカヴァレリ 2323 1.1	2札 8月19日 ③札幌日刊 4 2勝 2ﾄ14頭 芝2463 55ルメール S⑦③② 428 人気4 中位伸る 1¾ 416内349 ミステリーウェ 2460 0.3	5中 12月3日 ②三才上 8 2勝 10ﾄ12頭 芝内2332 58丸山 S③②① 506 人気4 先行一杯 5¾ 375中353 エリカヴァレリ 2323 0.9	3京 11月12日 ④三才上 9 2勝 7ﾄ11頭 芝外2145 58三浦 S③③③ 480 人気10 好位一杯 4身 367中353 アスクドゥポル 2139 0.6	1小 1月14日 ②壽 7 2勝 12ﾄ13頭 芝2004 55鮫島駿 S⑩⑪⑪ 484 人気9 後方だけ 4¼ 379中344 ウインシュクラ 1597 0.7	5中 12月3日 ②三才上 10 2勝 4ﾄ12頭 芝内2334 58丸田 S②②② 468B 9 先行一杯 7¼ 385内356 エリカヴァレリ 2323 1.1	4阪 10月1日 [9]三才上 4 1勝 7ﾄ12頭 芝内2008 55鮫島駿 S③②② 462 人気1 好位一息 2身 372中350 モズロックンロ 2005 0.3	1京 1月7日 ②壽 7 2勝 8ﾄ12頭 芝外2286 58松山 H⑪⑪⑩ 530B 8 後方差詰 11¾ 378中357 ゴールデンスナ 2267 1.9	5中 12月24日 ⑧グッドラ 8 2勝 3ﾄ14頭 芝内2349 55菅原明 S⑥⑤④ 486 人気8 好位一息 2身 389内349 ジオフロント 2346 0.3
前走	5中 12月3日 ②三才上 5 2勝 3ﾄ12頭 芝内2328 58石橋脩 S④④④ 474 人気7 好位一息 3½ 375中348 エリカヴァレリ 2323 0.5	3京 11月25日 ⑦高雄 10 2勝 6ﾄ12頭 芝外2259 56松田 S①①① 444 人気5 逃一杯 6½ 356内369 ゴールドプリン 2248 1.1	1小 1月13日 ①四才上 1 1勝 12ﾄ16頭 芝2389 57藤岡佑 S④④④ 508B 3 好位抜出 2½ 364内350 マイネルジャッ 2393 0.4	5阪 12月10日 ④三才上 6 2勝 6ﾄ8頭 芝外2287 58団野 S①①① 446 人気6 逃一杯 4½ 382内344 ウインルーティ 2280 0.7	3ヵ月余 放牧 乗込み3週間 仕上り○ 連対体重 464～480 3ヵ月以上休 ①②③外 0112	1小 1月14日 ②壽 11 2勝 8ﾄ13頭 芝2008 58モリス S②②④ 478 人気5 先行一杯 7身 369中355 ウインシュクラ 1597 1.1	3ヵ月余 放牧 乗込み2週間 仕上り○ 連対体重 446～452 3ヵ月以上休 ①②③外 0001	1小 1月21日 [4]海の中道 3 2勝 4ﾄ12頭 芝2423 56丹内 H⑥③② 434 人気3 瀬遠伸 1¾ 386外371 スマートファン 2419 0.4	1小 1月21日 [4]海の中道 8 2勝 5ﾄ12頭 芝2440 56吉田隼 H⑥⑤⑦ 430 人気4 中位一杯 12身 382中387 スマートファン 2419 2.1	5中 12月24日 ⑧グッドラ 11 2勝 10ﾄ14頭 芝内2350 56丸山 S②③④ 510 人気10 先行一杯 2½ 383中353 ジオフロント 2346 0.4	5中 12月24日 ⑧グッドラ 7 2勝 14ﾄ14頭 芝内2349 54モリス S⑥⑦⑧ 480 人気12 中位差詰 2身 389中347 ジオフロント 2346 0.3	1小 1月21日 [4]海の中道 2 2勝 11ﾄ12頭 芝2420 55鮫島駿 H⑤⑤③ 484 人気6 中位伸 クビ 384外367 スマートファン 2419 0.1	1小 1月14日 ②壽 8 2勝 3ﾄ13頭 芝2004 58浜中 S[7]②③ 470B 7 追上一杯 4½ 385外350 ウインシュクラ 1597 0.7	5阪 12月28日 ⑨三才上 1 1勝 11ﾄ13頭 芝外2259 56西村淳 S②③③ 474 人気2 先行競勝 アタマ 370内351 ハナビマンカイ 2259 0.0	1小 1月21日 [4]海の中道 4 2勝 8ﾄ12頭 芝2428 58中井 H⑤⑤③ 520B 9 一瞬鈍 4¾ 386中375 スマートファン 2419 0.9	1小 1月21日 [4]海の中道 6 2勝 6ﾄ12頭 芝2435 58丸山 H⑤③③ 486 人気5 好位一息 9¼ 380中384 スマートファン 2419 1.6

1着③サトノクローク
（2番人気）
2着①タガノバルコス
（11番人気）
3着⑥マイネルメサイア
（9番人気）

単③ 630円　枠連1－2　6750円
複③ 270円　① 1010円　⑥ 680円
馬連①－③ 20110円　馬単③→① 25770円
ワイド①－③ 5650円　③－⑥ 3640円　①－⑥ 10750円
3連複①③⑥ 149640円
3連単③→①→⑥ 745830円

ワイド①－③5650円的中！

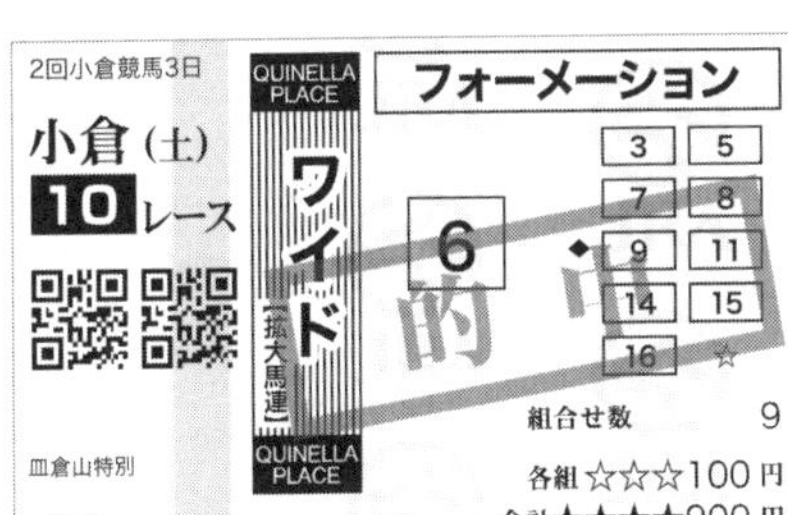

ワイド③－⑥3640円的中！

が出現したレースでは、「複勝15倍の壁」には注意しなければいけません。このレースも、馬連1位と単勝1位に「オッズの壁」があるため、「複勝15倍の壁」の前の2頭に注目してみることにしました。

複勝オッズは最低ランクでも12・0倍です。ここが「複勝15倍の壁」となり、①番と⑩番を穴馬候補として浮上させました。

10時半の馬連ランクは、次のようになっています。

⑭■③⑨⑤⑯⑪⑮⑦⑧⑩④②⑥①⑬⑫（■＝オッズの壁）

「複勝15倍の壁」から浮上の①番と⑩番からは、ワイドの購入です。馬連6位と7位の間には、乖離差1・5倍があったので、上位6頭への流し、①⑩番－⑭③⑨⑤⑯⑪番（12点）です。

3連複は、穴馬候補から相手馬には「馬連1位～3位－馬連4位～6位」に加え、「馬連1位～3位－馬連1位～3位」をこのレースも購入しました。

つまり、3連複フォーメーション①⑩番－⑭③⑨番→⑤⑯⑪番（18点）と①⑩番－⑭③⑨番－⑭③⑨番（6点）です。

ここで、おかしな動きをしている1頭を見つけました。コンピ指数15位の⑥番です。

⑥番は馬連13位から単勝2位へ大きく上昇し、複勝ランクでも8位

表5●2024年2月17日・小倉10R皿倉山特別

	1位	2位	3位	4位	5位	6位	7位	8位	9位	10位	11位	12位	13位	14位	15位	16位
コンピ指数	14	5	16	9	8	3	15	11	4	7	1	2	10	13	6	12
馬連ランク	14	9	3	5	16	11	15	7	8	4	10	2	6	13	1	12
馬連オッズ		11.3	11.4	13.4	15.1	19.3	29.0	31.4	36.2	61.7	66.1	69.0	77.7	115	123	161
単勝ランク	14	6	9	16	11	3	7	5	15	2	4	8	1	10	12	13
単勝オッズ	3.6	7.0	8.5	8.5	9.4	12.0	13.9	15.0	17.2	24.2	26.6	31.4	32.2	34.1	35.7	72.8
複勝ランク	14	9	16	11	3	7	5	6	4	15	8	12	13	2	1	10
複勝オッズ	2.4	2.4	3.0	3.1	3.7	4.3	4.6	5.0	5.8	7.2	7.4	7.6	7.7	7.8	9.9	12.0

※馬連ランクの太い罫線はオッズの壁

複勝6倍の壁

複勝15倍の壁

で「複勝6倍の壁」のルールから浮上しています。これは無視するわけにはいきません。この動きは、本章で先に紹介している、2023年11月5日、京都12Rの⑦番の動きと似ています。

そこで、⑥番からのワイドや3連複馬券もセットしました。

レース結果は、1着③サトノクローク、2着①タガノバルコス、3着⑥マイネルメサイアで決まり、「複勝15倍の壁」から浮上の①番が2着に入ってきたところまではよかったのですが、押さえで注目した⑥番も馬券に絡んでしまいました。

的中した馬券は、ワイド①-③の5650円と③-⑥の3640円しかありません。3連複①③⑥が14万9640円と知り、⑥番-①⑩番-⑭③⑨⑤⑯⑪番（12点）を追加で購入しておけば、約15万馬券のゲットとなったのが悔やまれます。

しかし、競馬は同じことを繰り返します。先の例で紹介した2024年3月9日、中京12Rは、一度同じような失敗をしたことを覚えていたから的中できた馬券です。

このレースのことを忘れずに、同じパターンが出現したときにはしっかりと3連複の高配当を狙い撃ちしていくつもりです。大きな馬券を逃したからといって、愚痴ばかりこぼしていてもしようがありません。失敗を未来の大きな成功への糧にすることが大切なのです。

上位馬を下位馬から狙い撃ちして回収率28倍の達成に成功！

最後に「競馬予報」から「大穴型レース」として浮上しなかったレースで、ダブル万馬券を2つの視点から的中した例を紹介しましょう。

2023年8月20日、札幌11R札幌記念です。

コンピ指数1位は85P、46Pの馬は10位、1位と3位とのポイント差は24P。9時半のオッズからは馬連1番人気は8・0倍、単勝30倍未満の頭数は7頭で、穴レース条件はクリアしていません。

本来ならば見送りとするのですが、このレースは札幌開催の重要なレースのひとつである札幌記念です。そこで色々な角度から検証してみました。

馬連、単勝、複勝オッズを人気順に並び替えたのがP202の表6です。

馬連1位、7位、12位に大きな「オッズの壁」があることがわかります。馬連1位から7位が本命サイド、馬連8位から12位が穴サイドに分けられたといっていいでしょう。ここで本命サイドと穴サイドから1頭ずつ馬を選び出し流し、馬券を購入することにしました。

しかし、どの馬を選定するか難しいオッズの形です。そこで思い出したのが**「正規分布の考え方」**です。「大穴型レース」ではないレースで、複数の馬が大きな「オッズの壁」で囲まれていた場合は、まん中の馬が馬券に絡むという法則です。これは拙著『とことん回収率を上げる！大谷式穴馬券の買い方』（秀和システム）でも紹介したので、詳しい解説はこの本をお読みください。

馬連1位から7位、⑤⑬⑥「①」④②⑫番の中で、真ん中にランクされているのは①番です。

馬連8位から12位、⑧⑭「⑩」③⑪番の中で、真ん中にランクされているのは⑩番です。

馬券は①番と⑩番から組み立ててみることにしました。

①番からは馬連1位から3位の馬、⑤⑬⑥番と穴馬ゾーンの5頭、⑧⑭⑩③⑪番へのフォーメーショ

●2023年8月20日・札幌11R札幌記念（GⅡ、芝2000m）

馬番	馬名	父	母	性齢・斤量	騎手	調教師
1	ソーヴァリアント	オルフェーヴル	ソーマジック	58 牡5	ルメール	大竹
2	ウインマリリン	スクリーンヒーロー	コスモチェーロ	56 牝6	松岡	手塚
3	ウインマイティー	ゴールドシップ	アオバコリン	56 牝6	和田竜	西園正
4	シャフリヤール	ディープインパクト	ドバイマジェスティ	58 牡5	横山武	藤原英
5	ジャックドール	モーリス	ラヴァリーノ	58 牡5	武豊	藤岡健
6	ダノンベルーガ	ハーツクライ	コーステッド	58 牡4	モレイラ	堀
7	ヤマニンサルバム	イスラボニータ	ヤマニンエマイユ	58 牡4	吉田隼	中村
8	マテンロウレオ	ハーツクライ	サラトガヴィーナス	58 牡4	横山典	昆
9	アフリカンゴールド	ステイゴールド	ブリクセン	58 騸8	国分恭	西園正
10	トップナイフ	デクラレーションオブウォー	ビーウインド	55 牡3	横山和	昆
11	ラーグルフ	モーリス	アバンドーネ	58 牡4	戸崎圭	宗像
12	ヒシイグアス	ハーツクライ	ラリズ	58 牡7	浜中	堀
13	プログノーシス	ディープインパクト	ヴェルダ	58 牡5	川田	中内田
14	イズジョーノキセキ	エピファネイア	キングダンサー	56 牝6	岩田康	中村
15	ユニコーンライオン	ノーネイネヴァー	ムラフカ	58 牡7	国分優	矢作

1着⑬プログノーシス
（2番人気）
2着⑩トップナイフ
（9番人気）
3着①ソーヴァリアント
（4番人気）

単⑬ 510円　枠連6－7　4580円
複⑬ 200円　⑩ 800円　① 300円
馬連⑩－⑬ 13680円　馬単⑬→⑩ 18640円
ワイド⑩－⑬ 3730円　①－⑬ 940円　①－⑩ 4300円
3連複①⑩⑬ 28200円
3連単⑬→⑩→① 168930円

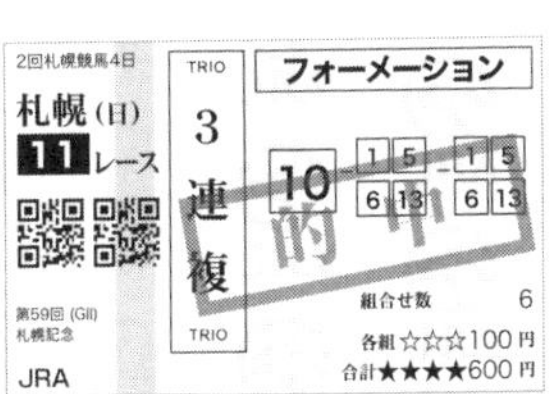

3連複①⑩⑬
2万8200円的中！

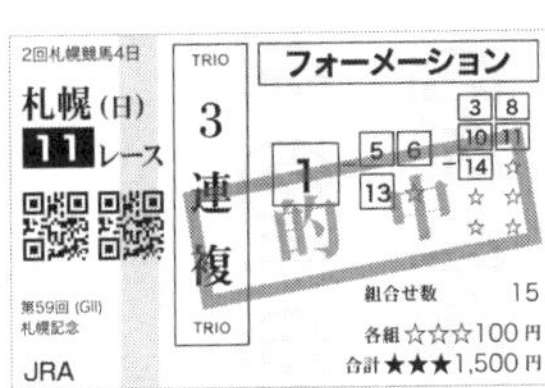

3連複①⑩⑬
2万8200円的中！

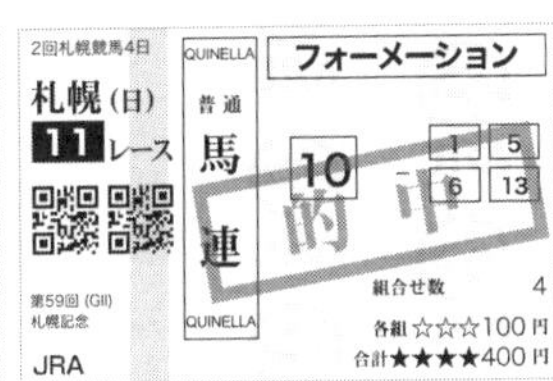

馬連⑩－⑬
1万3680円的中！

ン、すなわち3連複フォーメーションは①番－⑤⑬⑥番－⑧⑭⑩③⑪番（15点）です。

⑩番からは上位ランク4頭⑤⑥⑬①番が、コンピ指数、馬連、単勝、複勝ランクでほぼ揃っていたためこの4頭を相手馬に選び、⑩番－⑤⑬⑥①番－⑤⑬⑥①番（6点）です。⑩番からは馬連⑩番－⑤⑬⑥①番も追加で購入しました。

レース結果は、1着⑬番プログノーシス、2着⑩番トップナイフ、3着①番ソーヴァリアントで決着。

本命サイドから狙った①番、穴馬サイドから狙った⑩番が馬券に絡み、①番からも⑩番からも3連複馬券の的中となりました。そして、穴馬⑩番からの馬連も的中です。

3連複①⑩⑬は2万8200円、馬連⑩－⑬は1万3680円だったので、合計7万880円の払い戻しです。投資金額はわずか2500円なので、回収率はなんと約28倍にもなっています。

「オッズX方式」のルールを縦横無尽に活用すれば、「大穴型レース」判定以外のレースも的中させることができるのです。

表6●2023年8月20日・札幌11R札幌記念

	1位	2位	3位	4位	5位	6位	7位	8位	9位	10位	11位	12位	13位	14位	15位
コンピ指数	5	6	13	1	4	12	2	14	8	10	11	7	3	9	15

本命サイド（1位〜7位）　大穴サイド（8位〜12位）

馬連ランク	5	13	6	1	4	2	12	8	14	10	3	11	9	15	7
馬連オッズ		8.0	8.2	9.5	11.1	11.3	17.2	38.2	45.7	70.7	72.4	91.8	375	415	715

オッズの壁（17.2と38.2の間）　オッズの壁（91.8と375の間）

単勝ランク	5	13	6	1	4	2	12	14	8	10	3	11	9	15	7
単勝オッズ	2.6	5.4	5.8	7.7	9.3	9.9	15.5	35.2	41.7	60.1	63.2	70.7	111	161	331

複勝ランク	5	13	1	6	2	4	12	14	8	3	10	11	9	15	7
複勝オッズ	1.6	2.4	2.9	3.1	3.1	3.9	4.6	6.5	7.5	10.1	10.7	12.6	23.4	32.4	51.9

あとがき～「売るべし買うべし休むべし」の呼吸が馬券では大切

株式投資の格言に「売るべし買うべし休むべし」という言葉があります。

株式投資で成功するためには「休むこと」、つまり投資をしない時期を設けることが重要であるということを教えている言葉です。

相場で利益を得ると欲が出て、もっと儲けてやろうと思うものです。反対に株価が下がり損金が発生すると取り返してやろうと、さらに投資金額を増やしたりします。このように常に相場に参加している人たちが成功する確率は皆無なのです。競馬の世界でも同じことがいえるでしょう。

最終レースまでに負けが多くなると、一発逆転を狙い、予想に関係なく、オッズの高い組み合わせの馬券を購入してしまう人を見かけます。

「相場は明日もある」と名言があるように、毎週競馬は開催されているのです。1日単位で馬券収支を考えず、1カ月、1年単位で収支を意識できるようにできれば、回収率は必ずアップするでしょう。

私は競馬場に出かけるときにも、「オッズX方式」で判定が出たレースの馬券だけを購入してから出かけるようにしています。競馬場で追加で馬券を買うようなことはしません。

レースはレースで、生（ナマ）で見る楽しみがあるからです。

拙著『とことん回収率を上げる！ 大谷式穴馬券の買い方』（秀和システム）が刊行され、紹介した「オッズX方式」のルールに従い馬券を買い続けてきました。

その結果が本書で馬券付きで解説したレースなのです。縦横無尽にツールを活用しているようにも感じますが、内容はいたってシンプルです。

「オッズの壁」「突入&移動馬」「複勝6倍の壁」「馬連人気分布表」「複勝15倍の壁」と、基本ツールのどれかに該当したレースばかりです。それは、これらの基本ツールひとつを追い続けただけでも、多くの高配当を的中させることができたといえます。

オッズを人気順に並び替えたり、「馬連人気分布表」を自分で作成するには結構な時間がかかります。そんな手間を省きパソコンやスマホで、次のURLの「本日の検討材料」からダウンロードできるようにしております（有料）。

これは私が実際に使っている資料で、「複勝6倍の壁」「複勝15倍の壁」や「オッズの壁」「突入&移動馬」などがすぐにわかり、馬券検討に大いに役立ちます。

これも今回のテーマである「時短競馬」につながると思っております。

◆https://ootanibaken.info/

また現在、私は日刊スポーツのコンピ指数を使いながら、翌日のレースの「競馬予報」（どのレースが波乱になるか）を無償でアップしております。興味のある方はのぞきにきてください。過去の実績なども閲覧できます（「オッズ馬券の教科書」と検索しても出てきます）。

◆大谷清文のブログ　http://manbaken7.blog.fc2.com/

2024年6月　大谷清文

●著者紹介

大谷清文（おおたに・きよふみ）

1963年4月22日、群馬県館林生まれ。競馬予報士。明治大学商学部卒。出版社に入社。マンガ雑誌、競馬雑誌（ザ・競馬）の編集長を経て書籍編集に従事。テレビでハイセイコーの姿を見たのが、競馬との最初の出会い。シンボリルドルフの単勝馬券を2回外したことから、単勝オッズと人気馬の動向に気づく。故・松本守正氏、故・相馬一誠氏、互冨穴ノ守氏との出会いがオッズの研究に拍車をかけ、出版社退社後、本格的にオッズ馬券の研究に没頭し、オッズだけで馬券を買うようになって、回収率がプラスに転じた。著書に『回収率をあげるオッズ馬券の教科書』『回収率をあげるオッズ馬券の参考書』『回収率をあげるオッズ馬券の奥義』『楽しみながら儲ける馬券攻略X』『競馬力を上げる馬券統計学の教科書』『ネット投票で儲ける！オッズ馬券の新常識』（以上、ガイドワークス）、『勝つ！儲ける！極める！オッズ馬券幸福論』『とことん回収率を上げる！大谷式穴馬券の買い方』（以上、秀和システム）。

●大谷清文のブログ

http://manbaken7.blog.fc2.com/

秒で穴馬を見抜く！
大谷オッズ式時短万券術

発行日　2024年6月23日　　第1版第1刷

著　者　大谷　清文

発行者　斉藤　和邦
発行所　株式会社　秀和システム
〒135－0016
東京都江東区東陽2-4-2　新宮ビル2F
Tel 03-6264-3105（販売）　Fax 03-6264-3094

印刷所　三松堂印刷株式会社　Printed in Japan

ISBN978-4-7980-7294-4 C0075